冷战后美国防扩散政策研究

A study on American Non-Proliferation Policy
after the Cold War

刘子奎 著

社会科学文献出版社
SOCIAL SCIENCES ACADEMIC PRESS (CHINA)

图书在版编目（CIP）数据

冷战后美国防扩散政策研究 / 刘子奎著. -- 北京：社会科学文献出版社，2018.12
（中国社会科学博士后文库）
ISBN 978-7-5201-3779-9

Ⅰ.①冷… Ⅱ.①刘… Ⅲ.①核扩散-防止-政策-研究-美国 Ⅳ.①D815.2

中国版本图书馆 CIP 数据核字（2018）第 247348 号

·中国社会科学博士后文库·
冷战后美国防扩散政策研究

著　　者 / 刘子奎

出 版 人 / 谢寿光
项目统筹 / 祝得彬
责任编辑 / 张苏琴　徐　瑞

出　　版 / 社会科学文献出版社 · 当代世界出版分社（010）59367004
地址：北京市北三环中路甲 29 号院华龙大厦　邮编：100029
网址：www.ssap.com.cn
发　　行 / 市场营销中心（010）59367081　59367083
印　　装 / 三河市龙林印务有限公司

规　　格 / 开 本：787mm × 1092mm 1/16
印 张：18　字 数：302 千字
版　　次 / 2018 年 12 月第 1 版　2018 年 12 月第 1 次印刷
书　　号 / ISBN 978-7-5201-3779-9
定　　价 / 88.00 元

第七批《中国社会科学博士后文库》编委会及编辑部成员名单

序　言

博士后制度在我国落地生根已逾30年，已经成为国家人才体系建设中的重要一环。30多年来，博士后制度对推动我国人事人才体制机制改革、促进科技创新和经济社会发展发挥了重要的作用，也培养了一批国家急需的高层次创新型人才。

自1986年1月开始招收第一名博士后研究人员起，截至目前，国家已累计招收14万余名博士后研究人员，已经出站的博士后大多成为各领域的科研骨干和学术带头人。这其中，已有50余位博士后当选两院院士；众多博士后入选各类人才计划，其中，国家百千万人才工程年入选率达34.36%，国家杰出青年科学基金入选率平均达21.04%，教育部“长江学者”入选率平均达10%左右。

2015年底，国务院办公厅出台《关于改革完善博士后制度的意见》，要求各地各部门各设站单位按照党中央、国务院决策部署，牢固树立并切实贯彻创新、协调、绿色、开放、共享的发展理念，深入实施创新驱动发展战略和人才优先发展战略，完善体制机制，健全服务体系，推动博士后事业科学发展。这为我国博士后事业的进一步发展指明了方向，也为哲学社会科学领域博士后工作提出了新的研究方向。

习近平总书记在2016年5月17日全国哲学社会科学工作座谈会上发表重要讲话指出：一个国家的发展水平，既取决于自然科学发展水平，也取决于哲学社会科学发展水平。一个没有发达的自然科学的国家不可能走在世界前列，一个没有繁荣的哲学社会科学的国家也不可能走在世界前列。坚持和发展中国特色社会主义，需要不断在实践和理论上进行探索、用发展着的理论指导发展着的实践。在这个过程中，哲学社会科学具有不可替代的重要地位，哲学社会科学工作者具有不可替代的重要作用。这是党和国家领导人对包括哲学社会科学博士后在内的所有哲学社会科学领域的研究者、工作者提出的殷切希望！

中国社会科学院是中央直属的国家哲学社会科学研究机构，在哲学社会科学博士后工作领域处于领军地位。为充分调动哲学社会科学博士后研究人员科研创新积极性，展示哲学社会科学领域博士后优秀成果，提高我国哲学社会科学发展整体水平，中国社会科学院和全国博士后管理委员会于2012年联合推出了《中国社会科学博士后文库》（以下简称《文库》），每年在全国范围内择优出版博士后成果。经过多年的发展，《文库》已经成为集中、系统、全面反映我国哲学社会科学博士后优秀成果的高端学术平台，学术影响力和社会影响力逐年提高。

下一步，做好哲学社会科学博士后工作，做好《文库》工作，要认真学习领会习近平总书记系列重要讲话精神，自觉肩负起新的时代使命，锐意创新、发奋进取。为此，需做到：

第一，始终坚持马克思主义的指导地位。哲学社会科学研究离不开正确的世界观、方法论的指导。习近平总书记深刻指出：坚持以马克思主义为指导，是当代中国哲学社会科学区别于其他哲学社会科学的根本标志，必须旗帜鲜明加以坚持。马克思主义揭示了事物的本质、内在联系及发展规律，是“伟大的认识工具”，是人们观察世界、分析问题的有力思想武器。马克思主义尽管诞生在一个半多世纪之前，但在当今时代，马克思主义与新的时代实践结合起来，愈来愈显示出更加强大的生命力。哲学社会科学博士后研究人员应该更加自觉坚持马克思主义在科研工作中的指导地位，继续推进马克思主义中国化、时代化、大众化，继续发展21世纪马克思主义、当代中国马克思主义。要继续把《文库》建设成为马克思主义中国化最新理论成果的宣传、展示、交流的平台，为中国特色社会主义建设提供强有力的理论支撑。

第二，逐步树立智库意识和品牌意识。哲学社会科学肩负着回答时代命题、规划未来道路的使命。当前中央对哲学社会科学愈发重视，尤其是提出要发挥哲学社会科学在治国理政、提高改革决策水平、推进国家治理体系和治理能力现代化中的作用。从2015年开始，中央已启动了国家高端智库的建设，这对哲学社会科学博士后工作提出了更高的针对性要求，也为哲学社会科学博士后研究提供了更为广阔的应用空间。《文库》依托中国社会科学院，面向全国哲学社会科学领域博士后科研流动站、工作站的博士后征集优秀成果，入选出版的著作也代表了哲学社会科学博士后最高的学术研究水平。因此，要善于把中国社会科学院服务党和国家决策的大智库功能与《文库》的小智库功能结合起来，进而以智库意识推动品牌意识建设，最终树立《文库》的智库意识和品牌意识。

第三，积极推动中国特色哲学社会科学学术体系和话语体系建设。改革开放30多年来，我国在经济建设、政治建设、文化建设、社会建设、生态文明建设和党的建设各个领域都取得了举世瞩目的成就，比历史上任何时期都更接近中华民族伟大复兴的目标。但正如习近平总书记所指出的那样：在解读中国实践、构建中国理论上，我们应该最有发言权，但实际上我国哲学社会科学在国际上的声音还比较小，还处于有理说不出、说了传不开的境地。这里问题的实质，就是中国特色、中国特质的哲学社会科学学术体系和话语体系的缺失和建设问题。具有中国特色、中国特质的学术体系和话语体系必然是由具有中国特色、中国特质的概念、范畴和学科等组成。这一切不是凭空想象得来的，而是在中国化的马克思主义指导下，在参考我们民族特质、历史智慧的基础上再创造出来的。在这一过程中，积极吸纳儒、释、道、墨、名、法、农、杂、兵等各家学说的精髓，无疑是保持中国特色、中国特质的重要保证。换言之，不能站在历史、文化虚无主义立场搞研究。要通过《文库》积极引导哲学社会科学博士后研究人员：一方面，要积极吸收古今中外各种学术资源，坚持古为今用、洋为中用。另一方面，要以中国自己的实践为研究定位，围绕中国自己的问题，坚持问题导向，努力探索具备中国特色、中国特质的概念、范畴与理论体系，在体现继承性和民族性，体现原创性和时代性，体现系统性和专业性方面，不断加强和深化中国特色学术体系和话语体系建设。

新形势下，我国哲学社会科学地位更加重要、任务更加繁重。衷心希望广大哲学社会科学博士后工作者和博士后们，以《文库》系列著作的出版为契机，以习近平总书记在全国哲学社会科学座谈会上的讲话为根本遵循，将自身的研究工作与时代的需求结合起来，将自身的研究工作与国家和人民的召唤结合起来，以深厚的学识修养赢得尊重，以高尚的人格魅力引领风气，在为祖国、为人民立德立功立言中，在实现中华民族伟大复兴中国梦征程中，成就自我、实现价值。

是为序。

王京清

中国社会科学院副院长

中国社会科学院博士后管理委员会主任

2016 年 12 月 1 日

摘　要

本文从防止核武器扩散、防止生物和化学武器扩散以及防止导弹及其相关技术扩散三个角度，从单方面、双边和多边三个层面论述了冷战后美国防扩散政策。

冷战后，美国提出并实施了阻止大规模杀伤性武器扩散的新方式，即反扩散。它与防扩散和后果管理共同构成冷战后美国三位一体的防扩散模式。

冷战后，美国防扩散政策表现出一系列新特点。美国防扩散，也防威胁，但总体而言，防威胁重于防扩散，有时甚至为防威胁而牺牲防扩散，常借防扩散之名，行防威胁之实；与冷战时期相比，美国冷战后在防扩散政策上具有更大自主性，表现为美国自由选择是采取多边、双边，还是单方面行动，国际社会往往选择追随。美国与国际社会在防扩散上的合作表现出明显的不对称性，全球防扩散体系打上鲜明的美国烙印。

本文认为，美国冷战后防扩散虽然取得很大成绩，但核生化武器的扩散实际上更严重了。国际社会无政府状态下国际安全与国家安全的不一致性固然是造成扩散的根本原因，但作为冷战后世界唯一超级大国，美国的防扩散政策对这一结局应负有不可推卸的责任。

本文认为，防扩散的最好途径是让潜在扩散国认识到，谋取核生化武器不符合其根本利益，而不是对潜在扩散国采用威胁或制裁的方式；防扩散政策要获得成功，也部分取决于核生化武器在应对国家安全威胁中作用的降低或消除。

关键词： 美国　冷战后　防扩散　大规模杀伤性武器

Abstract

Post Cold – War, Nonproliferation became one of the focus of the international politics. As the only superpower of the world, The American's nonproliferation policy would not only affect the results of itself nonproliferation, but also impact the result of the world on some degree. The thesis analysis the American's nonproliferation from unilateral, bilateral and multilateral three levels.

This thesis holds that the American carried out a new nonproliferation method—Counter-proliferation. Counter-proliferation, nonproliferation and Consequences management consist of the American's deal with the WMD proliferation after cold war.

After cold war, American shows itself some new characteristics on nonproliferation policy. While American carry out counter-proliferation, it pays much more attention to the anti-threat. Some time, American try to anti-threat at the expense of nonproliferation, furthermore, American often carry into execution counter-proliferation in name, anti-threat reality. Compare to the cold war, after cold war, when American pursues nonproliferation, it have far more space, the proof is when American pursues action, no matter unilateral, bilateral and multilateral, the other countries usually choice to follow. The cooperation between the American and international society on nonproliferation presents clearly asymmetry. The global nonproliferation system has American's style.

This article holds that nonproliferation of post cold-war gained many achievements, in fact, WMD proliferation became much more serious. The fundamental reason is the discord between the international security and the national security under the international anarchy. But as the only superpower, the American has inescapable responsibility for this result.

This thesis believes that the best way of nonproliferation is not to threat or political or economic sanctions, but to make the potential states realize that gain the WMD is inconformity its fundamental interest.

Keywords: American; Post Cold - War; Nonproliferation; WMD

目　录

前　言

一

第二次世界大战后，国际社会非常重视防止大规模杀伤性武器（大规模毁灭性武器）扩散。两个超级大国和国际社会围绕防扩散展开了一系列活动，防扩散开始成为重要的国际政治现象，也是冷战时期国际关系中的一个重大主题。随着苏联的解体和冷战的结束，国际安全环境发生巨大变化，大规模杀伤性武器及其运载工具的扩散成为“全球安全与稳定潜在的最大威胁”。大规模杀伤性武器扩散不仅会削弱与军备控制有关的国际法机制，破坏体现在有关国际法中使用这些武器的标准，侵蚀加强这些防扩散机制和标准的努力；而且，对于美国而言，大规模杀伤性武器扩散很可能使美国国内对至关重要的国家利益讨论更加尖锐。希望获得地区支配地位的某些国家可能把获得大规模杀伤性武器看作维持其政权继续存在、威慑地区对手、挑战美国霸权和限制美国使用军事力量的关键因素。因此，一旦美国的“敌对国家”或“潜在敌国”拥有或掌握大规模杀伤性武器，美国实行干预的成本就会极大增加，进而极大削弱美国实施军事干预所必需的国内政治支持或对长期卷入的政治支持，增加美国对地区行为者所施加的强迫外交的脆弱性，使美国在一个更有流动性的国际环境中活动的余地缩小。所以，防止大规模杀伤性武器，尤其是防止核武器扩散，逐步成为美国外交政策、军事战略和国家安全战略中最重要的政策目标和关注焦点之一，也是冷战后美国历届政府最优先考虑的问题之一。作为当今世界上唯一的超级大国，冷战后美国在国际防扩散事务中发挥了重大作用，其防扩散政策不仅在相当程度上影响和改变了国家防扩散机制，而且极大地影响了国际社会防扩散结果。所以，众多学科学者对冷战后美国防扩散政策表现出极大兴趣，进行了持久而广泛的研究。按研究视角的不同，国外学界对冷战后美国防扩散的研究如下。

1. 关于美国防扩散政策的结果

关于美国实施防扩散政策的结果，学者们基本上有两种彼此对立的看法。

艾伦·布里奇斯（Alan C. Bridges）认为，到1998年，美国的反扩散战略明显已经崩溃[①]，正如彼特·克劳森（Peter Clausen）所说："美国努力阻止核武器扩散在实践上一直是自相矛盾的、模棱两可的和有选择性的，结果，常常是没有效果的。"到20世纪90年代初期，大规模杀伤性武器扩散已经成为一个事实，因此，美国在过去政策基础上，加上了一个新政策：反扩散。[②]

伊拉·施特劳斯（Ira Straus）认为，从苏联解体到"9·11"事件之间将近10年时间，美国的防扩散努力是失败的，"9·11"事件后情况则发生逆转。[③] 同样，美国反扩散研究中心也认为国际防扩散机制在过去10年"表现欠佳"，使"流氓国家"的大规模杀伤性武器计划得以推进，反大规模杀伤性武器扩散的国际准则遭到侵蚀。[④] 沈丁立虽然没有说防扩散失败了，但他对制裁能否防止扩散提出质疑。[⑤] 大多数中国学者认为，反扩散从根本上说无法阻止核武器等大规模杀伤性武器扩散，自冷战结束以来，就出现了朝鲜、伊朗、伊拉克和利比亚四大核问题国家。朱明权、滕建群、李少军、刘卿等中国学者认为，美国的核不扩散政策固然有利于国际核不扩散机制的维持和运作，但包含深刻的内在矛盾，在防扩散的同

---

① Alan C. Bridges, *Proliferation of Weapons of Mass Destruction: U. S. Policy and Practice in the Late 1990'S*, A Research Report Submitted to the FacultyIn Partial Fulfillment of the Graduation Requirements, Maxwell Air Force Base, Alabama, April 1999; Peter A. Clausen, *Nonproliferation and the National Interest*, HarperCollins College Publishers, New York, 1993.

② Peter A. Clausen, *Nonproliferation and the National Interest*, HarperCollins College Publishers, New York, 1993, p. xiii.

③ Ira Straus, *Reversing Proliferation*, The National Interest, Fall 2004, Issue 77, p. 63.

④ A Report of the Center for Counterproliferation Research, At the Crossroads: Counterproliferation and National Security Strategy. National Defense University Press, Washington D. C., April 2004.

⑤ Dingli Shen, *Can Sanctions Stop Proliferation? The Washington Quarterly* ·31: 3 pp. 89 – 100, Summer 2008, pp. 89 – 100.

时，也恶化了国际关系，刺激了扩散。①

大多数国外学者认为，美国防扩散战略不仅未崩溃，而且取得了相当程度的成功。卡内基国际和平基金会的前核不扩散项目主任伦纳德·斯佩克特（Leonard Spector）认为，防扩散取得了极大成功，因为南非销毁了自己的核武器，这是历史上第一次有核武器国家这样做。白俄罗斯、乌克兰和哈萨克斯坦也同意把原苏联部署在它们领土上的核武器移交给俄罗斯，同意加入《不扩散核武器条约》（NPT），并正式放弃未来开发核武器的权利。在经过多年的抵制全面核控制之后，阿根廷和巴西已经接受了核控制，罗马尼亚也停止了开始于 1992 年的开发核武器的努力。在 20 世纪 80 年代秘密建设可疑的大量反应堆设施多年后，阿尔及利亚于 1995 年 1 月加入NPT。② 更重要的是，1995 年，世界各国同意无限期延长 NPT。《全面禁止核试验条约》（CTBT）和禁止生产裂变物质条约也取得极大进展。巴里·施耐德（Barry R. Schneider）、托马斯·格雷厄姆（Thomas W. Graham）和戴维·费希尔（David A. V. Fischer）都持这一观点。如托马斯·格雷厄姆说，近年来，防扩散取得了许多成功，结果“今天的美国领导人能够而且应该根据‘赢得这场战斗’来进行现实的思考”③。正如安格斯·麦科尔（Angus McColl）所说：“在美国领导下，对于防止大规模杀伤性武器扩散，经典的外交政策方法正比以往任何时候都获得更广泛的国际支持。”中国学者赵恒也认为，正是在美国的领导下，冷战后的防核扩散才有积极进展：“关于防扩散的争议仅仅局限在有限的几个国家，很自然地降低了核冲突的危险，缓和了国际局势。”④

---

① 朱明权：《从首先签署到首先否决：美国与全面核禁试条约》，《当代亚太》2000 年第 2 期；滕建群：《中美关系中的防扩散与反扩散因素》，《国际问题研究》2006 年第 4 期；李少军：《论核不扩散体制》，《世界经济与政治》2001 年第 1 期；刘卿：《核不扩散机制面临的挑战和走向》，《国际问题研究》2006 年第 5 期。

② Leonard S. Spector, “Neo-nonproliferation,” *Survival*, Vol. 37, No. 1, Spring, 1995, p. 69.

③ Angus McColl, “Is Counterproliferation Compatible with Nonproliferation: Rethinking the Defense Counterproliferation Initiative,” *Airpower Journal*, Spring, 1997, p. 100; Barry R. Schneider, *Future War and Counterproliferation: U. S. Military Responses to NBC Proliferation Threats*, Praeger, 1999, pp. 2 - 3; Thomas W. Graham, “Winning the Nonproliferation Battle,” *Arms Control Today*, Vol. 21, No. 7, September 1991, p. 13; David A. V. Fischer, *Stopping The Spread of Nuclear Weapons: The Past and the Prospects*. New York: Routledge, 1992.

④ 赵恒：《核不扩散机制：历史与理论》，世界知识出版社 2009 年版，第 320 页。

2. 防扩散与反扩散关系之研究

传统上，为阻止核武器等大规模杀伤性武器扩散，美国采取的是防扩散政策。随着苏联的解体和冷战的结束，防扩散在美国政策中的地位得到进一步提升。为适应新的扩散形势，1989 年，老布什政府的国防部副部长沃尔福威茨（Paul Wolfwitz）提出改变国防部的任务和方向，要求采取从控制两用技术到发动预防性行动和毁坏大规模杀伤性武器设施在内的各个方面措施与扩散进行战斗，并宣布这是美国军方的一个新的优先事务。老布什政府的国防部部长切尼（Dick Cheney）在 1990 年 4 月第一次间接地提到反扩散倡议，他当时成立了扩散对策理事会。[①] 该理事会第一次提出把防扩散的焦点放在大规模杀伤性武器而不是传统武器系统上。[②] 克林顿政府的国防部部长阿斯平在 1993 年 12 月第一次正式提出反扩散倡议。但他并没有为反扩散定义一个准确概念。美国政府此后的定义不仅没有说明反扩散与防扩散之间的关系，相反使这两个概念更加混淆不清[③]。因此，从一开始，国防部的反扩散倡议就在美国国内外引起了极大的争议。支持者和批评者第一次为定义一个概念和理解其对防扩散、威慑、获得武器、开发新技术和情报收集的意义而争论得不可开交。学者们纷纷投入反扩散与防扩散关系的探讨中。

第一种观点把反扩散与防扩散对立起来，认为反扩散是防扩散的替代品。持这一看法的学者最多。卡内基国际和平基金会的前核不扩散项目主任伦纳德·斯佩克特用“外交行动的文化”和“军事准备的文化”来分别对应防扩散和反扩散。[④] 小布什政府国防部负责技术安全政策和防扩散

① Mueller, Harald and Reiss, Mitchell, “Counterproliferation: Putting New Wine in Old Bottles,” *The Washington Quarerly*, Vol. 18, No. 2, Spring, 1995, p. 144.

② Henry, Sokolski, *U. S. Nonproliferation Policies Since* 1945: *Their Strategic Premises and Implications*, The Nonproliferation Policy Education Center, Washington D. C., No. 16, 1995, p. 38.

③ 关于美国政府对反扩散的定义，参阅 Vicente Garrido Rebolledo, *NATO and Counterproliferation: A New Role for the Alliance*, NATO Individual Research Fellowship 1995 – 1997, Final Report, Madrid June 22, 1997; Statement by Asthon Carter, Assistant Secretary for Defense (International Security Policy), before the Committee on Armed Services of the United States Senate, 28 April 1994; Institute for National Strategic Studies, *Strategic Assessment*, 1996: *Instruments of U. S. Power*, Washington D. C., 1996, p. 121; Office of the Secretary of Defense, *Proliferation: Threat and Response* Government Printing Office, January 2001, p. 78。

④ Barry R. Schneider and William L. Dowdy eds., *Pulling Back from the Nuclear Brink*, Frank Cass Publishers, 1998, pp. 60 – 66.

事务的国防部长助理莉萨·布朗森（Lisa Bronson）也认为，防扩散的文化是外交行动，反扩散的文化是军事行动。[①] 巴里·施耐德（Barry R. Schneider）则认为，防扩散是使用政治、经济和谈判手段阻止扩散，反扩散是国防部采取全方位行动阻止扩散。[②] 约翰·科林斯（John M. Collins）说，"如果外交和经济压力证明是不够的，有可能阻止、防止或完全倒转（reverse）核武器、生物武器和化学武器传播的行动"就是反扩散。[③] 布雷德·罗伯特（Brad Roberts）认为，反扩散包括全面运用政治、经济、军事和外交政策，其目的不仅是阻止大规模杀伤性武器扩散，而且要应对扩散的后果，努力解除具有严重扩散前景地区的扩散威胁。主张这一观点的还有亨利·思科拉斯基（Henry Sokolski）和马丁·史密斯（Martin A. Smith）等人。[④] 中国学者大多赞成这一看法，如滕建群、刘金质等认为，二者存在不可分割的联系，防扩散采取传统非军事手段，反扩散采取军事手段。潘蔚娟认为，反扩散是指美国在防扩散努力一旦失败的情况下而采取的军事威慑、防御和打击措施。反扩散（counter-proliferation）与防扩散（nonproliferation）之间最明显的差别在于前者强调先发制人，具有主动性和进攻性；后者则以预防为主，具有一定的被动性。[⑤] 实际上，对这种看法持赞成态度和批评态度的人一样多。

第二种观点把反扩散等同于防扩散。除美国国防部外，还有许多学者这样看。如约瑟夫·派拉特和瓦尔特·柯克纳（Joseph F. Pilat and Walter L. Kirchner）认为全面的反扩散战略的关键因素至少包括外交。[⑥]罗宾·兰

① Lisa Bronson Deputy Under Secretary of Defense for Technology Security Policy and Counterproliferation, United States-China Commission U. S. Export Control Policy Toward China, Prepared Statement, 17 January 2002.

② Barry R. Schneider, *Future War and Counterproliferation: U. S. Military Responses to NBC Proliferation Threats*, Praeger, 1999, pp. 49 - 51.

③ John M. Collins, *Nuclear, Biological, and Chemical Weapon Proliferation: Potential Military Countermeasures*, CRS Report for Congress, 28 June 1994, p. 3.

④ Brad Roberts, "From Nonproliferation to Antiproliferation," *International Security*, Vol. 18, No. 1, Summer, 1993, pp. 139 - 173; Henry Sokolski, "Fighing Proliferation With Intelligence," *Orbis*, Spring, 1994, pp. 245 - 260; Martin A. Smith, "To neither use them nor lose them: NATO and nuclear weapons since the Cold War," *Contemporary Security Policy* Vol. 25, No. 3, 2004, p. 538.

⑤ 潘蔚娟：《冷战后美国反扩散政策的演变及其对国际安全的影响》，《太平洋学报》2007年第6期。

⑥ Joseph F. Pilat and Walter L. Kirchner, "The Technological Promise of Counterproliferation," *The Washington Quaterly*, Vol. 18, No. 1, Winter, 1995, pp. 157 - 160.

杰和汉弗莱·尤因等认为，首先是反扩散军备控制、制裁和禁运、经济和军事援助、出口控制、安全保证、稳定措施、快速反应能力、积极和消极防御等，最后才是采取军事行动。[①] 从学者们赋予反扩散的内涵，他们实际上认为反扩散与防扩散等同。

第三种观点认为，反扩散根本不是一种新的阻止扩散的方式或手段，而仅仅是防扩散的补充。[②]

3. 反扩散合法性之研究

反扩散是冷战后美国阻止大规模杀伤性武器扩散的最重要方式，其实现的手段是发动先发制人的军事打击。意识到核武器扩散到激进和不友好国家的极端危险性，最初老布什总统要求国防部“发展新的能力防止扩散，包括发动先发制人的军事行动的能力”[③]。小布什总统在 2002 年美国国家安全战略中明确表示：“我们的敌人公开宣布他们正在开发大规模杀伤性武器，而且证据表明他们正决心这样做。美国将不允许这些努力获得成功。……我们将与其他国家进行合作，阻止、遏制我们的敌人获得危险技术的努力，而且，美国将开展行动，在这些威胁还没有完全形成之前就摧毁它们。”[④] 小布什的这一讲话被认为美国正式确立了先发制人的反扩散战略。但其合法性从美国提出这一方式以来一直备受国际社会质疑。为洗清不合法的质疑从而名正言顺地推行反扩散，冷战后的美国政府积极寻求其法理依据。小布什政府在 2003 年称，美国的反扩散政策不仅与 1992 年联合国安理会主席声明是一致的，而且是贯彻这一声明的一个步骤。[⑤] 众所周知，1992 年联合国安理会主席声明虽然明确指出大规模杀伤性武器扩散是对国际和平与安全的威胁，要求联合国全体会员国认真履行有关军控、裁军，以及防止大规模杀伤性武器扩散的义务，但声明根本没有授权任何会员国对其他会员国进行武装拦

---

① Robin Ranger, Humphry Ewing, David Wiencek and David Bosdet, “Cruise Missiles: New Threats, New Thinking,” *Comparative Strategy*, Vol. 14, 1995, pp. 255 – 275.

② Vicente Garrido Rebolledo, *NATO and Counterproliferation: A New Role for the Alliance*, NATO Individual Research Fellowship, 1995 – 1997, Final Report, Madrid, 22 June 1997.

③ Heather Wilson, *Missed Opportunities: Washington Politics and Nuclear Proliferation*, The National Interest 34, 1993 – 1994, pp. 26 – 36.

④ The White House, *The National Security Strategy of the United States of America*, September 17, 2002.

⑤ The White House, *Proliferation Security Initiative: Statement of Interdiction*, 4 September 2003, http: // www. usinfo. state. gov/ regional/ mgck.

截。显然，1992 年联合国安理会主席声明不能为反扩散提供合法性。美国于是努力推动联合国通过一项新的防扩散决议。2004 年 4 月 28 日，联合国安理会通过了美国起草的第 1540 号决议。决议在重申大规模杀伤性武器扩散是对国际安全与和平的巨大威胁后，要求各国不向企图开发、获得、制造、拥有、运输、转移或使用大规模杀伤性武器及其运载工具的非国家行为者提供任何形式的支持；要求各国制定和实施有效的法律，禁止任何非国家行为者，尤其是为恐怖主义目的而制造、获取、拥有、开发、运输、转移或使用核生化武器及其运载工具。决议虽然为美国的反扩散提供了更大和更自由的空间，但仍不足于完全满足反扩散的法律要求。

对于美国的反扩散政策是否具有足够的合法性，学者们展开了争论。有学者认为，根据国际法，为自我防御的目的进行先发制人的打击是被允许的①；为证明这种先发制人的打击是合法的，国际法教授约拉姆·丁斯坦（Yoram Dinstein）定义了自我防御，他说，自我防御是“在遵守国际法规定的情况下，合法地使用力量（主要是反制力量），对以前不合法的使用（或至少是威胁使用）力量做出反应”。② 据此，包括弗兰克·戈德曼（Frank G. Goldman）在内的大多数法律学者同意，自我防御的权力包括采取先发制人的行动。为论证先发制人的合法性，戈德曼进而引入了报复的概念。他说，所谓报复，就是一个国家努力惩罚另外一个国家并改变其将来的行为。报复有三个部分：进攻者是非法的，侵犯了另外一个国家的利益；第二个国家做出反应，进攻这个非法进攻的国家并改变其行为；进攻“并不在自我防卫权的可接受的法律定义范围内”③。实际上，尽管学者们如此反复论证，仍无法论证先发制人的合法性。

因此，许多学者认为美国诸多反扩散行动缺乏国际法基础。他们区分了先发制人的战争和预防性战争。杰弗里·雷科德（Jeffrey Record）认为，

---

① Richard G. Maxon, *Nature's Eldest Law: A Survey of a Nation's Right to Act in Self-Defense*, Army War College, 1995, p. 13; Yoram Dinstein, *War, Aggression and Self-Defence*, 2th Ed. Grotius Publications, 1994, p. 175. Lori Fisler Damrosch and David Scheffer, *Law and Force in the New International Order*, Westview Press, 1991.

② Yoram Dinstein, *War, Aggression and Self-Defence*, 2th Ed. Grotius Publications, 1994, p. 175.

③ Frank Gibson Goldman, *The International Legal Ramifications of United States Counter-Proliferation Strategy: Problems and Prospects* Newport, RI: Naval War College, 1997, pp. 21 - 40.

先发制人的军事行动是指面对迫在眉睫的进攻，为正当防卫而使用武力。1967 年以色列的 6 天战争是先发制人军事行动的经典例子；而预防性战争则是“采取行动反对正在出现的威胁，在它们还没有完全形成之前就摧毁它们”。“9・11”事件后布什的国家安全战略实际上把先发制人的战争变成预防性战争。因此，小布什政府在概念上把先发制人的战争与预防性战争混淆，实际上也就无法将预防性战争与侵略区别开来。因此，美国政府自“9・11”事件以来的反扩散行动实际上没有合法性。[①] 皮特・多梅尼西（Pete V. Domenici）认为，虽然传统上，国际法允许各国使用暴力，但是，在现代国际法中，对使用暴力是做了明确界定的，根据目前的国际法，采取先发制人的行动会引起许多问题。[②] 顾国良、赵青海等中国学者也认为，美国的反扩散政策违反了国际关系准则，缺乏国际法基础。[③]

4. 反扩散能否阻止扩散之研究

根据学者们的研究结论，大体而言，可分为防扩散乐观主义者和防扩散悲观主义者。

防扩散乐观主义者可分为两类。其一，认为扩散是不可避免的，但是可以管理的。国际关系理论的现实主义认为，在一个自助和无政府状态的国际社会中，各国将努力获得一切适当的力量来解决自身的安全困境。这样，相信可以管理扩散的扩散乐观主义者认为，获得核武器是正常的，因而核扩散是不可避免，[④] 这种认识并不排除他们认为可以在某种程度上阻止扩散。因此，他们说即使扩散是无法阻止的，但最坏的结果可以通过协调一致的明智行动而得以避免。换句话说，虽然不能完全阻止核扩散，但可以通过相关安排防止最坏情况的出现，从而能够管理这个问题。[⑤] 据此，Stephen Van Evera 建议，美国“不应试图阻止所有扩散”，而“应该

---

① Jeffrey Record, “Nuclear Deterrence, Preventive War, and Counterproliferation,” *Policy Analysis*, No. 519, 8 July 2004.

② Pete V. Domenici, “Countering Weapons of Mass Destruction,” *The Washington Quaterly*, Vol. 18, No. 1, Winter 1995, pp. 145 – 152.

③ 赵青海：《“防扩散安全倡议”评析》，《国际问题研究》2004 年第 6 期；顾国良：《美国“防扩散安全倡议”评析》，《美国研究》2004 年第 3 期。

④ Benjamin Frankel, “The Brooding Shadow: Systemic Incentives and Nuclear Weapons Proliferation,” *Security Studies*, Vol. 2, No. 3/4, Spring/Summer, 1993, pp. 37 – 78.

⑤ Benjamin Frankel, “The Brooding Shadow: Systemic Incentives and Nuclear Weapons Proliferation,” *Security Studies*, Vol. 2, No. 3/4, Spring/Summer, 1993, pp. 37 – 78.

限制和管理这一过程"[①]。冷战后通过进行国际政策改革并达成某种国际安排来解决某些重大国际问题的实践，使学者们认为管理扩散是切实可行的。美国前国防部部长阿斯平（Les Aspin）提出的目的在于应对伊拉克核武器的反扩散倡议也体现了美国政府在冷战后试图对扩散进行管理的现实努力。[②]

其二，也有扩散乐观主义者不接受核扩散是不可避免的说法。尽管冷战后确实出现了一些新的拥有核武器等大规模杀伤性武器的国家，如印度和巴基斯坦，但冷战后，诸多决定开发核武器等大规模杀伤性武器的国家都选择停止研发计划，而且，大多数国家获得核武器等大规模杀伤性武器的进程实际上比预想要缓慢得多。另外，开发核武器等大规模杀伤性武器的经济和政治代价都非常大，美国和国际社会反扩散的行动明显有效地阻止了大规模杀伤性武器的扩散；国际出口控制机制也极大地增加了获得大规模杀伤性武器的困难，延长了获得大规模杀伤性武器的时间，为国际社会采取行动应对提供了时间保障。同时，也出现了拥有核武器的南非放弃核武器的实例。因此，这些防扩散乐观主义者认为，如果采取适当的步骤，是能够说服目前的非核武器国家放弃开发核武器等大规模杀伤性武器计划的，扩散是能够被阻止的。如托马斯·格雷厄姆（Thomas W. Graham）详细说明了防扩散获得胜利的方法，相信核扩散是可以阻止的，甚至完全是可逆转的。[③] 罗特布拉特·约瑟夫（Rotblat Joseph）等甚至认真地谈到朝向一个完全消除核武器的世界体系发展。[④] 应该说，这一主张对奥巴马在 10 多年后发出建立一个无核武器世界的倡议不无影响。

与信奉国际政治现实主义理论的主张可以管理扩散的防扩散乐观主义者一样，防扩散悲观主义者也认为国际政治中固有的无政府性质将使扩散不可避免。约翰·韦尔特曼（John J. Weltman）、本杰明·弗兰克（Benjamin

---

① Stephen Van Evera, "Primed for Peace: Europe after the Cold War," *International Security*, Vol. 15, No. 3, Winter, 1990 - 1991, pp. 14 - 54.

② Les Aspin, "The DoD Nuclear Counter-Proliferation Initiative," *Speech to the National Academy of Sciences*, Washington D. C., 7 December 1993.

③ Thomas W. Graham, "Winning The Nonproliferation Battle," *Arms Control Today*, Vol. 7, 1991, pp. 8 - 13.

④ Rotblat Joseph, Jack Steinberger, and Bhlachandra Udgaonkar, *A Nuclear Weapons Free World: Desirable? Feasible?* Westview Press, 1993.

Frankel）和特德·卡彭特（Ted Galen Carpenter）等人甚至说，防扩散不仅是没有用的，而且可能产生相反的作用。认为："除非国际体制正经历革命性的变革，否则任何认为能够阻止进一步扩散的想法是荒唐的……在各国相互独立的世界上，一些扩散是不可避免的。"① 科林·加里（Colin S. Gary）认为，包括军备控制在内，没有什么措施能有效地阻止扩散。② 因此，美国驻联合国前大使詹姆斯·伦纳德（James F. Leonard）说，我们正向一个"充满了核武器"的世界前进，对此人类社会无能为力。③ 虽然都认为扩散不可避免，但与乐观主义者不同，不扩散悲观主义者认为，扩散是一个不能被成功管理的问题，并预言人类最终会使用核武器，其结果是灾难性的。基于这种看法，国际社会必须学会与一个把核武器作为其政治生活一部分的世界共处。

5. 防扩散对策之研究

关于如何防止扩散，保罗·伯恩斯坦（Paul I. Bernstein）说，没有任何一个政策选择是防扩散的"魔法子弹"④。尽管如此，学者们还是纷纷提出了自己的主张。概而言之，主要形成以下对策主张。

（1）进行国际合作或建立信任关系。

在冷战后的国际环境中，阻止大规模毁灭性武器扩散政策要获得成功，美国应高度重视国际合作。兰达利·福斯伯格（Randali Forsberg）和阿什顿·卡特以及戴维·金（David R. King）等认为，防扩散政策要获得成功，必须进行实质上的国际合作。合作是必需的，因为没有一个国家或小的国家集团自己能够防止扩散；合作是可能的，因为许多国家认识到，核武器、

---

① John J. Weltxnaq "Nuclear Devolution and World Order," *World Politics*, Vol. 32, January 1980, pp. 192 - 193; Ted Galen Carpenter, "A New Proliferation Policy," *The National Interest*, Summer, 1991, pp. 63 - 72; Bruce Buneo de Mesquita, William H. Riker, "An Assessment of the Merits of Selective Nuclear Proliferation," *Journal of Conflict Resolution*, Vol. 26, No. 2, June 1982; Frankel Benjamin, The Brooding Shadow: Systemic Incentives and Nuclear Weapons Proliferation, *Security Studies* 3/4, 1993, pp. 37 - 78.

② Colin S. Gary, *Weapons Don't Make War: Policy, Strategy and Military Technology*, Lawrence, Kansas: University of Kansas, 1993.

③ James F. Leonard, and Adam M Scheinman, "Denuclearizing South Asia: Global Approaches to a Regional Problem," *Arms Control Today*, June 1993, pp. 17 - 22.

④ Paul I. Bernstein, *International partnerships to combat weapons of mass destruction*, National Defense University Press, 2008.

生物武器和化学武器的扩散对于所有的国家都是真正的威胁。[①]

罗伯特·蔡斯（Robert S. Chase）等认为北约是一个成功合作的例子。他们建议美国应把未来合作关系的焦点放在建立集体安全方面，以应对非具体的威胁。继续多边合作关系的选择包括扩大北约、在太平洋地区建立类似联盟和倡议建立地区联盟。美国也可以与关键的地区国家建立单方面的合作关系。由于许多地区强国从根本上说敌视美国并努力削弱美国的影响，为平衡这种“敌对国家”，美国需要把合作的中心放在未来具有不确定性并对它们所在地区有深刻影响的国家身上。[②]

（2）实行选择性扩散政策。

部分不扩散乐观主义者信奉威慑理论，认为当一个核武器国家与一个非核武器国家发生冲突的时候，冲突很可能表现为核冲突；而当发生冲突的两个国家都是核武器国家时，冲突不可能表现为核冲突。因为任何一方都担心报复，当拥有核武器的国家增加时，双边冲突最初表现为核冲突的可能会增加，当几乎所有国家都拥有核武器时，发生核冲突的概率最终会降低到零。[③] 也就是说，在他们看来扩散使竞争对手更加谨慎，这有助于国际社会稳定。所以他们赞成扩散，尤其赞成选择性扩散。肯尼斯·华尔兹（Kenneth Waltz）是赞成扩散的最著名的人士之一，他认为掌握核武器的国家“多了更好”，因为当核武器扩散到更多的国家时，各国之间威慑和防御的能力都增加了，这样“战争的可能性就减少了。核武器使得战争难以发动起来……因此，应该欢迎而不是畏惧核武器扩散”[④]。当然，

---

① Randali Forsberg et al. , “After the Cold War: A Debate on Cooperative Security,” *Boston Review*, Vol. 17, No. 6, November/December 1992, pp. 7 – 19; Ashton B. Carter, William J. Perry, and John D. Steinbruner, *A New Concept of Cooperative Security*, Brookings Institution, 1992; David R. King, *Interpreting Shadows: Arms Control and Defense Planning in a Rapidly Changing Multi-Polar World*, Institute for National Security Studies USAF Academy, Colorado, Occasional Paper 26, Arms Control Series, June 1999, p. 18.

② Robert S. Chase, Emily B. Hill, and Paul Kennedy, *Pivotal States and U. S. Strategy*, Foreign Affairs, Jan/Feb 1996, p. 37.

③ Bruce Bueno de Mesquita, William H. Riker, “An Assessment of the Merits of Selective Nuclear Proliferation,” *The Journal of Conflict Resolution*, Vol. 26, No. 2, Jun. , 1982, pp. 283 – 306.

④ Scott D. Sagan and Kenneth Waltz, *The Spread of Nuclear Weapons: A Debate*, W. W. Norton, 1995, pp. 44 – 45; Stephen Van Evera, 1990 – 1991: Primed For Peace: Europe After The Cold War. International Security 3, pp. 7 – 57. 更多学者认为，随着更多国家掌握核武器，核威慑的风险将不成比例地增加。美国军备控制与裁军署署长 John Holum 和 Tom Sauer 说，拥有核武器的国家越多，核武器的数量会越多，它们被使用的可能性就越大，核威慑失败的可能就越大，意外事件就会发生。参阅 Tom Sauer, *Nuclear Arms Control: Nuclear Deterrence in the Post-Cold War Period*, ST. Martin's Press, 1998, p. 32。

他们并不是赞成一般的扩散，而是赞成选择性扩散。这些学者把扩散分为好的扩散和坏的扩散，要求根据每一个具体情况采取不同的政策。主张对于那些经常从事国际恐怖主义或对其邻居采取军事行动的国家，应阻止其获得核武器等大规模杀伤性武器；而对于那些只是寻求保护自己免受地区威胁的国家则让其自行其是并允许其获得核威慑。如威廉·马特尔（William Martel）和威廉·潘德勒（William Pendley）就主张美国实行选择性防扩散政策。他们敦促美国政府努力防止诸如伊朗和朝鲜这样激进的敌对国家获得大规模杀伤性武器，同时，不干预乌克兰和巴基斯坦获得核武器。后两个国家并没有对美国的利益产生威胁，而且实际上承担了稳定器的角色，抵消了地区竞争对手俄罗斯和印度的力量。[①] 约翰·米尔斯海默（John Mearsheimer）认为在冷战后的欧洲，避免战争的最好方式是核威慑，因此，某些核扩散是必要的，是对苏联和美国核武器从中欧撤除之后的补充。理想的情况是，核武器应该扩散到德国，但不应扩散到其他国家[②]。他没有解释如何能对扩散进行“谨慎的管理”，也没有解释如何才能把核武器的扩散仅限于德国，或者，实际上仅限于欧洲。Sephen Van Evera 也建议可以允许具有稳定效果的关键国家拥有核武器。[③] 特德 ·卡彭特则认为，美国必须学会适应形势，可以临时把政策的中心放在推迟核武器扩散到那些“不稳定或者残忍地反美国的独裁国家”，主张美国“应该放弃正变得越来越不可行的不扩散机制”[④]。当然，主张美国实行选择性扩散是有条件的，即这样的行为者必须被认为相对稳定；它们必须被认为不会威胁美国利益。英国和以色列的核试验满足上述所有标准。[⑤]

---

① William Martel and William Pendley, *Nuclear Coexistence: Rethinking U. S. Policy to Promote Stability in an Era of Proliferation*, Maxwell Air Force Base: Air University, Air War College Studies in National Security Number One, 1994.

② John Mearsheimer, “Back to the Future: Instability in Europe After the Cold War,” *International Security*, Summer , 1990, Vol. 15, No. 1, p. 54.

③ Stephen Van Evera, Primed For Peace: Europe After The Cold War, International Security 3: 7 – 57, 1990 – 1991.

④ Ted Galen Carpenter, “A New proliferation Policy,” *The National Interest*, Summer, 1992, pp. 63 – 72.

⑤ Alan C. Bridges, *Proliferation of Weapons of Mass Destruction: U. S. Policy and Practice in the Late 1990'S*, A Research Report Submitted to the FacultyIn Partial Fulfillment of the Graduation Requirements, Maxwell Air Force Base, Alabama, April 1999, p. 25.

选择性扩散面临一些重大挑战：选择性防扩散需要展示其所倡导的灵活性防扩散措施如何能成为目前国际不扩散机制的一部分而又不削弱它？选择性扩散对NPT意味着什么？如果国际不扩散机制突然能接受任何一个其领导人不是敌对的或侵略性的国家生产核武器等规模杀伤灭性武器，则国际不扩散准则如何能反对扩散？如果目前被允许获得核武器等大规模杀伤性武器的友好国家改变了领导人，而该领导人或新政权转而采取敌视立场，则又会发生什么情况？因此，一些学者认为，选择性扩散理论上忽视了非理性的、喜欢赌博或非常好战的领导人掌握核武器等大规模杀伤性武器可能带来的灾难性前景；实践上，忽视了一些友好国家转变为非友好国家甚至敌对国家的可能。历史事实也否定了各自拥有大量武装的邻国会阻止彼此的战争这一主张实行选择性扩散学者的基本出发点，在中东，虽然以色列获得了核武器，但仍没能阻止其非核武器邻国在1967年和1973年对它发动进攻。[①] 冷战时期，美苏虽然没有发生直接冲突，但是两国在古巴和柏林差一点发生核战争，并同时在三大洲打了四场代理人战争。因此，他们反对实行选择性扩散政策[②]。中国学者沈丁立对选择性防扩散政策也进行了批评，认为美国不是防扩散，而是防威胁。[③]

（3）实行威慑政策。

确保相互摧毁是冷战时期美苏保持相对和平的根本原因之一。冷战后美国继续把威慑作为国家安全战略的重要组成部分。冷战后美国发动的几场入侵战争都没有遭到对方大规模杀伤性武器袭击。有分析家假设，伊拉克之所以没有对联合国部队使用化学武器，是因为害怕美国报复，美国可以使用核武器或把常规攻击升级以摧毁萨达姆·侯赛因政权；一些人声称，以色列的核报复能力使伊拉克没有用携带化学弹头的导弹袭击以色列。因而，约翰·哈维（John Harvey）和肯尼斯·沃特曼（Kenneth Watman）以及迪安·魏坎宁（Dean Wilkening）等部分学者认为，要防止

① Yair Evron, *The Relevance and Irrelevance of Nuclear Options in Conventional Wars: The* 1973 *October War*, Jerusalem Journal of International Relations 1 - 2, 1984, pp. 143 - 176.

② David Krieger, *U. S. Policy and the Quest for Nuclear Disarmament*, http://www.wagingpeace.org/articles/2004/07/00_krieger_us - policy - quest. htm.

③ 沈丁立：《印美核协议——不防扩散防“威胁”》，《文汇报》2008年9月7日。

扩散，美国必须建立和实行有效的威慑。[①] 有效的威慑将使其他国家采取行动的成本比不采取行动的成本更高，从而阻止其他国家采取行动。目前美国的威慑目标包括阻止对美国和美国盟国的进攻、对美国或其盟国至关重要的利益的侵略、阻止使用大规模杀伤性武器。[②] 根据约翰·哈维的理论，成功的威慑需要三个要素：沟通，或清楚地表明不可接受的行为和为实施威慑而承担采取行动的义务；能力，或有能力进行威慑；可信性，即没有理由怀疑侵略行为不会受到报复。[③] 对于美国而言，上述三个要素都是具备的，但实际上，仅仅有上述三要素并不足以保证会获得成功，因为在新的战略环境中，传统国家行为者无论是在战略核力量还是在常规力量方面，都已不能与美国相提并论，它们既没有能力也没有意愿挑战美国的霸权和优势，但所谓的“流氓国家”和恐怖分子出于意识形态或宗教信仰的原因，一直试图获得核武器等大规模杀伤性武器并对美国发动袭击。因此，美国面临的主要威胁是所谓的“流氓国家”或恐怖主义组织等非国家行为体，它们的利益与美国相比是不对称的。美国学者和包括小布什总统在内的一些领导人都认识到，“流氓国家”或恐怖组织等非国家行为体的领导人是非理性的，他们不关心威慑，因此，传统的核威慑根本无法或很难阻止恐怖分子或“流氓国家”开发或使用核武器。[④] 从这一意义上说，采取威慑政策阻止核武器等大规模杀伤性武器扩散的效果是值得怀疑的。美国政府本身也认识到了这一点。如 2004 年 12 月 16 日完成的“联合核行动学说”认为，美国核力量要实现四个关键目标，即确保美国的

---

① John Harvey, *Conventional Deterrence and National Security*, Fairbairn, Australia: Air Power Studies Center, 1997, p. 28; Kenneth Watman and Dean Wilkening, *U. S. Regional and Deterrence Strategies*, Rand, 1995, pp. 13 – 14.

② Naval Studies Board, *Post-Cold War Deterrence*, Washington D. C. : National Academy Press, 1997, p. 1.

③ John Harvey, *Conventional Deterrence and National Security*, Fairbairn, Australia: Air Power Studies Center, 1997, p. 62.

④ 参阅 Mtchell B. Reiss, *A New Nuclear Bargain*: *Atoms for Peace* 2.0? NBR Analysis, Vol. 18, No. 2, March 2007 和 Sidney D. Drell and James E. Goodby, *What are Nuclear Weapons for*? Recommendations for Restucturing U. S. Strategic Nuclear Forces, An Arms Control Association Report, October 2007; Remarks by President George W. Bush on 大规模毁灭性武器 Proliferation National Defense University, Washington D. C. , 11 February 2004。但也有学者认为核威慑对“流氓国家”使用大规模毁灭性武器仍是有效的。与狂热的恐怖主义组织不一样，“流氓国家”也有关键的财产可以作为大规模报复的人质，还没有一个“流氓国家”对拥有这样的报复能力的敌对国家使用大规模毁灭性武器。参阅 Jeffrey Record, *Nuclear Deterrence*, *Preventive War*, *and Counterproliferation*, Policy Analysis, No. 519, 8 July 2004。

盟国和朋友的稳定和全面实现美国的安全承诺；阻止敌人采取可能威胁到美国利益或美国盟国和朋友利益的行动；威慑侵略和通过向前部署能迅速击败敌对国家攻击能力和发动攻击敌人军事力量以及加强设施施加严厉惩罚的能力从而威胁敌人不得发动进攻；如果威慑失败，就对敌人发动决定性的打击。也就是说，美国政府承认，威慑在相当程度上可能会刺激有关国家开发或获得核武器等大规模毁灭性武器，而不是阻止它们这样做。

阻止他国侵略本国的威慑不是新现象，它随着战争的出现而产生，但核武器及核威慑的出现从根本上改变了战争和人类社会面临的前景。人类社会第一次可能在战争刚刚爆发时就面临毁灭的危险。虽然冷战时期美苏核恐怖平衡状态下没有发生威胁人类生存的核冲突，但这并不能证明核恐怖威慑没有危险。冷战后，核武器、核技术和核材料扩散到更多的国家，甚至技术能力和安全保障措施非常欠缺的国家也拥有核武器，更重要的是，冷战后，类似冷战时期美苏之间的那种高风险稳定局面已经不存在。如果继续依靠核威慑，会使核武器投入使用的风险越来越大。对于某些国家而言，阻止它们开发核武器，可能会进一步刺激它们开发或获得核武器的愿望；同时，继续依赖核威慑，不仅意味着保有核武器，而且意味着要不断实现核武器的现代化，以保证核武库的安全、稳定和有效。这实际上造成纵向扩散，而这一纵向扩散，势必引起其他核武器国家的纵向扩散和非核武器国家开发核武器。美国不能指望在自己坚持并加强核威慑的情况下要求其他国家不开发核武器或不实现核武器的现代化。从上述意义上说，美国不放弃威慑，尤其是核威慑，大规模杀伤性武器扩散，尤其是核扩散看来是不可避免的。这与防扩散的初衷完全相反。

6. 美国防扩散政策的特点

戴维·金认为，20 世纪 90 年代以来，美国越来越多地强调军备控制和反扩散。① 韩裔美国学者严文宋总结了冷战时期各个阶段美国防扩散政策的特点后认为，由于国际关系和安全动力变得更加复杂，更少有可预测性，威胁的来源和性质比以前更加分散，也更加多变，国家利益正被更精

① David R. King, *Interpreting Shadows: Arms Control and Defense Planning in a Rapidly Changing Multi-Polar World*, INSS (Institute for National Security Studies USAF Academy, Colorado) Occasional Paper 26, Arms Control Series, June 1999.

细地界定，因此，冷战后美国防扩散政策的特点还不清楚。[①] 大卫·克里格（David. Krieger）认为，虽然美国一直防止大规模杀伤性武器扩散到其他国家（当然，有例外情况，如美国对待以色列开发核武器的态度和立场与对待其他国家完全不同），要求其他国家放弃开发、部署和实现核武器等大规模杀伤性武器的现代化，自己却寻找各种理由毫无约束地扩大和改进自己的核武库并改善其运载系统，这是典型的双重标准。[②] 他的这种观点得到中国学者的热烈回应。刘卿认为这是美国例外论和友邦例外论；张胤鸿认为，美国在防扩散问题上执行"双重标准""多重标准"和"阶段性标准"。[③] 夏立平认为美国是将反核扩散、防核扩散和后果管理整合起来，以美国利益为准则改造和构建国际核不扩散机制；姜振飞等认为美国是将先发制人、单边主义与多边主义相结合的有选择性的防扩散。

7. 不扩散与中美关系之研究

由于中美关系在冷战后的复杂性和特殊性，学者们对不扩散与中美关系给予相当的关注。艾伦·布里奇斯认为，克林顿总统以不扩散目标为代价，改善了与中国的关系，但美国的经济和安全利益没有得到保证。[④] 沈丁立、滕建群、顾国良等认为，中美在防（反）扩散问题上存在原则分歧，美国坚持反扩散，中国坚持传统的防扩散，但中美在这一领域存在共同利益和政策取向。[⑤]

二

随着苏联的解体和冷战的结束，"意识形态的终结"和"文明冲突论"甚嚣尘上，研究冷战后美国防扩散政策的学者常常受到不同的社会

---

① Man-Sung Yim, Nuclear Non-Proliferation and the Future Expansion of Nuclear Power, *Progress in Nuclear Energy*, 2006.

② David Krieger, *U. S. Policy and the Quest for Nuclear Disarmament*, http: //www. wagingpeace. org/articles/2004/07/00_ krieger_ us – policy – quest. htm.

③ 张胤鸿：《美国的核不扩散政策及其影响》，《瞭望新闻周刊》2001 年第 51 期。

④ Alan C. Bridges, *Proliferation of Weapons of Mass Destruction*: *U. S. Policy and Practice in the Late 1990'S*, A Research Report Submitted to the FacultyIn Partial Fulfillment of the Graduation Requirements, Maxwell Air Force Base, Alabama, April 1999.

⑤ 顾国良：《美国"防扩散安全倡议"评析》，《美国研究》2004 年第 3 期；沈丁立：《2007：防扩散与中美关系》，《国际问题研究》2007 年第 2 期。

制度、意识形态等的强大影响，学术研究悄悄地异化为一种虽不明显却能真实感受的处于强势地位的意识形态和社会制度对其他不容于己的意识形态和社会制度的批判和否定。当前，主张采取选择性扩散和实行威慑政策的学者似乎在更大程度上影响了美国冷战后防止大规模杀伤性武器政策。应该承认，这些学者的主张对于冷战后国际社会防止大规模杀伤性武器的进一步扩散多有裨益，也有助于防扩散学术研究的繁荣。但是选择性扩散政策建立在把国际社会区分为“好的国家”和“坏的国家”以及“好的扩散”和“坏的扩散”这一不平等、不公正的基础上；威慑作为冷战的遗产，也与冷战后的国际安全环境格格不入。作为这一政策选择的结果，很可能是刺激进一步扩散而不是阻止扩散。

冷战后美国防扩散政策研究中存在的以意识形态和社会制度为取舍根据的倾向，增加了研究的复杂性。超越意识形态和社会制度差异的纷争，以价值中立的态度做出理性的分析与判断，成为冷战后防扩散研究进一步深入的重要前提之一。

关于冷战后美国防扩散政策研究，国际学术界虽然取得了相当成绩，但无论是在宏观考察，还是在微观研究方面都有欠缺。

从微观研究方面看，主要有以下几个方面不足。

第一，反扩散与防扩散的关系是学者们非常关心的一个主题。虽然学者们进行了卓有成效的讨论，但事实上，二者常被混淆、对立或等同起来，或作为美国不扩散政策的两个不同阶段。而上述认识不能完全反应冷战后美国政府阻止大规模杀伤性武器扩散政策的真面目；另外，学者们的讨论也未解答促使美国政府采取各种各样反扩散措施决定的因素是什么、采取这些措施的时间和运用方法是如何决定的等问题。实际上，美国花了很大精力来澄清反扩散不仅包括由军事单位所采取的积极行动，也包括支持国际军备控制机制，调整阻止获得核生化武器战略和作战战略/策略/学说/计划/程序和应对大规模杀伤性武器的力量态势。如克林顿政府的助理国防部长阿什顿·卡特（Asthon Carter）多次明确地反对学者把反扩散仅仅看作先发制人的军事打击。① 美国政府在反扩散实践中，也并非仅仅采取军事手段，如小布什政府尽管提出反扩散政策并付诸实施，但它同

① Harald Mueller, Mitchell Reiss, “Counterproliferation: Putting New Wine in Old Bottles,” *The Washington Quaterly*, Vol. 18, No. 2, Spring, 1995, p. 143.

时非常重视利用外交谈判来解决扩散问题，在解决朝核问题上尤其如此。布什政府2002年发布的与大规模杀伤性武器战斗的国家战略，在反扩散名目下所列举的措施既包括先发制人的打击，也包括防御性措施，如威慑、积极防御、向盟国提供有效的防御手段援助等。[1] 而防扩散也绝不意味着美国政府不会采取军事行动，如克林顿政府时期，就采取过一系列军事行动防止敌对国家获得大规模杀伤性武器。因此可以说，反扩散并非完全是军事手段，防扩散也并非没有采取军事手段，反扩散与防扩散的分野并非如许多学者所说的是军事打击与外交和经济措施之间的不同。从美国政府冷战后阻止大规模杀伤性武器扩散的理论和实践看，我们可以发现，反扩散和防扩散不是美国政府阻止大规模杀伤性武器扩散的两个不同阶段，也不是两个彼此对立的阻止大规模杀伤性武器扩散的措施，而是在新的国际安全环境下美国三位一体阻止大规模杀伤性武器扩散的两个支柱，它们是互补的和并存的，而不是对立的和冲突的。

第二，国际学术界研究美国冷战后防扩散政策时，对美国宪政体制下不同机构之间在防扩散事务上的协调与冲突缺少整体观照。这与美国的政治现实不符。众所周知，根据三权分立原则建立的美国政府机构是一个多中心的结构，不仅国会与政府之间相互制衡，即使行政机构之间也存在相当程度的制约。包括防扩散在内的美国各项重大方针、政策的制定与实施是多个权力源之间相互协调与冲突的结果。如防务部门出于部门利益不断夸大大规模杀伤性武器扩散威胁，制造舆论并进而塑造政府的防御政策，这种压力反过来又影响政府情报部门对大规模杀伤性武器威胁的评估，两者互动推动了冷战后美国反扩散政策的发展变化。这必然要求研究此一问题时需要深入地考察立法、行政和司法机构之间以及相关行政部门在防扩散政策的制定与实施过程中扮演的角色与所处地位。遗憾的是，目前的研究成果基本上还没有从美国政府不同部门之间的冲突与协调这个角度探讨美国冷战后的防扩散政策。

从宏观方面看，也存在以下几个方面不足。

第一，学者们关注的焦点是核扩散，或是通过核扩散这一透镜来看其他方面的扩散，而很少关注同样是大规模杀伤性武器，同时也更可能实际

① National Strategy to Combat Weapons of Mass Destruction, December 2002, p. 3.

上被投入使用的生物武器和化学武器的扩散。虽然核武器问题仍是最突出的问题，但绝不是防扩散的唯一问题，而在诸如拉美、非洲和东亚，它甚至不是最有重要意义的一个问题。

与开发或获得核武器不一样，开发或获得生物或化学武器所需要的技术门槛要低得多，生产或制造生物或化学武器所需的物资大多属于两用物资，国际出口控制机制对此无能为力。因此，相比较核武器，发展中国家或“流氓国家”或恐怖分子更容易开发或获得化学或生物武器。冷战结束以来，美国政府十分重视防止生物和化学武器扩散，一直跟踪评估并采取相应对策。1993 年，美国评估说，世界上有 20 个国家有化学武器，超过 10 个国家有生物武器，[①] 有 11 个发展中国家正在实施开发进攻性生物武器计划，这个数量未来会更大。[②] 尽管美国与国际社会一道采取了一系列防止生物武器和化学武器扩散的政策和措施，但生物和化学武器仍面临严峻的扩散形势：销毁生物和化学武器的日期被一再推迟[③]；更多的国家拥有生产生物和化学武器的技术与能力；更严重的是，作为“穷人”的“核武器”，越来越多的国家希望获得生物和化学武器。

作为冷战后防扩散中非常重要的这一现象和内容，国际学术界对此鲜有全面和系统的研究。

第二，从防扩散关注的对象看，目前的研究把防扩散的焦点放在阻止发展中国家开发或获得大规模杀伤性武器上，而较少关注防发达国家的扩散。实际上，无论是从防扩散历史，还是从防扩散现实方面考察，扩散都主要表现为发达国家向自己的盟友或准盟友转移或援助大规模杀伤性武器及其相关技术，即扩散在更大程度上是发达国家的扩散，而不是发展中国家的扩散。据统计，1950 年，发展中国家生产的防务工业物资价值为 2000 万美元；到 1984 年，这一数字增加到 11 亿美元。[④] 1978～1988 年，发展中国家出口的武器价值将近 500 亿美元。而在 1963 年，在 32 个出口

---

① OTA, U. S. Congress, *Proliferation of Weapons of Mass Destruction: Assessing the Risk*, U. S. Government Printing Office, August 1993, pp. 65－66.

② Brad Roberts, ed., “Biological Weapons: Weapons of the Future?” *Center for Strategic and International Studies*, 1993, pp. 19－27.

③ Congress Research Service Report, RL31559, Mary Beth Nikitin, Paul K. Kerr, Steven A. Hildreth, Proliferation Control Regimes: Background and Status, 18 October 2010, p. 33.

④ Andrew L. Ross, “Do-It-Yourself Weaponry,” *Bulletin of the Atomic Scientists*, May1990, p. 20.

武器的国家中，只有8个欠发达国家，它们出口武器的价值为6400万美元，占整个武器出口总值的0.4%；1984年，在38个武器出口国中，有14个发展中国家，它们出口的武器价值为16亿美元，占整个武器出口总值的4%。[①] 随着冷战的结束，发展中国家的武器出口大幅度降低，1986~1990年，发展中国家中三个最大的武器出口国（巴西、以色列和埃及）武器出口从10亿美元下降到1亿美元。[②] 这相对于发达国家武器出口和技术转移的天文数字来说是非常小的。而且，发展中国家基本上没有能力出口大规模杀伤性武器及其技术，所出口的基本上是常规武器。冷战后，发展中国家与发达国家之间的技术差距进一步拉大，一般情况下，不存在发展中国家向其他国家技术转移或提供大规模杀伤性武器援助问题，发展中国家不是大规模杀伤性武器的扩散方，更不是大规模毁灭性武器的重要扩散方。但国际学术界的研究并没有反映这一现实。今后，国际学术界应更多敦促发达国家不得向盟友提供大规模杀伤性武器援助或技术转移。

美国是目前世界上拥有最强生产大规模杀伤性武器能力的国家，同时也是向其盟友或其友好国家提供大规模杀伤性武器援助或技术转移最多的国家。这使得美国防扩散政策显得异常复杂和矛盾。笔者认为：从长期看，最有效的不扩散政策是使各国相信，放弃大规模杀伤性武器是最符合自己利益的。

① Stephanie Neumann,"The Arms Markets: Who's on Top?" *Orbis*, Vol. 33, No. 4, Fall1989, p. 510; Amit Gupta, "Third World Militaries: New Suppliers, Deadlier Weapons," *Orbis*, Vol. 37, No. 1, Winter, 1993, pp. 557 - 68.

② 伊朗、伊拉克战争结束以来，发展中国家的武器生产和武器出口呈下降态势。参阅 Stephanie Neuman,"Controlling the Arms Trade: Idealistic Dream or Realpolitik?" *The Washington Quarterly*, Vol. 16, No. 3, pp. 53 - 75。

第一章　冷战后国际安全环境的变化和美国安全战略的调整

第一节　冷战后国际安全环境的变化

第二次世界大战是人类历史上的一个重大转折点。它的一个重要后果就是国际舞台上的传统大国、强国，或战败或遭到严重削弱，处于欧亚大陆心脏地带的苏联和孤悬欧亚大陆之外的美国崛起，成为两个实力最强大的国家。

美国的力量尤其强大，成为世界霸主。经济上，到 1948 年，美国占资本主义世界工业生产总量的 53.4%，出口贸易占资本主义世界的 32.4%，其黄金储备甚至占整个资本主义世界的 74.5%。英国当时的外交大臣贝文对此感叹说，美国“今天正处在拿破仑战争结束时英国的地位。拿破仑战争结束后，英国掌握了全世界财富的 30% 左右，而今天，美国则掌握了大约 50%”①。军事上，到二战结束时，美国武装部队人数达到 1210 多万人（战后美国武装部队大规模复员，迅速下降到 150 多万人），美国还建立了世界上最大规模的海军，有以航空母舰为核心的 1200 多艘战舰和众多其他船舶，并在 56 个国家有驻军，在世界各地建立了 480 多个军事基地。更重要的是，美国还垄断了核武器，这成为美国称霸全球的重要资本。同时，美国在科技上也处于绝对优势地位，无论是投入的科研经费还是取得的重大科研成果，其他国家都不能望其项背。

凭借强大的经济、军事和科技实力，美国开始谋求世界霸权。但苏联

---

① 王斯德、钱洪主编《世界当代史（1945—1991）》，高等教育出版社 1993 年版，第 12 页。

的存在阻碍了美国战略目标的实现。尽管苏联在第二次世界大战中遭到重大损失，但最终不仅把法西斯德国赶出了自己的国土，而且乘胜追击，占领了几乎整个东欧和部分中欧，尤其是占领了德国东部。在战争的最后阶段，苏联军队还出兵中国东北和朝鲜半岛北部，占领了萨哈林岛和千岛群岛，并拥有堪与美国相比肩的强大的武装部队。尤为重要的是，苏联在1949年爆炸了自己的第一颗原子弹，打破了美国的核垄断，并领先美国于1953年进行了氢弹爆炸试验。而且随着反法西斯战争的顺利推进，苏联的政治影响力也越出了苏联国界，社会主义制度也在苏联以外的其他国家得以建立，形成了以苏联为首的社会主义阵营，苏联的国际地位和影响大大提高。因此，尽管苏联在经济上无法与美国相比，但其所拥有的庞大军事力量、巨大战略纵深、丰富的战略资源和高度的计划体制以及当时社会主义制度及其意识形态的吸引力，使苏联有足够的力量挑战美国的全球霸权战略。二战后这两个反法西斯战争中的最大盟国由盟友转变为敌人。美国认为苏联是“世界上一切邪恶的根源……共产主义是……一种国际阴谋，像章鱼那样身在莫斯科，触角则伸到世界最远的各个角落”①。苏联毫不示弱，斯大林本人公开宣布未来战争将不可避免，认为战争是“现代垄断资本主义发展的必然产物”。美国政府开始寻求新的对苏战略。1946年2月，美国驻苏使馆代办乔治·凯南向美国国务院发送了长达8000字的电文，对苏联战后的“理论、意图、政策和做法”进行了分析，他认为斯大林对西方的敌意“出自外部威胁养育的种种不安全感”，说苏联的对外政策与西方做什么和不做什么几乎没有关系，“党的路线并非基于对苏联边界以外的形势的任何客观分析……而主要出自战争以前存在于苏联内部基本的必需”。他断言苏联将努力“推进苏联政权的正式疆界”。这一立场与他对苏联的认识紧密相关，他在1947年署名“X”的文章《苏联行为的根源》中分析了苏联的威胁。他认为，苏联是美国最主要的威胁，苏联对“原来的意识形态一点也没有放弃”；“莫斯科方面根本不会真诚地设想，在苏联和所谓资本主义大国之间还有共同目标”；“美国必须在政治舞台上把苏联看作对手，而不是伙伴”②。因此，他建议美国政府对苏联实行表现出耐心和坚定的“遏制”政策，美国应“划出

---

① ［美］威廉·富布赖特：《跛足巨人》，伍协力译，上海人民出版社1976年版，第21~22页。

② 杨生茂：《美国外交政策史（1775~1989）》，人民出版社1991年版，第449页。

界线”，阻止苏联扩张。这一建议为美国政府所接受。美国政府开始着手制定对苏联的遏制战略，1946 年 9 月 24 日，包括马歇尔、艾奇逊和杜鲁门总统的助理克拉克·克利福德在内的一些人讨论了由杜鲁门亲自起草的“美国与苏联关系”报告，该报告明确提出了针对苏联的遏制战略。所谓遏制战略，就是“美国必须拥有强大的军事力量，强大到足以抑制苏联，使苏联的势力范围限于它目前的地区”。报告表示：“一切在目前尚不处于苏联势力范围之内的国家，在它们反抗苏联的斗争中都应得到（美国）慷慨的经济上的援助和政治上的支持。”①

以希腊、土耳其危机为契机，1947 年 3 月 12 日，杜鲁门在国会两院联席会议上宣读了后来被称为杜鲁门主义的咨文，宣称希腊遭到由共产党领导的恐怖主义活动的威胁，一旦希腊作为独立国家陨落，将对其邻国土耳其产生直接的严重影响，并将对整个中东、欧洲，甚至给全世界带来灾难性后果。声称世界已经分成两个敌对的营垒，美国有领导自由世界的责任。他说，任何通过直接或间接侵略而建立起来的极权政权和任何国家的民族民主革命都危害了美国的安全，因此，美国的政策是支持各国自由人民抵抗少数武装分子或外来压力所实行的征服。杜鲁门在解释咨文时说，“这就是美国对共产主义暴君扩张浪潮的回答”，是“向全世界说明，美国在这个新的极权主义挑战面前的立场”，并断言“这是美国外交政策的转折点，它现在宣布，不论在什么地方，不论直接或间接威胁了和平，都与美国的安全有关”。杜鲁门主义“隐含着一种抵抗苏联扩张的无限义务”②。以杜鲁门主义的出笼为标志，美国及其盟国开始了长达半个世纪之久的对以苏联为首的社会主义国家的遏制。此后，直到 20 世纪 80 年代末 90 年代初的东欧剧变和苏联解体，尽管美国每一位总统都提出了自己的对苏战略，但无论是艾森豪威尔政府的大规模报复战略、肯尼迪政府和约翰逊政府的灵活反应战略、尼克松政府的缓和战略，还是里根政府的重振国威及其战略防御计划，甚至老布什政府的超越战略，都无一例外地把苏联看作美国国家安全面临的最主要威胁，其手段也没有脱出杜鲁门主义遏制的窠臼，其目标都是阻止苏联扩张。

---

① Arthur M. Schlesinger, Jr., *The Dynamics of World Power: A Documentary History of U.S. Foreign Policy*, New York, Vol. 2, 1973, pp. 268 – 304.

② ［美］约翰·加迪斯：《遏制战略：战后美国国家安全政策评析》，时殷弘等译，世界知识出版社 2005 年版，第 18 页。

随着20世纪80年代末90年代初的东欧剧变和苏联解体，国际安全环境发生了根本变化。

首先，美俄关系发生了根本性变化。冷战时期，美国对苏政策的基本假定就是苏联及其盟国是美国利益的无情敌人，苏联的政治哲学和社会结构对于民主过程是不可渗透的，苏联的经济结构是不可改变的。美国的安全主要依赖在一个没有发生变化的政治和经济背景下保持武器的平衡。由于苏联是仅次于美国的第二大经济和军事强国，更重要的是，苏联一直致力于在全球与美国争夺霸权，在20世纪60年代末到70年代末的近10年时间里甚至处于战略攻势地位。冷战后，作为苏联的继承者，俄罗斯的综合国力大大降低和削弱，根本不能与美国相提并论，除在核武器方面俄罗斯仍能与美国平起平坐外，在常规军事力量方面远远落后于美国，在经济和科技以及其他各个方面也与美国差距甚大。最重要的是，俄罗斯无意与美国竞争。因此，在美国看来，虽然冷战结束前后，苏联/俄罗斯的军事威胁没有完全消失，但已经发生了深刻的变化，苏联的威胁已经急剧减小，而且在本质上已经不同了。苏联后期在军事方面对美国的威胁大大减小，不是因为其武器数量或武器能力的减小，而是因为政治结构和使用武器的决策过程发生了变化。而始于1990年的苏联民主力量的加强和东欧国家开始摆脱对华约的义务也使美国不再把苏联/俄罗斯看作主要威胁。当然，对苏联/俄罗斯的这一定位也是逐步形成的。如在1991年的美国国家安全战略中，老布什说，美苏关系依然是“竞争性的”，美苏“重新对抗”的危险始终存在，但又认为，苏联内部“建立新的合法政治和经济制度的痛苦过程”“已经对苏联的对外政策产生了革命性的影响”，而且“随着过去的意识形态的要求让位于新的务实主义”，美苏合作的领域已经大大扩大，“美苏之间军事冲突的危险要低于二战以来的任何一个时候”①。而克林顿政府基本上不再视俄罗斯为主要威胁。在1994年的美国国家安全战略中，克林顿虽然明确说“俄罗斯的未来是不确定的”，但更为肯定地指出，冷战已经结束，“苏联帝国的瓦解已急剧改变了美国及其盟国面临的安全环境”，“大国之间爆发战争的威胁和核毁灭的幽灵都已急剧消退”②。在军事上对西方威胁降低的同时，经济上的需要使苏联/俄

① The White House, *National Security Strategy of the United States*, August 1991, p. 6.

② The White House, *A National Security Strategy of Engagement and Enlargement*, July 1994, pp. 1 – 5.

罗斯逐步走向市场经济并与西方建立更密切的经济联系，虽然主要的障碍仍然存在，时间也还具有不确定性，但美国相信，最终让苏联/俄罗斯融入世界经济还是有可能的。总之，变化中的全球政治形势使苏联/俄罗斯与西方的政治、军事关系更趋向于合作而不是对抗了。

其次，大规模杀伤性武器扩散日益严重。地区冲突加剧，冲突各方为在冲突摊牌之时或在冲突结束阶段获得更多的讨价还价的资本，越来越倾向于开发大规模杀伤性武器；地区强国为防止美国及其盟国干涉，希望开发大规模杀伤性武器；所谓“流氓国家”和恐怖分子希望拥有大规模杀伤性武器；一些国家为弥补在常规力量上与潜在敌人相比处于劣势的不足，希望开发大规模杀伤性武器；在一个危险和不确定性的世界上，获得大规模杀伤性武器能够提供安全保护，同时也被看作提高国家政治地位和声望的方式。正是在这种背景下，核武器、生物武器和化学武器开始扩散到越来越多的国家。

最后，冷战后，全球化以前所未有的速度向纵深发展，世界在越来越大的程度上成为一个整体。全球化是近代以来随着科学技术的进步一直在进行的一个历史过程。大约在2000年，人类社会进入了一个新的全球化时代。1492年至1800年代初期是全球化的第一阶段，特点是国家的全球化；1820～2000年是全球化的第二阶段，特点是公司全球化；2000年开始是全球化的第三阶段，特点是个人全球化。[①] 历史学家罗比·罗伯逊（Robbie Robertson）把全球化分为三个不同的阶段，1500～1800年是贸易全球化；1800～1945年是工业全球化；1945年到现在是战后新世界秩序结构的全球化。[②] 其他人从更短的时间段去看，认为苏联社会主义的崩溃和冷战的结束促进了全球化的发展，并通过更快和更有效的通信和交通方式加快了民主思想的转播和促进了资本主义、自由贸易、国际交换。随着更快的资本流动和工业合作、更迅速和更有效的交通方式的出现、日益增加的信息流动和透明性，全球化进一步加速发展，它对经济和国家安全的影响都是非常明显的。美国政府认识到，全球化不是一个政策选择、政治

---

① Tom Friedman, *The World Is Flat: A Brief History of the 21st Century*, Farrar Straus and Giroux, 2005, pp. 10 – 11.

② Robbie Robertson, *The Three Waves of Globalization: A History of Global Consciousness*, Zed Press, 2003, p. 4.

运动或社会趋势，而是战略决策者必须仔细考虑的无所不在的力量。[1] 它是一种在深度和广度上都将继续发展的力量，对于发展经济和国家安全来说，既是机会也是挑战。

总之，冷战后，美国面临与冷战时期很不相同的安全环境。

第二节 美国对威胁的新认识和美国国家安全战略的调整

一、冷战后美国对国家安全面临威胁的认识

在冷战结束后的新的安全环境下，美国经历了一个逐步把大规模杀伤性武器扩散和恐怖主义，尤其是核恐怖主义威胁作为美国国家安全面临的最主要和最严重也是最迫在眉睫的威胁的过程。

苏联解体后，俄罗斯作为苏联的继承者，在军事上对美国的威胁大大降低，在政治上，美国认为俄罗斯正朝民主化和非军事化方向发展，因此，老布什政府强调，要"将苏联作为一个有益的伙伴"而不是敌人"纳入国际体系中"。在 1991 年的美国国家安全战略报告中，老布什说尽管苏联与西方之间的合作领域已经扩大，"美苏发生军事冲突的危险要低于第二次世界大战以来的任何一个时期"，但苏联仍是"一个军事超级大国"，双方的关系"仍然是竞争性的"，美苏"重新出现"对抗的可能性并没有完全消除[2]。当然，他也提到了包括来自欧洲经济竞争等在内的其他各种威胁。不管美国怎么看待来自苏联/俄罗斯的威胁，毕竟苏联/俄罗斯对美国的威胁已经今非昔比了，而且两国不再是明确的敌国。所以，在 1992 年 2 月美俄首脑发表的《戴维营宣言》中说，两国已经是具有"相同价值观"的"伙伴"，不再视对方为"潜在的敌人"。在威胁来源上，

① Kenneth Juster, *Under Secretary of Commerce for Export Administration*, "Speech on Globalization, National Security and Export Controls," 10 December 2001; http://. bxa. dac. gov/press/Archive 2001. html.

② The White House, *National Security Strategy of the United States*, August 1991, pp. 6 – 8.

美国认为冷战时期来自华约集团对西欧大规模入侵并转化为全球战争的威胁已经由于苏联从东欧撤军和华约解散而不复存在。基于这一认识，美国1993年的四年防务评估报告明确以“地区防务战略”来命名新的国家安全战略。根据该战略，美国的作战对象由苏联转变为可能危及美国战略利益的地区性军事强国，如伊拉克、伊朗、朝鲜等，与此相应，美国的战争准备由立足于应对全球大战转变为主要应对地区性冲突。[①] 在克林顿政府1997年的四年防务评估报告中，根据对美国安全威胁的大小，美国认为，威胁最大的首先是亚洲，其次为中东，之后是欧洲和西半球。也就是说，冷战时期的最大威胁已经降为第三了，俄罗斯再也不是美国的战略对手了。2001年的四年防务评估报告继承了美俄不是战略对手的思想，认为美俄之间存在合作的机会，只是“在一些问题上，俄罗斯的政策目标与美国利益相左”。2001年6月，小布什总统在与俄罗斯总统普京举行的联合记者招待会上说，美俄“具有共同的利益，分担共同的责任”，美国正与“俄罗斯建立建设性的、值得尊重的关系”，他甚至表示与普京“具有许多共同的价值观”[②]。在传统大国之间，尤其是核大国之间发生核战争的危险越来越小的同时，核武器、生物武器、化学武器和导弹等大规模杀伤性武器的扩散以及国际恐怖主义组织掌握和使用大规模杀伤性武器的危险却日益增加。“9·11”事件的发生，最终使美国把大规模杀伤性武器扩散和恐怖主义，尤其是核恐怖主义作为当前对国际社会和美国国家安全的最大威胁。

随着对威胁认识的变化，美国及其盟国把大规模杀伤性武器及其运载工具的扩散看作国际安全的最重要事务。老布什在1990年的国家安全战略中说，国际和国内环境的巨大变化给美国的国家安全带来一些不确定性，即美国国家安全面临一系列新的挑战，其中他提到“具有更高命中精度、更大射程和更强摧毁能力的先进常规武器”的扩散将是美国面临的一个极大威胁。[③]

与老布什相比，克林顿对大规模杀伤性武器的扩散有了新的认识，即大规模杀伤性武器扩散更多发生在不稳定的国家或地区，一旦发生冲突，将对美国利益产生重大危害。这种前景引起了美国国会的关心。1993年，

---

① Dick Cheney, *Annual Report to the President and the Congress*, March 1992.

② Press Conference by President Bush and Russian Federation President Putin, http://www.whitehouse.gov/news/releases/2001/06/20010618.html.

③ The White House, *National Security Strategy of the United States*, March 1990, pp. 5 - 8.

国会技术评估办公室就说："现在正努力开发大规模杀伤性武器的国家大多数都是位于世界上不稳定地区的国家。……不仅未来的战争会导致实际使用大规模杀伤性武器，而且在这些地区部署这样的武器也会进一步增加地区紧张。即使这些武器不投入使用，它们也会给各国之间的关系和国际力量平衡投下阴影。"从国际安全和人类福利角度看，大规模杀伤性武器的扩散产生了真正威胁。而且，在这种全球性后果之外，对美国而言，问题尤为严重，因为"作为全球大国，美国肯定会在盟国和具有关键利益的海外布置力量，它们可能受到拥有大规模杀伤性武器国家的威胁。如果美国需要动用军事力量保卫其利益和原则，美国的武装部队或领土就可能成为大规模杀伤性武器的目标"。不过美国国会评估认为，尽管迫在眉睫的扩散威胁是严重的，但在范围上仍是有限的，因为"在未来 10 年，没有一个国家能够拥有射程足以到达美国本土的导弹或航行器，也没有一个潜在的敌对国家能在未来 10 年部署这样的系统。但是，可能有某个国家非常希望对美国的某个城市进行这样的破坏，而不管它是否拥有先进的运载系统，也不管美国是否有个有效的、先进的防御系统"①。即使 10 年后，也只有中国、俄罗斯，可能还有乌克兰、哈萨克斯坦和白俄罗斯将拥有能威胁美国本土的弹道导弹。② 但它们显然无意与美国为敌或对抗，也不会轻易使用大规模杀伤性武器。国会的评估结果影响了克林顿政府对大规模杀伤性武器扩散的认识和观点。克林顿政府时期的美国国家安全战略中都把阻止大规模杀伤性武器扩散作为一个主要的政策目标。每个国家安全战略都强调要防止大规模杀伤性武器扩散，在 1994 年的美国国家安全战略报告中，克林顿指出，冷战的结束从根本上改变了美国的安全要求，过去半个世纪的共产主义扩张这一核心安全挑战已经消失，美国面临的威胁更加多样化，其中"大规模杀伤性武器的扩散对我们的安全形成了重大挑战"③。当然，这时，大规模杀伤性武器扩散威胁还远远没有成为美国国家安全事务的优先处理事项。在克林顿政府的第一个和第二个国家安全战略之间，克林顿总统认识到大规模杀伤性武器对美国安全的威胁正越

---

① OTA - ISC - 559, Proliferation of Weapons of Mass Destruction: Assessing the Risks, August, 1993, pp. 12 - 45.

② Row M. GateS, *Director of Central Intelligence*, *before the Senate Governmental Affairs Committee* , 15 January 1992.

③ The White House, *A National Security Strategy of Engagement and Enlargement*, July 1994, p. i.

来越大，于是扩展了最初的战略。他在 1994 年 11 月制定了关于大规模杀伤性武器的紧急状态法；之后，每年更新。与此同时，极端分子和恐怖组织的威胁也迅速增加。与国家行为者不同，一旦获得大规模杀伤性武器，恐怖组织或恐怖分子就会毫不犹豫地投入使用而根本不考虑其毁灭性后果。世界范围内至少有许多恐怖主义组织表示有兴趣或实际上一直在积极谋求获取核武器、生物武器和化学武器能力。1995 年 3 月 20 日，日本极端组织“奥姆真理教”在东京地铁投放沙林神经毒气，造成 12 人死亡，超过 5000 人受伤。这使美国认识到，如果恐怖分子或极端主义组织或有关国家对美国只进行一次成功的核武器、生物武器或化学武器袭击，其结果也将是灾难性的。即使是言之凿凿的威胁进攻也将极大地削弱美国的安全感，限制美国支持盟国在海外展开行动的能力，并造成极大恐慌①。

1996 年 3 月，美国中央情报局局长约翰·多伊奇（John Deutch）在参议院政府事务委员会下设的调查小组委员会做证时说，即使是很少量的核物质也足以对人口稠密的地区产生极大的灾难性效果。而且，由于苏联的解体和地区经济形势的持续恶化，核物质和核技术现在比以往任何时候都更容易被恐怖分子获得。实际上，1994 年 8 月，南非一个储存设施内的 130 桶浓缩铀废料被盗，这表明，这一问题在任何拥有核物质、核反应堆和核燃料循环设施的国家都可能发生。因此，在 1997 年的美国国家安全战略中，克林顿政府把大规模杀伤性武器威胁与“地区性或以国家为中心的威胁”及“跨国威胁”一起，并列为美国国家安全面临的三大威胁，并增加了对条约的义务。不仅如此，克林顿政府还认为大规模杀伤性武器是对美国的“最大威胁”。这类威胁来自“反对地区和全球安全努力的歹徒国家，以及具有对未受保护的人民和政府运用核武器、生物武器和化学武器潜力的跨国行为者，如恐怖分子或国际犯罪组织”②。1998 年的美国国家安全战略继承了上述看法，克林顿明确表示：“大规模杀伤性武器是全球稳定与安全的最大潜在威胁。”由于美国在常规军事领域具有独步天下的优势，美国的潜在敌人，无论是所谓的“流氓国家”，还是恐怖分子，抑或是国际犯罪组织都希望在其他方面有能力威胁美国的关键利

① Report of the Commission to Assess the Organization of the Federal Government to Combat the Proliferation of Weapons of Mass Destruction, Combating Proliferation of Weapons of Mass Destruction, 14 July 1999, p. 1.

② The White House, *A National Security Strategy for a New Century*, May 1997, p. 5.

益，在许多情况下，这些国家实际上正积极提高它们的进攻性能力，包括努力获得或保有核武器、生物武器或化学武器及其远程运载工具，并使用大规模杀伤性武器对美国、美国的盟国、美国公民和海外驻军实施可怕的打击。① 据此，美国军方也确定大规模杀伤性武器是未来美国和世界面临的最大安全威胁。1998 年，一份给国防部的国家战略研究报告说，在进入 21 世纪后至少 10 年时间里，不对称的大规模杀伤性武器将是美国最大的军事威胁。② 这些威胁会以多种形式出现，包括传统民族国家、跨国恐怖主义和流氓个体。不考虑它们的分类，它们在造成巨大的地区灾难的能力上都有类似特点。随着全球化的进程，新威胁将继续以更快的频率出现。它们将利用全球化所产生的技术和通信上的好处，努力获得战略优势并破坏美国的领导地位。尽管美国现在在经济、技术和军事上仍拥有极大优势，但因某些技术的商业性应用产生了许多地区强国、跨国联盟和其他潜在对手，它们有能力使美国和美国的利益处于危险中。③ 为对这些威胁进行评估并向国会提交有关具体的有助于美国防止大规模杀伤性武器扩散的管理、立法和其他改革的报告，1998 年 1 月，美国政府成立了由参议员约翰·多伊奇任主席的美国政府防止大规模杀伤性武器扩散评估委员会。1999 年 7 月，该委员会提交了报告，报告认为在世界的许多地区，大规模杀伤性武器都对美国公民和军事力量、对美国的盟国以及美国关键的国家利益形成严重威胁。与这些大规模杀伤性武器及其运载系统的扩散进行战斗是美国至关重要的国家安全需要。④ 1999 年的美国国家安全战略除强调大规模杀伤性武器等威胁外，也提出了环境和健康等新的威胁。⑤

显然，在美国看来，大规模杀伤性武器扩散及其可能对美国造成的威

① The White House, *A National Security Strategy for a New Century*, Washington D. C: U. S. Government Printing Office, October 1998, p. 6.

② Institute for National Strategic Studies, Strategic Assessment 1998: Engaging Power for Peace, Washington D. C.: U. S. Government Printing Office, 1998, p. xiv.

③ David S. Alberts, John J. Garstka, and Fredrick P. Stein, *Network Centric Warfare, Developing and Leveraging Information Superiority* (Washington, D. C.: DoD C4ISR Cooperative Research Program, 2000), p. 224.

④ Commission to Assess the Organization of the Federal Government to Combat the Proliferation of Weapons of Mass Destruction, Combating Proliferation of Weapons of Mass Destruction, Commission Report, July 1999, p. 1.

⑤ The White House, *A National Security Strategy for a New Century*, December 1999, p. 3.

胁日益严重。一方面，各个核武器国家不断使自己的核武器实现现代化；另一方面，大规模杀伤性武器向无核武器国家或没有导弹生产能力的国家扩散的速度加快。1998 年 8 月，朝鲜发射了经过日本领土上空的三级“大浦洞 -1”弹道导弹，这是继 1993 年 5 月朝鲜成功进行飞越日本上空的“劳动”弹道导弹实验之后的新实验。而朝鲜在与导弹有关的材料和技术方面对伊朗的出口，为伊朗 1998 年进行新型导弹试验节省了许多时间。俄罗斯持续的经济衰退使用于制造武器的裂变物质流失的风险增加，核武器、生物武器和化学武器方面的技术、物资或专长从俄罗斯流失，技术人员流失的风险也大大增加，1992 ~ 1999 年，俄罗斯工厂中用于制造武器的裂变物质有 7 次被盗。俄罗斯对裂变材料没有一个可信的管理清单目录……许多危险的国家和非国家行为者可能利用俄罗斯的混乱而获得核武器或少量的用于制造核武器的物资。南亚、东亚和中东的核武器、化学武器、生物武器和导弹计划也在不断推进。1998 年，印度和巴基斯坦进行了核试验。两个国家都没有可靠的命令、控制和通信能力，也没有早期预警系统。这种脆弱性可能导致发射即预警的态势，不仅进一步加剧了次大陆严重的不稳定，而且使爆发核战争的可能性大大增加了。同时，美国认为，这种竞争还增加了中国和俄罗斯卷入并提供导弹和核援助的可能性。

在东亚和中东，许多国家也试图获得核武器、生物武器和化学武器及其运载系统，这可能激发各国以削弱美国影响和加剧地区军备竞赛的方式加强自己的相对安全。美国认为这种前景对美国国家安全的威胁是真正的和紧迫的，对美国的盟国及其友好国家产生了严重威胁。对此，美国国家情报评估警告说，在未来的 10 年中，拥有战略大规模杀伤性武器并有能力威胁美国的国家数目将不断增加，这些国家包括俄罗斯、中国、朝鲜，可能还有伊朗和伊拉克。① 更严重的是，美国的情报表明，除恐怖组织外，古巴、伊朗、伊拉克、利比亚、朝鲜、苏丹和叙利亚 7 个支持恐怖主义的国家或其他不友好国家可能会拥有核武器、化学武器或生物武器及其运载系统，或拥有制造它们的能力，或者它们支持恐怖主义。美国认为朝鲜有足够的制造一枚或两枚核武器的材料，而且很可能继续推进其核计

① Nonproliferation Center, Director of Central Intelligence, Unclassified Report to Congress on the Acquisition of Technology Relating to Weapons of Mass Destruction and Advanced Conventional Munitions, 1 January Through 30 June 2000, http://www.cia.gov/publications/gian/bian_feb_2001.html.

划，同时，朝鲜可能利用其作为弹道导弹供应者的角色去获得大规模杀伤性武器材料和部件，尤其是核武器的材料和部件。这些国家中的大多数或者已经拥有或者正在寻求获得大规模杀伤性武器，还有至少 12 个国家有进攻性化学和/或生物武器计划。管理生物和化学战的技术和因素远没有管理核武器或导弹的技术或因素复杂，而且越来越容易获得，因此扩散的可能性更大。① 同样，随着国家行为者或非国家行为者用非传统方式运送大规模杀伤性武器能力的增强，来自远程弹道导弹的威胁也会增加。② 美国国防情报局局长、海军中将托马斯·威尔逊（Thomas R. Wilson）2000 年在国会做证时说："限制扩散的前景是很渺茫的，大规模杀伤性武器对美国领土、利益和力量以及设施的威胁将极大增加。"③ 因此，在 2000 年的美国国家安全战略中，克林顿总统说："大规模杀伤性武器是对全球安全与稳定的最大的潜在威胁。先进武器和技术的扩散为'流氓国家'、恐怖分子和国际犯罪组织提供了对美国、美国的盟国、美国公民和海外驻军进行可怕打击的手段。"④ 2001 年，国会研究处的报告说，目前只有核武器、生物武器或化学武器能对美国领土完整构成威胁或对国家造成巨大人员伤亡以及损害。它们是对美国国家安全的最大威胁，随着大规模杀伤性武器的扩散，在未来 10 年，很可能有更多的国家和组织有能力威胁美国及其盟国⑤。

很明显，美国把来自恐怖主义组织等非国家行为体和传统国家行为者的大规模杀伤性武器袭击都看作严重威胁。

---

① Larry Lynn, Forecasting Critical Military and Commercial Technologies: Potential Long-term Challenges for Export Controls, Working Paper No. 5, Study Group on Enhancing Multilateral Export Controls for US National Security, Washington D. C: Henry L. Stimson Center/CSIS.

② Testimony of Robert Walpole, National Intelligence Officer for Strategic and Nuclear Programs, before the Senate Subcommittee of International Security, Proliferation, and Federal Service, February 2000, http: //www. cia. gov/public_ affairs/speeches/nio_ speech_ 020900. html; the Executive Summary of the Rumsfeld Commission to Assess the Ballistic Missile Threat to the United States, July 1998, http: // fedbbs. access. gpo. gov/gpo_ bbs/cia/bmt. htm.

③ Vice Admiral Thomas R. Wilson, *Director*, *Defense Intelligence Agency*, *Military Threats and Security Challenges Through 2015*, Statement before the Senate Select Committee on Intelligence, February 2, 2000, p. 10.

④ The White House, *A National Security Strategy for a New Century*, 5 January 2000, p. 6.

⑤ RL30699, CRS Report for Congress, Nuclear, Biological, and Chemical Weapons and Missiles: The Current Situation and Trends. 5 January 2001. DNSA, WM00575.

如果说从冷战结束到克林顿任期结束，美国“没有树立明确的主要敌手或首要威胁”①，以“9·11”事件为标志，美国开始把大规模杀伤性武器扩散和恐怖主义，尤其是防范核恐怖主义作为美国面临的最大威胁，把反恐，尤其是防范核恐怖主义作为美国国家安全战略的中心目标和当务之急。

2001年9月11日，恐怖分子胁迫两架大型波音飞机撞向纽约的世界贸易中心和五角大楼，造成3000多人死亡，财产损失更是高达千亿美元。这是自1812年英国入侵以来，美国大陆遭受的第一次大规模袭击，也是1941年珍珠港事件以来美国领土遭受的第二次大规模袭击。美国的政治、经济和军事的标志性建筑同时成为打击目标。在这一袭击中，敌人不是传统的国家敌人，而是恐怖分子，他们的组织不仅是高度秘密的，而且其成员往往愿意通过自杀性袭击来实现目标，他们发动袭击的工具是非常规的。因此，对付传统的国家敌人的手段，如外交和威慑手段根本无法应对恐怖分子的袭击。它造成了美国社会普遍的不安全感，美国人认为美国本土不再是安全的了，即使是大洋也不能保护他们的安全，甚至军队也不能保护他们的安全。这实际上标志着全球安全环境发生了重大而深刻的变化。在美国看来，地区强国和犯罪网络越来越决心获得大规模杀伤性武器及其相关军事技术。因此布什后来说，“9·11”事件后，“我们国家的战略观念发生急剧变化，因为我们现在认识到，大洋不再能保护我们。我们在攻击面前是脆弱的。最糟糕的攻击可能来自这样一些人：他们获得了大规模杀伤性武器，并利用这些武器对付美国人民”②。国防部则把大规模杀伤性武器扩散到有关国家与包括恐怖主义在内的各种非传统威胁结合起来。国防部也说：“在世界的每一个角落，美国和盟国都面临着来自扩散的日益增长的威胁和可能使用核武器、生物武器和化学武器及其运载系统的威胁。……在东北亚，朝鲜的核武器、生物武器和化学武器计划威胁了日本、韩国和美国在本地区的利益。在北非和中东，有关涉嫌扩散的国家——伊朗、伊拉克、利比亚和叙利亚——对美国和盟国在该地区利益形成威胁。”③“这样一个‘不稳定的弧形地带’从西半球，经过非洲、中东

① 王缉思等主编《冷战后的美国外交（1989—2000）》，时事出版社2008年版，第2页。

② President Bush Meets with Prime Minister Blair, http: //www. whitehouse. gov/news/releases/2003/01/20030131 - 23. html.

③ Office of the Scretary of Defense, Proliferation: Threat and Response, January 2001.

伸展到亚洲，这个地带是各种传统的、非传统的灾难滋生地，它们很快就会出现并成为国家安全威胁。”[①]国防情报局局长托马斯·威尔逊（Thomas R. Wilson）2002 年在国会做证时说：“技术的快速发展正使发达国家的技术越来越脆弱、暴露越来越多。同时，技术和信息的全球化——尤其是有关大规模杀伤性武器和核先进常规武器的技术和信息的全球化——将使小国、组织和个人获得以前仅限于世界主要大国才拥有的破坏性能力。邪恶国家掌握大规模杀伤性技术是我最担心的。”[②] 2002 年 12 月 11 日，美国白宫公布的与大规模杀伤性武器战斗的国家战略也指出：“敌对国家和恐怖分子拥有的大规模杀伤性武器是对美国国家安全的最大挑战。”[③] 2003 年 5 月，美国国防部副部长保罗·沃尔福威茨在美国国防大学发表演讲，明确指出，大规模杀伤性武器扩散是美国面临的最大威胁。[④] 接着，2004 年，总统小布什在美国国防大学发表讲话，声称人类遇到的最大的威胁是用化学武器或生物武器或核武器发动秘密的和突然的袭击，并提出应对大规模杀伤性武器扩散的 7 条建议。[⑤] 此后，美国政府无数的报告和文件以及有关学者的文章都把大规模杀伤性武器扩散，尤其是核扩散和核恐怖主义作为美国国家安全面临的最严重威胁。如 2005 年 5 月 31 日，在防扩散安全倡议提出和实施 2 周年的时候，美国国务卿赖斯说，大规模杀伤性武器及其有关材料是国际社会面临的致命威胁。[⑥] 又如，2005 年 6 月，美国与欧盟发表联合宣言，明确表示与恐怖主义和大规模杀伤性武器扩散进行战斗是我们最大的安全挑战。[⑦]

---

① U. S. Chairman of the Joint Chiefs. National Military Strategy of the United States of America, 2004 (Washington D. C.: U. S. Government Printing Office, 2004), p. 5.

② Vice Admiral Thomas R. Wilson, Director, Defense Intelligence Agency, Statement for the Record, Global Threats and Security Challenges, the Senate Select Committee on Intelligence, 6 February 2002, pp. 10 – 11.

③ U. S. Chairman of the Joint Chiefs. National Military Strategy of the United States of America, 2004 (Washington, D. C.: U. S. Government Printing Office, 2004), p. 5.

④ Remarks by Deputy Secretary of Defense Paul D. Wolfowitz National Defense University, Washington, D. C., 13 May 2003.

⑤ Remarks by President George W. Bush on Proliferation National Defense University, Washington D. C., 11 February 2004.

⑥ Non-Proliferation: U. S. Seeks to Expand Non-Proliferation Cooperation, Foreign Policy Bulletin, Spring, 2006, pp. 109 – 114.

⑦ Joint Declaration by the United States and the European Union, 20 June 2005.

很明显，从老布什到小布什，在美国的国家安全战略中，以国家为中心的传统敌人的威胁已经下降，而大规模杀伤性武器扩散所带来的威胁则受到越来越高程度的重视。可以这样说，冷战后，在美国看来，防止大规模杀伤性武器及其运载系统的扩散是美国政府考虑国家安全的一个基本要素。美国认为持续的大规模杀伤性武器扩散是美国国家安全面临的最严重威胁和整个国际社会面临的巨大挑战。所谓“流氓国家”、失败国家或次国家的恐怖主义组织掌握大规模杀伤性武器不仅会威胁美国武装部队、美国的盟国和友好国家，而且会威胁美国本土。拥有大规模杀伤性武器的“流氓国家”还会威胁对美国来说至关重要的地区安全，提高美国为保护这些利益而开展军事行动的风险和代价。而在所谓“流氓国家”大规模杀伤性武器威胁的阴影之下，组织国际联盟保卫这些共同利益也很困难。而地区竞争对手拥有大规模杀伤性武器则会加剧长期冲突和增加冲突的风险。最后，恐怖主义分子对大规模杀伤性武器的兴趣和使用这种武器的可能性正在增加。大规模杀伤性武器扩散和恐怖主义开始超越包括传统国家行为者在内的其他各种威胁成为美国最主要的关切。

二、防扩散与美国国家安全战略的调整

随着美国对国家安全面临威胁的认知变化，美国逐步开始调整国家安全战略，防扩散在国家安全战略中的地位也发生了变化。

在冷战结束前后，虽然苏联/俄罗斯已不再被看作美国国家安全面临的最主要和最严重威胁，但由于冷战的惯性，美国的国家安全战略仍表现出相当强烈的冷战色彩和冷战思维。1990 年，老布什的美国国家安全战略把美国最重要的国家利益概括为：美国作为一个自由、独立国家的继续生存；美国经济的健康发展；维护世界稳定和促进政治自由、人权和民主制度；与盟国良好合作。至于为后来各届政府所高度重视的军备控制和不扩散，该报告仅把它看作一个重要的政治手段，它说：“军备控制是手段而不是目的，是一种旨在提高国家安全的更为广泛的政策的一个重要组成部分。”[①] 在 1991 年的美国国家安全战略报告中，老布什继续了上述政策，把军备控制看作缓和全球紧张局势的重要因素，而军备控制之所以能

① The White House, *National Security Strategy of the United States*, March, 1990, pp. 2 - 16.

推行，是因为东西方关系的极大缓和和根本性的变化。[①]

由于扩散威胁的增加和恐怖主义威胁的扩大，克林顿政府的国家安全战略提高了防扩散在国家安全战略中的地位。克林顿政府的四个国家安全战略报告中都强调要防止大规模杀伤性武器扩散，把阻止大规模杀伤性武器扩散作为一个主要政策目标。在 1994 年的第一个国家安全战略中，克林顿政府把维护美国安全、保持经济繁荣和扩大与促进民主作为美国主要目标。为此目的，它把防扩散和反扩散都作为应对大规模杀伤性武器扩散的方法，具体而言，就是限制核武器和导弹及其运载工具、无限期延长 NPT、扩大导弹及其技术控制机制、批准《第二阶段削减战略武器条约》和实行军备控制。因此，防扩散就成为“限制核武器、生物武器和化学武器扩散和限制可以给美国造成直接威胁的战略核力量的一个必要组成部分”[②]。

克林顿总统认识到大规模杀伤性武器对美国安全的威胁正越来越大，反扩散的重要性继续增长，因而连续的政策声明都把这个问题作为国家关注的焦点。他在 1994 年 11 月制定了关于大规模杀伤性武器的紧急状态法，此后，每年更新。1996 年的国家安全战略报告明确指出，大规模杀伤性武器及其运载工具是对“我们国家和盟国及其他友好国家安全的一个重大威胁。因此，我们战略的一个关键部分就是寻求阻止这些武器的扩散和发展有效的能力来应对这些威胁。我们需要维持强大的战略核力量和实施目前的战略武器协议”。不仅如此，该战略要求把阻止大规模杀伤性武器扩散作为美国一个关键的优先任务，同时把“各国武器计划以及各国在防扩散努力上与我们合作的水平”看作“判断我们双边关系性质的最重要的标准”[③]。

在 1997 年 5 月给国会的报告中，克林顿总统强调了美国防止大规模杀伤性武器扩散的全面准备计划。在 1997 年的国家安全战略中，美国再次把防止大规模杀伤性武器扩散作为与地区和跨国威胁一样的挑战，并增加了对条约的义务，同时，克林顿政府努力推动参议院批准全面禁止核试验条约（CTBT），把批准 CTBT 作为“一个优先目标”。美国重申，军备控制是一个“重要的塑造工具”，它将“消除美国以后做出更大反应的必

① The White House, *National Security Strategy of the United States*, August 1991, p. 14.

② The White House, *A National Security Strategy Of Engagement And Enlargement*, July 1994, p. 11.

③ The White House, *A National Security Strategy Of Engagement And Enlargement*, February 1996, p. 19.

要”①。参谋长联席会议的国家军事战略也概述了这一防止大规模杀伤性武器扩散的使命，并提出了反大规模杀伤性武器扩散的战略。② 1997 年的四年防务评估报告也要求采取措施应对未来的核武器、生物武器和化学武器的攻击。③ 在 1998 年的国家安全战略报告中，克林顿进而说：“大规模杀伤性武器是全球稳定与安全的最大的潜在威胁。”④ 克林顿政府的最后一个国家安全战略报告表示，要继续上述努力，报告说，“在限制核武器扩散和减少核战争风险方面我们具有根本性的责任”，为此，美国将“致力于全面禁止核试验条约的生效”。⑤ 克林顿总统建立的美国 21 世纪国家安全委员会（The U. S. Commission on National Security 21st Century）在其 2001 年 3 月 15 日的报告中说：“非常规武器的扩散与恐怖主义分子相结合，将结束美国本土在灾难性攻击面前相对无懈可击的状况。在今后 1/4 世纪中有可能出现直接针对美国领土上的美国公民的袭击。”⑥ 这一预言不幸而被言中。

以“9·11”事件为标志，防止大规模杀伤性武器扩散和反恐怖主义，尤其是防范核恐怖主义成为美国政府议事日程的重中之重，防扩散在美国国家安全战略中的地位进一步提高。

在新的国家安全战略出台前，2001 年 9 月 14 日，国会两院授予总统广泛权力，对负责实施“9·11”恐怖袭击的恐怖主义组织领导人进行报复，国会同意，总统可以“使用所有必要的和适当的军事力量，对付他认定的计划、授权、实施或帮助了在 2001 年 9 月 11 日发动恐怖攻击的国家、组织或个人，以及窝藏了这些组织或个人的国家、组织乃至个人”⑦。这事实上是授权总统可对任何被他认定为恐怖主义组织或支持恐怖主义组织或个人的组织或个人或国家开战。不久之后，10 月 24 日，参议院以压

---

① The White House, *A National Security Strategy For A New Century*, May 1997, pp. 7 – 8.

② Joint Chiefs of Staff, *National Military Strategy of the United States of America* (Washington D. C.: Government Printing Office, 1997), p. 26.

③ Office of the Secretary of Defense, *Annual Report to the President and Congress* (Washington D. C.: Government Printing Office, 2000), p. 19.

④ The White House, *A National Security Strategy for a New Century*, Washington D. C.: U. S. Government Printing Office, October 1998, p. 4

⑤ The White House, *A National Security Strategy For A Globe Age*, December 2000, p. 13.

⑥ John L. Gaddis, *Surprise*, *Security and the American Experience*, pp. 73 – 74.

⑦ Authorizing Use of Military Force in Response to Terrorist Attacks, http://thomas. loc. gov/

倒优势通过爱国者法案，赋予总统新的打击恐怖主义威胁的权力，包括窃听电话、调查银行账户和拦截电子邮件。[①] 这表明，为应对恐怖主义威胁，美国甚至可以牺牲其最为珍视的自由权利。

从长期看，美国不可能把恐怖主义一直作为国家安全面临的主要威胁。于是，在反恐怖主义的同时，为更好维护美国国家安全利益，更好应对国家行为者和非国家行为者、传统安全威胁和非传统安全威胁，布什把恐怖主义与美国政府越来越强调的大规模杀伤性武器的危险挂起钩来。布什说："秘密的恐怖主义分子可以与一个得到大规模杀伤性武器的国家——我称之为邪恶轴心的国家——联系，与一个已经用大规模杀伤性武器毒杀他们自己人民的人联系。"[②] 他的国防部部长唐纳德·拉姆斯菲尔德说，恐怖主义小集团可能在不守法的国家的援助下，不久就会获得能够造成灾难性毁灭的核武器、生物武器和化学武器；无法绥靖或威慑这些恐怖主义分子，只有消灭他们。[③]

2001 年的四年防务评估报告中指出，在全球化时代，随着技术的高速发展、传播及其在军事领域的应用，核武器、生物武器和化学武器扩散问题日益严重，若为恐怖分子利用，势必对开放的美国带来巨大的威胁。[④] 作为布什上任以来的第一份美国国家安全战略报告，即 2002 年 9 月的美国国家安全战略报告中明确把"无赖国家"和恐怖分子蓄意谋取大规模杀伤性武器看作美国面临的最严重威胁。报告说："当核武器、生物武器和化学武器与导弹技术相结合时，即使是弱国和小的组织也能对大国造成巨大的灾难，我们的敌人已经表明他们的这一意图，并一直试图获得这些可怕的武器。他们希望拥有这一能力以讹诈我们或损害我们或我们的朋友，我们将用我们全部力量反对他们。"[⑤] 至于如何应对恐怖主义和扩散威胁，布什总统说："我们的敌人公开宣布他们正在开发大规模杀伤性武器，而且证据表明他们正决心这样做。美国将不允许这些努力获得成

---

① USA Patriot Act, http: //www. epic. org/privacy/terrorism/hr3162. html.

② Bill Adler, *The Quotable George W. Bush*, Kansas City, Andrews McMeel Publishing, 2004, pp. 52 - 53.

③ G. John Ikenberry, *American Imperial Ambition*, Foreign Affairs, Vol. 81, No. 5, September/October 2002.

④ US Defense Department, *Quadrennial Defense Review Report*, 30 September 2001.

⑤ The White House, *The National Security Strategy of the United States of America*, September 2002, pp. 13 - 16.

功。……我们将与其他国家进行合作，阻止、遏制我们的敌人努力获得危险的技术，而且，美国将采取行动，在这些威胁还没有完全形成之前就摧毁它们。我们不能通过良好的愿望来保护美国和美国的朋友，我们必须切实做好准备来击败我们敌人的计划。”①

2002 年 12 月 11 日，布什政府专门发布了与大规模杀伤性武器战斗的国家战略。该战略继续把恐怖主义分子和敌对国家获得核武器、生物武器和化学武器等大规模杀伤性武器看作美国国家安全面临的最大挑战。宣布，如果美国遭到大规模杀伤性武器袭击，将使用包括核武器在内的“压倒性力量”进行报复。报告提出了与大规模杀伤性武器战斗的三个支柱：与使用大规模杀伤性武器进行战斗，反扩散；与大规模杀伤性武器扩散进行战斗，加强防扩散；对使用大规模杀伤性武器做出反应，实施后果管理。② 这是美国首次针对大规模杀伤性武器制定的专项战略，表明今后制止大规模杀伤性武器的扩散和使用将成为美国国家安全战略的重点之一。作为国家安全战略的具体体现，2005 年 3 月的美国国防战略中把打击恐怖主义网络和阻止敌对国家和非国家行为体获得和使用大规模杀伤性武器的能力作为国防战略的重点。

2006 年 3 月，布什总统推出执政以来的第二份美国国家安全战略报告。从总体上看，新的国家安全战略延续了布什政府第一份国家安全战略报告的思路：反恐怖主义依然是美国政府最重要的国家安全关切。布什在报告前言中开宗明义地指出，“美国处在战争之中。这是一份战时的国家安全战略以应对我们面临的严重威胁——被仇恨与谋杀的富有侵略性的意识形态点燃的恐怖主义的兴起”；大规模杀伤性武器的扩散依然是美国国家安全所面临的最大威胁。鉴于大规模杀伤性武器的破坏性，美国尤其担心这些武器落入宗教极端势力手中。因此，新报告列出了伊朗、叙利亚、津巴布韦、白俄罗斯、朝鲜、缅甸、古巴 7 个所谓“专制国家”，其中伊朗成为当前美国外交面临的最大威胁。③ 作为这一战略的体现，2006 年的四年防务评估报告把击败恐怖主义网络以应对非常规挑战、阻止获得和使用大规模杀伤性武器并保卫国土纵深安全以应对灾难性挑战作为最重要的

① The White House, *The National Security Strategy of the United States of America*, September 2002.

② National Strategy to Combat Weapons of Mass Destruction, December 2002, p. 2.

③ The White House, *The National Security Strategy of the United States*, March 2006.

战略任务。[①]

小布什政府时期，防扩散的目标与政策之间出现严重错位，结果，扩散更严重了。奥巴马上台后，开始着手改变这一状况。

奥巴马向来主张提高防扩散在国家安全战略中的地位，2005 年，他就要求布什总统把美俄合作防扩散放在优先地位，并就如何应对扩散提出建议。[②] 就任总统后，他立即着手提高防扩散地位。在国家战略和政策层面，2010 年 2 月以来陆续公布的核态势评估报告、四年防务评估报告和美国国家安全战略报告都明确把防扩散，尤其是核扩散作为最优先的任务之一。[③] 有评论家说不扩散已成为奥巴马政府"外交政策的中心"[④]。在国际上，希拉里·克林顿国务卿则要求各国把防核恐怖主义作为不扩散机制的"第四个支柱"[⑤]。防扩散在美国政府议事日程上的地位空前提高。

---

① DOD, *Quadrennial Defense Review Report*, 6 February 2006.

② American's Nuclear Non-Proliferation Policy, http: //obamaspeeches. com/017 - America - Nuclear - Non - Proliferation - Policy - Remarks - Obama - Speech. htm.

③ Department of Defense, Quadrennial Defense Review Report, February 2010, p. 34; The White House, The National Security Strategy of the United States of America, May 2010, p. 23; U. S. Department of Defense, Nuclear Posture Review Report, April 2010, p. 11.

④ Laura Rozen, *Amid Crises, Obama Builds Nonproliferation Team*, Foreign Policy, 8 June 2009.

⑤ Hillary Rodham Clinton, *The Next Steps on Nonproliferation Foreign Policy*, Foreign Policy, 6 May 2010.

第二章 冷战后美国防核扩散政策

第一节 冷战后美国面临的核扩散形势

冷战时期，由于确保相互摧毁局面的出现，在拥有核武器的先进工业化国家之间使用核武器的可能性是不大的。[①] 同时，由于两大集团紧张对峙的重担基本上是由美苏两个超级大国承担，并为各自的盟国提供保护伞，两个超级大国不允许其余成员国开发核武器，两大集团中的其他国家也没有必要开发核武器，扩散的风险实际上也相应较低。冷战后国际安全环境的变化不仅使核战争的风险增加，也使扩散的风险和可能性大大增加。

冷战后，虽然敌对国家或国家集团对美国的威胁降低了，但美国面临核攻击或世界发生核冲突的可能性更大了。虽然许多学者，如肯尼斯·华尔兹声称，核扩散能产生稳定，在他看来，随着拥有核武器的国家增加，国家之间的战争概率将下降。[②] 但大多数学者相信随着更多的国家掌握核武器，核战争的风险也将不成比例地增加。首先，拥有核武器的国家越多，核武器的数量会越多，核威慑失败的可能就越大，意外事件就会发生。美国军备控制与裁军署署长约翰·霍勒姆（John Holum）说："如果核武器失去控制，作为一种预防手段而扩散，对于

---

① Edward N. Luttwak, "An Emerging Post nuclear Era?" *The Washington Quarterly*, Vol. 11, No. 1, Winter, 1988, pp. 5 – 15; John Mueller, "The Essential Irrelevance of Nuclear Weapons: Stability in the Postwar World," *International Security*, Vol. 3, No. 2, Fall 1988, pp. 55 – 79.

② Kenneth Waltz, *More may be Better*, in Scott Sagan and Kenneth Waltz, p. 44.

每一个人而言，这个世界就会变得非常危险。核武器越多，它们被使用的可能性就越大。”① 其次，如果核武器扩散到其他国家，这些国家发生核意外的可能性将比5个公认的核武器国家大得多。一方面，因为这些新的核武器国家缺乏必需的命令、控制、通信和计算机系统，核武器落入恐怖分子控制之下的可能性会增加，而恐怖分子控制核武器的前景是非常可怕的；另一方面，规模较小的核武库因为担心先发制人的攻击而需要更高的戒备率（alert-rates），这会进一步增加发生意外的可能性。同时，其他国家对正在出现的核武器国家或刚刚拥有核武器的国家进行先发制人攻击的可能性会增加，因为没有国家会喜欢其邻国拥有核武器。比如，为防止伊拉克开发自己的核武器，以色列1981年对伊拉克的“塔穆兹”核反应堆发动了先发制人的攻击并成功摧毁了该反应堆。另外，如果两个非核武器邻国将来拥有核武器，危险将大大增加，这是地缘政治的缘故，并且在危机形势下反应的时间非常短。美国前国防部部长威廉·佩里（William Perry）说：“拥有核武器的‘流氓国家’很可能更难威慑，而且更可能威胁它们的邻国或首先发动战争。”② 最后，在众所周知的“流氓国家”与正在同宗教原教旨主义抗争的国家之间，有很大的相关性。宗教原教旨主义国家拥有核武器的危险是不应被低估的。因为不同的价值观，它们更倾向于使用核武器。由此看来，核扩散无论是对美国国家安全还是对维持美国唯一超级大国的地位都是一种极大的威胁，美国势必严肃对待。

同时，冷战后出现了诸多有利于核武器、生物武器和化学武器等大规模杀伤性武器扩散的新形势。

第一，也是最重要的，是苏联的崩溃可能加剧各种扩散问题。在冷战结束之初，扩散的潜在威胁是巨大的，而且很难预测。美国认为最大的问题来自乌克兰、哈萨克斯坦和白俄罗斯三个领土上部署有原苏联核武器的国家。克林顿政府的国防部部长阿斯平说：“我们现在面临日益增加的扩散问题。这种增加是今天世界上一直在进行的两种变化的结果。第一个是

① Tom Sauer, *Nuclear Arms Control: Nuclear Deterrence in the Post-Cold War Period*, ST. Martin's Press, 1998, p. 32.

② Tom Sauer, *Nuclear Arms Control: Nuclear Deterrence in the Post-Cold War Period*, ST. Martin's Press, 1998, p. 34.

苏联的崩溃。”[1] 作为新的核武器国家，它们的出现可能造成新的核武器扩散和核不扩散机制的分歧。而且，从长期看，后苏联空间的一些国家非常可能利用自己的专长、装备或物资开发本国的大规模杀伤性武器，与其他新的希望开发本国大规模杀伤性武器的国家不一样，它们是继承而不需要进口一些关键的武器技术或物资。虽然冷战结束初期独联体国家的经济状况都不好，新的核武器计划不可能立即成为威胁，但化学或生物武器的开发相对容易，而哈萨克斯坦从原苏联的军工复合体继承了化学武器和生物武器设施，乌兹别克斯坦也继承了两种武器试验场。同时，在俄罗斯宣布独立之初，俄罗斯的社会机制和俄罗斯核武器以及其核武器控制机制都出现混乱。俄罗斯境内有将近 20000 枚战术核武器，每一枚都是试图获得核武器国家或组织的潜在目标。与经济混乱相伴随，俄罗斯对这些战术核武器的安全保障措施也很不规范。丢失核武器并非完全不可能的。同样令人关注的是，俄罗斯的核科学家也可能流失到那些努力开发核武器的国家。随着苏联的解体，苏联军事工业组织中大量与核武器研制有关的科学家和技术人员、信息、装备、材料，甚至完整的核武器都面临着极大的流失风险，这样的资源不仅对于核武器计划，而且对于生物武器和化学武器计划都有极大价值。因此，这样的流失将直接导致核武器和核技术扩散到其他非核武器国家。这或许是苏联崩溃所产生的最直接的风险。

第二，冷战结束以来，冷战时期为两个超级大国对峙所掩盖的地区和民族以及种族冲突纷纷出现，为在冲突中获得优势或威胁周边国家或威慑其他国家或国际社会的干涉，这些处于冲突中或为应对潜在冲突的众多行为体努力获得大规模杀伤性武器。与同等重量的常规武器相比，核武器的威力是常规武器的 100 万倍，能产生令人休克的冲击波、高压、放射性尘埃和极端高温。与常规武器爆炸不一样，核冲击波也产生中子和放射性物质，它们能立即杀死或伤害暴露在外的人，另外，它还能以废弃物的形式产生长期的放射性危害，这比核武器爆炸的直接影响更大，它还将产生疾病或造成离爆炸核心距离相当远的范围内的人员死亡，其尘埃也会导致诸多致命性疾病或基因变异等医学问题。这样，获得核武器就成为它们的重

① Barry R. Schneider, *Future War and Counterproliferation: U. S. Military Responses to NBC Proliferation Threats*, Pareger, 1999, p. 45.

要目标。核扩散是对整个国际社会安全与稳定的巨大威胁，在美国看来，核武器扩散对美国国家安全的威胁尤其严重。作为全球大国，美国肯定会保护盟国和美国在海外可能受到拥有核武器国家威胁的关键利益。美国武装部队，包括美国领土，都可能成为核武器打击的目标;[①] 另外，一旦某个国家成功开发出自己的核武器，非常可能会引发连锁反应，中东、南亚和东亚等地区的许多发展中国家都希望获得核武器，如果这些地区中的某个国家拥有核武器，德国和日本就非常可能要求发展核武器。这两个国家虽然放弃了发展核武器，但它们在技术上已经有充分的能力，如果它们认为其安全受到威胁，将很难阻止它们发展核武器。这将导致世界力量格局发生重大变化，从根本上说，这不利于美国维持自己一家独大的局面。因此如不能有效制止核扩散，不论是对美国的国家安全，还是对美国的全球利益都将构成巨大威胁，美国必须防患于未然。同时，对于国际社会而言，核扩散使核冲突的危险大大增加。正如大多数理论家所说，核国家的增多，必然导致使用核武器的核门槛降低，局部战争引发核大战的风险可能会大大增加。而冷战后的民族、宗教和资源纷争和一些地区冲突都可能引发这种风险。这样，防核扩散就成为美国国家安全和外交政策中非常突出的问题。而苏联解体后其核武器面临的危险情况，伊拉克、南非、朝鲜和以色列核武器计划的暴露，南亚的核军备竞赛和中东多维冲突的前景都使核扩散的风险更加增大。

第三，冷战的终结也削弱了对核扩散的限制。冷战时期，由于美苏两个超级大国拥有确保相互摧毁对方的能力，以两个超级大国为首的两大集团内的其他成员因为有美苏的保护，自己开发独立核武器的愿望不是那么强烈或者根本不需要核武器。冷战结束后，一方面，由于俄罗斯在国际事务中作用的降低，对盟国的保护和控制不再存在，或至少在相当程度上削弱了，而美国在重新塑造自己的安全环境时，尤其是当从海外收缩力量时，它可能失去对盟国的一些影响。因此，一切原来享有美国或苏联安全担保的国家现在可能感到缺乏保护和不安全，开发自己的核武器的动机日益增强。

第四，冷战时期的遗留问题和冷战后持续的地区冲突不断发生，成为核武器扩散的一个重要诱因。冷战时期美苏尖锐对峙使美苏竞相开发大量

---

① OTA - ISC - 559, Proliferation of Weapons of Mass Destruction: Assessing the Risks, August 1993.

核武器，冷战以苏联的解体而告终，但冷战时期的许多问题并没有随冷战的告终而结束，其中最突出的是朝鲜半岛问题。冷战后，面临新的安全形势，朝鲜决定开发核武器，成为冷战后国际社会面临的最严重的核扩散问题之一。冷战后，引起扩散的更重要的因素是持续不断的地区冲突。在独联体的范围外，促使大规模杀伤性武器扩散的最严重的因素是南亚和中东难以解决的地区冲突，为在冲突中获得优势或提高本国在该地区甚至全球的声望，一些国家决定发展核武器。在南亚，印度和巴基斯坦围绕克什米尔而产生的种族和领土争端，乃至局部战争时有发生，印度还以受到“中国威胁”为借口，不顾国际社会的反对在 1998 年悍然进行核试验，此后，巴基斯坦也进行了核试验，它们已成为事实上的核武器国家。在中东，已超过半个世纪的阿以冲突也难以解决，为确保生存，以色列已成为世界各国都认为掌握了核武器的国家，为与以色列对抗，一些阿拉伯国家也希望开发自己的大规模杀伤性武器。

第五，冷战后，美国在先进常规武器领域的压倒性军事优势也促使某些国家寻求核武器。苏联解体后，俄罗斯的常规军事力量急剧衰减，而美国的常规军事力量不仅没有衰减，相反继续发展，更重要的是，美国在冷战后经常依靠其超强的常规军事力量进行武装干涉，动辄发动军事打击，从海湾战争到阿富汗战争，冷战后美国军队几乎每年都有对外干涉行动。许多国家从海湾战争中得出结论，即没有任何一个国家可以依靠常规军事力量与美国相抗衡。[①] 作为平衡美国常规武器优势的平衡器或威慑美国对本国干涉的威慑力量，开发自己的核武器就成为某些国家的最佳选择。如果一个国家成功地获得核武器，扩散的潘多拉魔盒效应就可能开始。

第六，冷战后，经济和技术的加速发展也进一步促使核扩散的发生。一般而言，经济和技术的发展会增加国民财富和提高生产大规模杀伤性武器及其运载系统的能力。它也将增加潜在的向有关国家扩散的技术和技能数量。而两用技术装备越来越可能从可得的民用装备中获取，这使有关国家或组织建设自己的大规模杀伤性武器工厂变得也越来越容易了。

---

① Heather Wilson, *Missed Opportunities*: *Washington Politics and Nuclear Proliferation*, The National Interest 34, 1993 - 1994, pp. 26 - 36.

第二节　冷战后美国对核扩散威胁的评估

一、克林顿政府对核扩散威胁的认知与评估

实际上，冷战结束前后的布什政府已经开始把大规模杀伤性武器扩散看作美国面临的最主要威胁之一。海湾战争推动了这一转型。

1989 年 5 月 7 日，布什总统发布国家安全第 10 号指令，要求建立一个由国务院、国防部等部门组成的新政策协调委员会，专门处理防扩散等事宜，该委员会负责协调政府在防核武器、生物武器和化学武器、导弹扩散问题上的政策，主席由国务院负责安全援助、科学和技术的副国务卿担任。[①] 在 1989 年 6 月 15 日举行的美国防扩散政策审查会议上，布什总统表示，他的政府赋予防核武器扩散及其使用极大的重要性，并要求对核武器扩散及其使用进行评估：（1）哪些国家有开发核武器计划？其推进状况如何？哪些计划正得到或已经获得外国帮助？（2）核扩散对美国利益所产生的具体威胁是什么？对美国的盟国和友好国家以及国际稳定的影响如何？（3）美国防核扩散的目标应是什么？对这一问题的哪些方面应给予最优先注意？（4）《不扩散核武器条约》（NPT）对于防止或减缓核武器扩散有什么效果？美国 1990 年 NPT 审查会议的目标是什么？（5）NPT 的基础今天是否依然有效？促进和平核合作计划的影响是什么？国际原子能机构安全保障措施的效果怎样？在何种程度上和在什么情况下，美国可以依靠其安全保障措施实现防扩散？（6）美国影响防核扩散的工具是什么？美国如何影响非 NPT 成员国和有核武器计划的国家行为？（7）美国与苏联和其他国家就防核扩散或减缓获得核武器的双边会谈的效果怎样？美国是否应该做得更多？如果有这样的行动，是什么？[②] 这些为冷战后美国历届政府的防核扩散政策很快地向冷战后转变提供了一

① Digital National Security Archive（DNSA）, President Directives, Part II, PR01730.

② DNSA, President Directives, Part II, PR01792.

个很好的基础。

海湾战争后在伊拉克发现其开发核武器计划使美国领导人意识到核武器扩散到激进和不友好国家的极端危险性。布什总统因而要求国防部“发展新的能力防止扩散，包括发动先发制人的军事行动的能力”[①]。克林顿总统也非常重视核扩散给美国带来的风险和威胁。1992 年 11 月大选前夕，根据惯例，美国军备控制协会对乔治·布什和民主党总统候选人比尔·克林顿进行了采访。克林顿指出，对于国家安全而言，没有任何国家安全问题比苏联帝国的核武器和核技术将会扩散到何人之手这一问题更为紧迫。这些武器对每一个美国人的安全、对我们的盟国乃至对后苏联空间的国家本身都构成威胁，核武器扩散是未来最严重的安全风险之一。[②] 克林顿上台后，美国政府开始对核威胁进行各种评估。克林顿上台不久，其国防部部长阿斯平就要求全面审查国防部的计划和实践。1993 年 9 月完成的审查认为，大规模杀伤性武器的扩散是美国及其盟国面临的最重大威胁。[③]

1995 年，美国防扩散中心就大规模杀伤性武器扩散情况向国会提交报告，报告说：“大规模杀伤性武器扩散是超越地理、政治和技术界线的一个全球问题。它涉及世界上由一些最反动的和最不稳定的政权领导的最大的和最小的、最富足的和最贫穷的国家。许多潜在的开发大规模杀伤性武器的国家认为，为保护它们的国家需要开发大规模杀伤性武器及其运载系统。”至于核扩散威胁，报告说，苏联的解体给美国和盟国带来许多潜在的扩散问题，包括主要是在东欧和德国发生的越来越多的非法核材料交易。同时，俄罗斯国内与核武器有关的工厂安全状况仍相当糟糕，与核有关的研究机构的安全状况则相当松散，很多工厂的核材料的控制和统计都不尽如人意。而在处理核材料上具有很强能力的有组织犯罪集团的卷入使重要的物资转移到涉嫌扩散国家的可能性大大增加。报告说，虽然到目前为止犯罪集团获得的物资还不足以生产一枚核武器，但最近的趋势表明，所涉及的核材料的数量更大了，这足以让人担心。根据 1994 年 10 月 21

---

① Heather Wilson, *Missed Opportunities: Washington Politics and Nuclear Proliferation*, The National Interest 34, 1993 – 1994, pp. 26 – 36.

② Arms Control and the 1992 Election, http://www.armscontrol.org/1992election.

③ Richard T. Cupit: Reluctant Champions, U. S. Presidential Policy and Strategic Export Controls Routledge, New York London, 2000, p. 174.

日的框架协议，朝鲜同意冻结其钚的生产能力。目前，平壤已停止了5兆瓦反应堆的运作，停止建设两个更大的反应堆，冻结了钚处理工厂并同意最终拆毁这些设施。利比亚目前只有一个小型的核研究中心，但它正努力招募俄罗斯的核科学家帮助其发展核武器。伊朗正积极开发核武器能力，如果获得外国有效帮助，它可能在10年内制造一枚核武器，德黑兰正为其核计划投入巨大资源。伊拉克仍拥有开发核武器的技术专长，但它生产裂变物质所必需的许多基础设施必须重建，如果萨达姆行动够快，他也需要好几年才能做到。①

国会也非常关注大规模杀伤性武器扩散所造成的威胁。1996年，国会研究处对核扩散状况进行了评估。该评估认为，朝鲜可能已经拥有一枚或两枚核武器，伊朗、伊拉克和利比亚正试图开发核武器。作为框架协议的一部分，朝鲜已经冻结了其中型石墨反应堆，并停止建设其他两座反应堆，但已拥有足够制造一枚或两枚核武器的材料。伊朗有众多民用核设施并有秘密开发核武器的计划。伊拉克的核武器计划在海湾战争中被破坏了，但如果它进口裂变物质或生产裂变物质的装备，则仍可能在相对短的时间内生产核武器。利比亚努力开发核武器，但目前还没有取得多大进展。一些国家有生产核武器的技术能力，但已经交出了它们的核武器（白俄罗斯、哈萨克斯坦、乌克兰和南非），或者放弃了核武器计划（阿根廷、巴西、德国、日本、韩国、瑞典）。冷战后，生产核武器的技术越来越容易获得，生产核武器的物资或装备也可以从国际黑市获得或从其他国家获得。另外，有些国家如果能得到裂变物质，它们也能制造核武器。甚至恐怖分子也能获得和使用放射性武器。俄罗斯仍继续维持有数千枚核弹头，其军事学说要求其在战场上为取得胜利而使用核武器，中国也正在扩大和实现其核导弹的现代化。② 对此，美国国防情报局局长、海军中将托马斯·威尔逊说："我们将继续面临来自俄罗斯、中国，最终可能还有朝鲜和其他'流氓国家'的战略核威胁。虽然瞄准我们的核弹头的总数没有冷战时期多，但威胁来源的力量结构、能力和核武器学说的混合性将使战略威胁更加复杂。许多'流氓国家'未来10年可能会获得核武器，一些核武器国家毫无疑问会增加其核武库。这些因素结合在一起，

① Nonproliferation Center, The Weapons Proliferation Threat, DNSA, WM00433.

② Nonproliferation Center, The Weapons Proliferation Threat, DNSA, WM00433.

使在地区冲突中发生有限核战争的前景大大增加。恐怖分子和次国家组织获得和使用核武器的可能性也增加了。”[①] 美国国防部认为，朝鲜在1992年前至少有足够制造一枚核武器的钚。[②] 因此，美国驻联合国裁军事务副代表贾扬塔·达纳帕拉（Jayantha Dhanapala）说，核扩散是“对我们这个时代国际和平与安全的最严重威胁，实际上也是对人类未来的最严重威胁”[③]。

美国中央情报局在评估大规模杀伤性武器扩散威胁方面发挥着重要作用。1996年3月，美国中央情报局局长约翰·多伊奇在参议院政府事务委员会调查小组委员会做证时说，敌视美国的国家或恐怖分子获得核材料甚至核武器将极大威胁美国利益。残酷的现实是，这些现在比历史上任何时候都更容易获得，这主要是由于苏联解体和该地区经济形势正在恶化。而现代技术通过世界市场日益增加的扩散使这个问题变得更加复杂，也使发现与核武器计划有关的物资和技术的非法交易更为困难。[④] 虽然冷战时期世界上存在更多的核武器，但冷战时期发生核攻击或核战争或核恐怖袭击事件的可能性远远低于冷战后时期。因为冷战时期，苏联核武器和裂变物质的安全建立在中央高度集权和强有力的政治权威和严格的军事制度基础上。核武器的安全最终依赖一个负责任、有能力和有良好纪律的军事当局。苏联的解体、俄罗斯社会的开放及其经济困难严重削弱了这一安全机制并使之处于风险之中。而俄罗斯军队的状况进一步加剧了这种风险。苏联解体后，作为苏联在安理会的继承者，俄罗斯军队人员在住房、工资、社会待遇等方面面临危机，这导致道德下降和纪律松弛，虽然俄罗斯核武器传统上是由待遇良好的部队掌握，但也面临其他武装力量面临的困难。随着在未来10年大幅削减核力量，俄罗斯核武器生产综合体，尤其是核材料生产设施正面临一个不确定的未来。许多核武器生产设施或将被拆卸，或将转变为民用生产设施。一旦这些工厂某些技

---

① RL30699, CRS Report for Congress, Nuclear, Biological, and Chemical Weapons and Missiles: The Current Situation and Trends. 5 January 2001. DNSA, WM00575.

② Office of the Secretary of Defense, Proliferation: Threat and Response, January 2001.

③ Jayantha Dhanapala, The NPT at a Crossroads, *The Nonproliferation Review*, Spring, 2000.

④ Director of Center Intelligence, The Threat of Nuclear Diversion, Statement for the Record by John Deutch, Director of Center Intelligence to the Permanent Subcommittee on Investigations of the Senate Committee on Government Affairs, 20 March 1996, DNSA, WM00470.

术人员的生活水平低于普通工厂工人，他们就可能寻求在工资更高的商业生产部门获得职位。而俄罗斯政府也告诉这些人说，他们不能再完全依赖政府。核材料更是一个主要问题，因为在过去40多年里，成吨的可用以制造核武器的物资被分配到众多非军事组织和机构以及有关研究中心。中央情报局认为，俄罗斯对这些物资的处理没有做出很好的说明；同时根据单方面和多边协议，从核弹头拆卸计划中应回收数百吨可用以制造核武器的物资，俄对此也没有明确的说明。[①] 其结果是：第一，产生大量的拥有核材料知识和能获得核材料资源的心生不满的人；第二，核材料目录混乱，而且统计制度有问题；第三，一些涉嫌开发核武器的国家和恐怖分子正希望获得这样的物资。获得核技术或者核工程实际知识或者核材料都将极大缩短生产核武器的时间。目前的事实是，伊朗和伊拉克等国家都试图努力从这种混乱中获得核技术和物资。中亚国家和高加索地区地理位置重要，连接亚洲和西方。苏联的解体使走私分子和有问题的商人有恃无恐。曾经由苏联克格勃（KGB）、军队和边防部队构建的无处不在的控制再也不存在了。在这些边界地区用很低的价格几乎能购买到任何东西。旅行者甚至用一瓶伏特加就能贿赂俄罗斯边防士兵，这样，没有文件也能通过边界，如果贿赂数百美元，则一卡车物资不受任何盘查就能过关。获得核武器技术、工程实际知识和用于制造核武器的物资都将极大降低制造核武器所需要的时间。例如，中央情报局认为伊朗正积极实施核武器计划，各种迹象表明，德黑兰为开发核武器已动用大量民用和军事组织生产裂变物质。具体而言，伊朗正努力制造钚和高浓缩铀，同时，为缩短制造核武器时间，伊朗同样花费极大精力希望从独联体国家购买裂变物质。例如，1992年，伊朗曾力图从哈萨克斯坦的冶金工厂获得浓缩铀，但没有成功。1993年，3个与伊朗情报机构有联系的伊朗人在土耳其境内试图从来自独联体国家的走私分子手里获得核材料时被逮捕。伊朗继续与俄罗斯和中国展开核合作也可能间接加强其制造核武器的能力。中央情报局估计，伊朗要制造核武器还需要若干年，但如果有强有力的外国援助或获得大量核材料，则伊朗很快就

① Director of Center Intelligence, The Threat of Nuclear Diversion, Statement for the Record by John Deutch, Director of Center Intelligence to the Permanent Subcommittee on Investigations of the Senate Committee on Government Affairs, 20 March 1996, DNSA, WM00470.

能生产一枚核武器。①

关于伊拉克，美国中央情报局认为，虽然“沙漠风暴行动”严重破坏了伊拉克的核计划，尽管缺乏裂变物质和生产设施，但伊拉克并没有放弃其核计划，而且正采取措施逃避联合国核查人员的核查，因此伊拉克仍是可怕的核扩散问题的来源。至于朝鲜，美国中情局认为，虽然根据1994年10月21日的框架协议，朝鲜同意冻结其钚生产能力，停止其5兆瓦反应堆运转和暂停建设两个更大的反应堆。但目前它已经具有足够的制造至少一枚核武器的钚。美国也面临其他国家核扩散的挑战。利比亚目前有一个苏联提供的小型核研究反应堆在运行，据报道，卡扎菲正努力招募核科学家帮助开发核武器。叙利亚有一个和平使用的核研究反应堆，它处于国际原子能机构的安全保障之下，目前还没有证据表明叙利亚试图获得裂变物质。②

试图获得核武器的并不限于国家。许多恐怖主义组织和犯罪组织也试图获得核武器。恐怖分子或其他组织可能通过非法交易获得足够的放射性材料并发动袭击。而且，非国家行为者在最近的行动中已经使用了放射性物质，例如，1995年11月，车臣叛乱领导人威胁要用放射性物质把莫斯科变成永久的沙漠，日本的极端组织、奥姆真理教也试图在澳大利亚引爆自己的铀并购买俄罗斯的核弹头。传统恐怖分子在使用核武器问题上可能会犹豫，因为担心这会引起世界范围内的镇压和其支持者的孤立。相比之下，新的跨国恐怖分子明显更容易受狂热的对西方的憎恨和复仇情绪所驱使；此外，美国和西方领导人和学者基本倾向于认为他们对威慑不敏感，因此，一旦获得核武器或放射性物质，他们很可能会考虑使用这样的武器。日本极端宗教组织1995年在东京地铁使用化学武器发动袭击后，美国认为，这表明对恐怖分子而言根本没有什么禁忌。如果能获得核武器，他们也将毫不犹疑地使用核武器，而核武器并不需要由复杂的弹道导弹发射才产生威胁。类似投掷在广岛的原始核武器，由飞机投掷或隐藏在卡车

① Director of Center Intelligence, The Threat of Nuclear Diversion, Statement for the Record by John Deutch, Director of Center Intelligence to the Permanent Subcommittee on Investigations of the Senate Committee on Government Affairs, 20 March 1996, DNSA, WM00470.

② Director of Center Intelligence, The Threat of Nuclear Diversion, Statement for the Record by John Deutch, Director of Center Intelligence to the Permanent Subcommittee on Investigations of the Senate Committee on Government Affairs, 20 March 1996, DNSA, WM00470.

里，也会产生同样的毁灭性效果。一些专家开始把核恐怖主义作为最大的核风险。① 这种看法极大地影响了美国政府。美国前国务卿沃伦·克里斯托弗说，大规模杀伤性武器的扩散是“美国及其盟国潜在的最大威胁”②。

1998年5月，印度和巴基斯坦进行核试验后，克林顿政府对核扩散形势进行新的评估。美国认为，印度和巴基斯坦已成为事实上的核武器国家，这很可能导致核战争出现。在南亚次大陆以外，美国认为中东有关国家寻求核武器的愿望尤其强烈。在1991年海湾战争前，伊拉克就秘密开发核武器，海湾战争后，联合国特别委员会发现，伊拉克耗费巨资发展核武器，虽然联合国伊拉克特别委员会和国际原子能机构拆卸了伊拉克的核设施，但伊拉克的核计划仍是威胁。美国高级官员一再警告说，伊朗努力从独联体国家和其他国家购买核材料和核装备，由于俄罗斯帮助伊朗建设布什尔核电站，对伊朗的相对有效的核禁运遭到破坏。而且，伊朗正以开发民用核能为借口，为自己的核武器计划积累技术基础。朝鲜的威胁则更大，美国中情局前局长詹姆斯·伍尔西（James Woolsey）和前国防部部长威廉·佩里（William Perry）警告说，朝鲜可能有足够的制造两颗原子弹的钚。③ 这对美国在日本的基地和日本构成极大威胁。

在朝鲜之外，美国最关心伊朗和伊拉克发展核武器等大规模杀伤性武器问题。而伊朗一直有开发核武器计划。1998年7月，评估弹道导弹威胁委员会认为，关于伊朗能否很快拥有或已经拥有核武器取决于它可以得到的裂变物质数量。虽然伊朗的民用核计划现在处于IAEA的安全保障之下，但如果伊朗违反安全保障规定，它也可以在10年内利用民用核计划所产生的充足的裂变物质制造少量核武器，如果伊朗从外国获得足够的裂变物质，它也可能在1~3年制造出一枚核武器。至于伊拉克，委员会认为，在入侵科威特前，伊拉克制订了1993~1995年核武器开发计划，即使在海湾战争后，伊拉克仍有重建核武器计划的能力，其速度由所获得的裂变物质而定，但它仍需要多年时间来获得所需设施。当然，伊拉克可能

① John Powers and Joseph Muckerman, *Rethink the Nuclear Threat*, Orbis, Winter 1994; Theodore Taylor, Bulletin of the Atomic Scientists, March/April 1996, p. 22.

② U. S. Information Service（USIS）, 19 January 1996, p. 5.

③ Carl E. Behrens, *Issue Brief for Congress*, Order Code IB 10091, Nuclear Nonproliferation Issues, 19 September 2002, DNSA, WM00582.

藏匿一些联合国特别委员会没有发现的物资，或者可能从其他国家获得裂变物质。①

美国不仅关注非核武器国家开发或获得核武器，而且非常关心其他核武器国家开发新型核武器或实现核武器现代化的问题。尽管这种纵向核扩散在冷战后相当一段时间内不会构成对美国国家安全的首要威胁，但作为潜在威胁，美国十分重视。1999 年 4 月，俄罗斯安全理事会批准在新地岛进行一次核试验，这将比 1998 年的试验规模更大，俄罗斯计划花更多的钱进行该试验。该试验的目标之一是开发可用于高精度战术武器系统上的低当量弹头。对此，1999 年 6 月 25 日，中央情报局在扩散汇编中说，这一行动与俄罗斯越来越依赖核武器阻止常规或核武器入侵的战略相一致。② 其实，还在 1996 年，美国就对俄罗斯以从前的试验数据为基础开发新型核弹头表示了担心。③

中国被视为冷战后美国最主要的潜在对手之一，因此，美国对中国核武器状况尤为关注和重视。在克林顿主政白宫的 8 年间，美国多次评估中国核武器状况。早在 1993 年 10 月，美国中央情报局就认为，中国在实现其核武器现代化之前很可能不会接受全面禁止核试验条约。④ 1995 年 3 月，中央情报局报告说，中国将加速推进核试验计划，认为在 CTBT 生效前，中国将给予核武器试验优先性。⑤ 这以后，美国对中国的核试验安排、计划格外关注，中央情报局还专门提交了有关中国核不扩散政策的报告。⑥ 在克林顿即将离开白宫前，美国政府对中国核武器计划进行了全面评估。美国情报机构认为，中国计划通过开发新的可能携带重返大气层核弹头的移动洲际弹道导弹改进其战略核力量，并提升其命令、控制和通信能力。中国小规模的威慑力量在未来 20 年会在数量、精确性、可靠性和

---

① Report of the Commission to Assess the Ballistic Missile Threat to the United States, 15 July 1998, DNSA, WM00532.

② Proliferation Digest, June 1999, DNSA, WM00559.

③ Intelligence Memorandum, Russia: New Warheads Without Additional Nuclear Test, 24 October 1996, DNSA, WM00488.

④ DNSA, WM00404.

⑤ Proliferation Digest, March 1995, DNSA, WM00437.

⑥ Proliferation Digest, May 1996, DNSA, WM00475; National Intelligence Daily, July 1996, DNSA, WM00483; Clasified Report to Congress on the Non-Proliferation Policies and Practices of the People's Republic of China, DNSA, WM00492.

生存能力方面得到大幅度提高。[①] 美国国防部则进一步说，中国核武器的作用首先是威慑。但是，如果在中国卷入的地区冲突中实行军事干预，中国人民解放军将采取所有必要措施，以使干涉者遭受极大伤亡并削弱第三方进行干涉的决心。[②] 显然，在美国看来，中国核武器的现代化将对美国在亚太地区的领导地位提出挑战。

根据《不扩散核武器条约》，国际社会只有中国、美国、英国、法国和俄罗斯5个安理会常任理事国是合法的核武器国家，5个核武器国家同意"不采取任何方式援助"任何非核武器国家获得核武器，5国还同意最终销毁核武器。非核武器国家同意不开发核武器并允许国际原子能机构视察其核设施以确保和平核技术不会被用于军事目的。NPT也保证非核武器国家获得和平核技术。但印度和巴基斯坦于1998年试验了核武器，虽然没被国际社会接受为核武器国家，却成为事实上的核武器国家。以色列在20世纪60年代末就生产出第一枚核武器，现在则拥有100~200枚核武器。[③] 至于其他国家，2001年1月初，美国国会研究处评估后认为，目前大约有25个国家被怀疑有核武器、生物武器或化学武器计划，或正在寻求这样的武器。不过，美国政府只能肯定其中一些国家，对另外一些国家只是怀疑。[④] 不论是肯定还是怀疑，不争的事实是冷战后短短的10年，核武器国家或潜在的有能力开发核武器的国家越来越多了，核扩散日益严重。

二、布什政府对核扩散威胁的认知与评估

"9·11"事件不仅从根本上改变了国际政治生态，而且极大影响了美国政府对大规模杀伤性武器及其运载工具，尤其是核扩散威胁的认识和态度。美国认为，关键的地区国家和恐怖组织看起来更加希望获得核武器等大规模杀伤性武器和其他先进军事技术。军事领导人认识到敌人将寻求

① Vice Admiral Thomas R. Wilson, Director, Defense Intelligence Agency, *Military Threats and Security Challenges Through 2015*, Statement before the Senate Select Committee on Intelligence, 2 February 2000, p. 14.

② U. S. Department of Defense, Annual Report to Congress on the Military Power of the People's Republic of China, 22 June 2000, pp. 2 -7.

③ Avner Cohen, *Israel and the Bomb*, New York, Columbia University Press, 1998, p. 1.

④ Robert Shuey, *CRS Report for Congress*, RL30699, Nuclear, Biological, and Chemical Weapons and Missiles: The Current Situation and Trends. 5 January 2001. DNSA, WM00575.

核武器以抵消美国的常规军事优势。对此，美国国防部说："在21世纪开始的时候，美国遇到了被称为超级大国困境的情况。我们在常规军事领域无可比拟的优势正促使敌人寻求以非常规的、非对称的方式来打击被它们看作我们的阿喀琉斯之踵。"①

美国政府认为，"9·11"恐怖袭击后，恐怖分子在人口稠密地区使用核武器并不是不可想象的。核恐怖主义和地区核扩散成了美国面临的两大主要核扩散威胁。2002年6月1日，美国总统布什在西点军校演讲时说："自由面临的最严峻的威胁在于激进主义与技术的结合。核武器同弹道导弹技术一起扩散——当这种情况发生时，即使是弱小的国家和集团也可能获得打击大国并造成灾难的能力。我们的敌人已经宣告了他们的这种意图，并且他们还害怕自己在寻求获得这些可怕武器的过程中被抓住。他们想用这种能力来讹诈我们，伤害我们，或者伤害我们的朋友，我们将使用我们的一切力量来反对他们。"②

鉴于上述可能的前景，2002年1月，布什政府对面临的核威胁进行了评估。评估认为，虽然作为国际核不扩散机制基础的NPT规定各核武器国家不得以任何方式帮助非核武器国家开发或获得核武器并同意最终放弃核武器，以此换取非核武器国家不开发核武器，同时允许非核武器国家和平利用核能，但是，和平利用核能可能对非核武器国家已经失去吸引力，"彻底核裁军的前景也暗淡无光"。另外，获得核武器的动机仍没有变化。一些面临紧迫安全威胁的国家可能认为获得核武器是阻止攻击的最好途径。不仅如此，由于安理会5个常任理事国都是核武器国家，一些国家认为拥有核武器能获得声望。因此，努力开发核武器以提高本国声望。更多的国家则认为核武器是能够击败敌人和征服领土的有效战场武器。③还有些国家则把核武器看作阻止地区外大国干涉、恐吓，或威胁其他国家的有效工具。因此，核扩散越来越严重。具体而言，在南亚，印度1998年5月11日以"中国威胁"为借口进行了核试验。不仅如此，印度一直拒绝签署NPT，并尖锐批评说，5个核武器国家与非核武器国家之间存在

① Office of the Secretary of Defense, Proliferation: Threat and Response, November 1997, p. 4.

② "President Bush Delivers Graduation Speech at West Point," 1 June 2002, United States Military Academy West Point, New York, http://www.whitehouse.gov/news/releases/2002/06/20020601-3.html.

③ Carl E. Behrens, Nuclear Nonproliferation issue, Issue Brief for Congress, Order Code IB 10091, Updated 19 September 2002. DNSA, WM00582.

歧视。在印度核试验后，巴基斯坦随即进行一系列试验。此后，两国关系持续紧张。而中东以色列和阿拉伯国家之间的紧张以及伊朗和伊拉克之间持续的紧张使一些国家希望获得核武器。以色列没有签署 NPT，虽然以色列官方从未承认拥有核武器，但国际社会普遍认为以色列有核能力。而以色列拥有核武器的事实则刺激周边阿拉伯国家开发“伊斯兰的核武器”。伊朗和伊拉克都有自己的核武器计划。虽然联合国特别委员会在海湾战争后对伊拉克核武器计划进行了广泛的视察并由国际原子能机构负责拆毁了伊拉克的核设施，但联合国特别委员会视察人员 1998 年就撤离伊拉克，而国际原子能机构有限的视察权力又不足以发现伊拉克重新启动的核设施，因此，伊拉克仍是一个严重威胁。① 美国中央情报局也坚持认为伊拉克始终在进行秘密的核武器开发计划。② 虽然伊朗是 NPT 成员国并允许国际原子能机构视察人员视察，但美国和许多分析家怀疑伊朗正以开发民用核能为借口，为发展核武器奠定技术基础。美国认为，中国和俄罗斯仍是核技术扩散的主要来源，虽然中国逐步加入国际不扩散机制，但中国为巴基斯坦开发核武器提供了技术援助，这为印度开发核武器提供了口实。俄罗斯则为伊朗实施核计划提供援助。美国最担心的是从俄罗斯核弹头上拆卸下来的核材料的处理。1993 年 2 月，美俄达成协议，把从俄罗斯核弹头上拆卸下来的高浓缩铀转化为低浓缩铀，并用于商业核反应堆。这些浓缩铀由美国公司购买，然后供应给消费者。但由于使用钚做反应堆燃料还不普遍，所以，在美俄都有大量的武器级钚需要处理。③ 毫无疑问，这些武器级钚一旦为恐怖分子或所谓“流氓国家”获得，将造成巨大损害。

朝鲜是小布什政府防核扩散政策的重要一环，因此，美国对朝鲜核武器发展状况非常敏感。2001 年 8 月，美国国防部部长拉姆斯菲尔德在莫斯科说：“朝鲜拥有足够的制造 2 ~ 3 枚，甚至更多核武器的钚。”这是当时美国最高级官员公开估计朝鲜可能的核武器数量。这与当时情报部门的估计不一致，情报部门估计说朝鲜只有制造 1 ~ 2 枚核武器所需要的钚。国务院则认为朝鲜从其 5 兆瓦反应堆中获得的钚应为 6 ~ 8 公斤，中情局

① Kenneth Katzman, *Iraq: Compliance, Sanctions, and U. S. Policy*, Order Code IB92117, Updated 6 September 2002.

② Central Intelligence Agency, *Iraq's Weapons of Mass Destruction Programs*, October 2002, p. 5 – 6.

③ Carl E. Behrens, *Nuclear Nonproliferation issue*, *Issue Brief for Congress*, Order Code IB 10091, Updated 19 September 2002. DNSA, WM00582.

和国防情报署认为大约有12公斤，美国政府内部一些人认为，从1989年以来，朝鲜可能获得了20公斤钚，足够制造2～3枚核武器。朝鲜退出NPT后，美国发现朝鲜从2002年10月重新开始浓缩铀计划，2002年12月，中情局估计说，朝鲜可能通过铀浓缩在2004年制造出自己的原子武器。[①] 美国认为，一旦拥有合适的核弹头，朝鲜有能力对美国在亚太地区的盟国、美国在亚太地区的军事基地，甚至美国部分领土造成严重威胁。

伊朗是冷战后美国最为关注的另外一个重要的防扩散对象。从1979年伊朗伊斯兰革命以来，美国历届政府都把伊朗看作对美国盟国和美国在海湾军事力量的潜在威胁。随着伊朗核计划的不断推进，美国认为，伊朗对美国的潜在威胁越来越大。2005年5月，国会报告说，1959年，伊朗从美国购买反应堆并开始其核计划。但1979年的革命和两伊战争使其核计划暂停下来。近年来，伊朗计划建设7座核电厂，虽然伊朗宣称自己的核计划是严格用于和平目的，但国际社会对此普遍怀疑。从2003年以来，国际原子能机构对伊朗的视察发现，伊朗有许多没有预先报告的、可用于开发核武器的行为，包括浓缩铀设施和钚分离努力以及外国大量技术援助和未报告的进口物资。IAEA总干事巴拉迪说“伊朗试图掩盖其的许多活动”。此外，2003年以来，伊朗一直与英国、法国和德国就提供各种援助以换取伊朗终止上述行动进行谈判，但证据显示，伊朗从未完全终止其铀浓缩活动。因而，美国政府怀疑伊朗正通过表面上遵守国际原子能机构规定为其开发核武器争取时间。[②]

其他许多国家也表明希望拥有核武器，但美国认为，它们面临很大的资源限制，在没有极大的外来援助的情况下，即使它们有基本的核设施，也不大可能开发出核武器。[③]

2005年1月，布什政府对全球核扩散威胁进行了新的全面评估。报告认为，虽然根据1994年的框架协议，朝鲜应该冻结其核计划，但实际上朝鲜在2000年就开始实施一个铀浓缩计划，现在正在建设一个铀浓缩

---

① DNSA, WM00585; Larry A. Niksen, *North Korea's Nuclear Weapons Program*, Order Code IB91141, Updated 17 March 2003. DNSA, WM00588.

② Sharon Squassoni, *Iran's Nuclear Program: Recent Developments*, Order Code RS21592, Updated 18 May 2005, DNSA, WM00609.

③ Office of the Secretary of Defense, *Proliferation: Threat and Response* (Washington D. C.: U. S. Government Printing Office, January 2001), p. 46.

工厂，估计2005年完工。另外，朝鲜重新开始钚生产，包括对包含有足够制造6颗原子弹的燃料棒进行再处理。美国一个非官方代表团2004年初访问平壤时得知朝鲜已开始处理废弃核燃料。因此，许多分析家认为，朝鲜现在有2~8枚核武器。美国认为，朝鲜没有改变其不可预测性和好战性。因此，其拥有核武器是极其危险的。巴基斯坦估计有30~50枚核武器。伊朗虽然是NPT的签字国，但在2003~2004年，伊朗有许多两用核能力没有向国际原子能机构报告，包括离心机和激光浓缩能力和设施以及分离少量钚的能力。这表明伊朗在核燃料循环方面取得了跨越式进步。2003年12月18日，伊朗同意签署国际原子能机构核安全保障协议附属的附件议定书，该议定书允许进行更全面视察。虽然伊朗并没有违反NPT义务并同意停止所有的与浓缩铀有关的活动，以此换取欧洲的技术援助，但它继续组装离心机的浓缩部件。以色列有100~200枚核武器。这些国家都有能运载核武器的飞机，还有能运载核武器的导弹。另外，印度、巴基斯坦和以色列领土上还有恐怖主义组织在活动。伊拉克、利比亚也一直试图开发核武器，但1991~1998年和2002年11月到2003年3月，一直在伊拉克视察的IAEA认为伊拉克没有重建核武器的计划。利比亚30年来一直试图获得核武器，不过进展不大。2003年12月19日，在与英美进行几个月的秘密会谈后，利比亚同意放弃其所有生产大规模杀伤性武器的计划。世界上有大规模杀伤性武器发展计划的国家中，有一半在中东。破碎的政治和安全环境使军备控制在这一地区非常必要但又几乎不可能。中东地下核市场非常活跃。美国派驻NPT预备委员会的特别代表说："核武器扩散到其他国家，不仅仅是增加了在这些国家中发生核战争的风险，而且也增加了核恐怖主义的风险。试图开发核武器国家的核武器计划，从设计到组装，都为恐怖分子提供了机会。新储存的武器级核材料对恐怖分子而言也是一个诱人的目标。寻求核武器的国家也是恐怖分子的避风港，这对文明世界尤其是严重威胁。"至于其他核武器国家或事实上的核武器国家，美国认为，中国、印度和巴基斯坦的核武库是小规模的，但将继续扩大；没有迹象表明在最近的将来以色列将极大增加或削减其核武库；朝鲜的核武器储存数量增加了。美国国防情报局局长、海军中将托马斯·威尔逊预测说，美国将继续面临来自中国、俄罗斯、可能最终还有朝鲜和其他"敌对国家"的战略核威胁。对准美国的核弹头数量虽然远远低于冷战时期，但美国面临的核威胁增大了。许多国家在未来10年很可能会获得核武器，目前一些核武器国家毫无疑问也将增加其核武器。这些趋势叠加在一起，在地区冲突中使用核武器的可能将会增加。同样，恐怖分子或其他次国家组织获得和使用核武器的可能性也增加了。即使俄罗斯把其战略核力量削减到《第二阶段削减战略武器条约》规定的水平以下，在可预见的将来，俄罗斯仍有能力用数千枚核弹头对美国进行打击。俄罗斯的战略力量是用来威慑核攻击和常规侵略的，但俄罗斯仍准备“实行有限核打击”以击退敌人或改变战场形势。印度和巴基斯坦在 1998 年核试验后加强了核竞赛，两国开始制定核学说、核战术和使用核武器的紧急状况法。随着拥有核武器的国家增加或核武库的扩大，使用核武器的可能性大大增加。[①] 没有充分的命令、控制系统的国家和核战略学说模糊的国家以及对敌人的能力和意图缺乏足够情报的国家获得核武器将极大增加核战争的风险。正因为如此，小布什政府认为，迫在眉睫的核威胁是核武器能力扩散到新的国家和目前的核武器国家决定增强其核武库。它可能增加导致战争和使用这些武器的军事危机的出现。所以，正如参议员萨姆·纳恩在参议院做证时所说：“今天使用核武器的风险正在增加，而不是在减少。”[②]

第三节　冷战后美国的防核扩散政策

一、克林顿政府的防核扩散政策

鉴于防扩散对于美国国家安全的重大影响，克林顿入主白宫后就开始制定防扩散指导原则和目标，1993 年 9 月，克林顿发布第 13 号总统指令（Presidential Decision Directive 13），明确提出防扩散政策的三个指导原则：防扩散是克林顿政府最优先考虑的问题；寻求国际合作，营造一种共识推进防扩散的努力；实行胡萝卜加大棒的政策，对扩散者施加越来越大

① Sharon A. Squassoni, *Nuclear, Biological, and Chemical Weapons and Missiles: Status and Trends*, Order Code RL30699, Updated 14 January 2005. WM00608.

② The Report of the Commission on the Prevention of 大规模毁灭性武器 Proliferation and Terrorism: World at Risk. First Vintage Books Edition, December 2008, p. xv.

的压力，对遵守国际公约的基本原则、防扩散和反对扩散的国家开放贸易和技术交流。

就防核扩散而言，其目标是：防止独联体国家核武库失控，设法削减俄罗斯的战略核力量和说服乌克兰、白俄罗斯和哈萨克斯坦放弃苏联留在其领土上的核武器；阻止大规模杀伤性武器及其运载工具扩散到第三世界；确保美国核优势。为实现上述目标，克林顿表示，美国将努力确保NPT在1995年能无限期延长；确保IAEA有足够的、实施其关键的安全保障责任所必需的资源，加强IAEA发现秘密核活动的能力；对于裂变物质，美国将采取全面的方法处理从核武器上拆卸的裂变物质和民用核计划中的核物质；美国将努力销毁高浓缩铀或钚，并确保这些材料的安全、可靠；建议展开多边努力，禁止生产用于核爆炸或处于国际安全保障之外的高浓缩铀或钚；鼓励达成更多的地区协议，以限制在不稳定地区和具有高扩散风险的地区生产裂变物质；允许IAEA核查人员核查确保美国威慑能力以外的裂变物质；购买苏联和其他国家的高浓缩铀并把它们转为和平用途；探寻限制民用核计划中增加钚储量的方法，并努力把民用高浓缩铀的使用量降低到最小。①

在1993年9月的联大讲话中，克林顿总统重申了美国的防核扩散政策目标和战略，强调了防止大规模杀伤性武器扩散在全球安全事务中的重要性。此后，美国军控与裁军署署长约翰·霍勒姆（John D. Holum）在《今日军控》上撰文，详细阐述了美国防核扩散的7项任务：确保1995年顺利无限期延长《不扩散核武器条约》；争取尽早签署全面禁止核试验条约；进一步修改、完善和加强导弹及其技术控制机制；推动在世界范围内缔结禁止生产武器级核裂变材料的国际公约；努力促使国际《禁止化学武器公约》在1995年生效；完成替代巴统的后续组织的组建工作；协助研究有关发展“战区反导弹防御系统”的试验工作。② 这就细化了克林顿提出的今后几年美国防核扩散的具体任务。在防核扩散措施方面，克林顿政府认为，防核扩散有四个方面的措施：防止获得；把目前的能力压低到没有威胁的水平（roll-back existing Capabilities）；阻止使用大规模杀伤性

① Fact Sheet, Nonproliferation and Export Control Policy, 27 September 1993, http://www.fas.org/spp/starwars/offdocs/w930927.htm.

② “The ACDA Agenda In the Post-Cold War World,” *Arms Control Today*, Jan./Feb. 1994, pp. 3-6.

武器；采取军事行动对威胁做出反应。[①]

根据上述战略目标、原则、任务和措施，克林顿政府从单边、双边和多边三个方面入手，防止核武器及其相关技术和核材料扩散。

（一）单方面措施

1. 建立、健全防核扩散相关法律、法规和制度建设

健全的法律、法规和制度是防核扩散的基础。美国防核扩散政策三个最主要的支柱是：1954 年的原子能法、1978 年的防核扩散法和 1961 年的对外援助法修正案。[②]

1954 年的原子能法确认了军事和商业开发核能的合法性。该法把监督美国政府核计划的权力授予原子能委员会这一民用机构（现在叫核规则委员会，Nuclear Regulatory Commission）。该法的一个主要目的是对核材料、信息和技术的出口实行控制。根据原子能法案，要与外国进行核合作，国务院必须预先与外国进行谈判并达成合作协议，其前提之一是不得向任何外国出口美国敏感核技术。每个协议都必须满足该法案的诸多规定。而且，法案还包括对那些不遵守与美国达成核协议条款的国家的惩罚和限制措施。在生效前，国会将对协议进行审查。

1961 年的对外援助法修正案。该修正案规定，对于那些接受或为浓缩铀提供钱财或对废弃核燃料进行再处理以提取钚的国家（除非所有核设施和核材料都处于 IAEA 安全保障之下）、对于那些接受或转移核爆炸装置或实际爆炸核装置的国家，美国将停止经济或军事援助。1985 年，众议员 Solarz 提出一项新修正条款，即对任何非法出口或试图非法出口能极大提高他国核能力的核装置的国家，美国应停止提供经济或军事援助。根据上述法律，在 20 世纪 70 年代和 80 年代，当巴基斯坦从欧洲和美国走私铀浓缩设备被发现时，美国对它进行了制裁，但在苏联入侵阿富汗期间，卡特和里根总统取消了这一制裁，并继续向巴基斯坦提供援助。

1978 年的防核扩散法。国会和卡特政府把美国领导和对核燃料循环进行国际控制看作阻止浓缩铀和钚处理设施扩散的有效方法。浓缩铀和钚处理技术对希望开发核武器的国家而言是非常关键的技术。在重申美国作为可靠的核技术和核燃料供应者的同时，法案对进口美国的核技术和核材

① The Weapons Proliferation Threat, March 1995, DNSA, WM00433.

② Nuclear Nonproliferation Legislation and Policy, DNSA, NP02636.

料提出了新的重要的要求：它们必须在其整个核计划中接受全面的安全保证措施。这意味着5个核武器国家之外的任何希望从美国进口核技术的国家都必须接受国际原子能机构对其核设施的全面核查。核供应国集团在1992年也采用了这一标准。法案还规定，再转移或再处理材料或设备以及使用美国出口的技术生产核材料都必须预先得到美国的同意。这些措施大大加强了美国对外国使用源自美国的核材料的控制。防核扩散法规定了禁止出口的各种形势，该法要求总统向国会提交政府努力防止核扩散的年度报告。1978年的修正案进一步加强了原有的有关规则，作为出口的前提条件，要求有全面的安全保证措施。

此外，1945年的进出口银行法也是重要的防核扩散法律。1945年的进出口银行法建立了美国进出口银行，并授权其提供金融支持以便利进出口业务和美国与外国交换商品与服务。1978年的修正案中增加了关键的防核扩散条款。规定，如果信贷无助于美国防核扩散政策的实施，具体说，如果个人或国家：①违反、取消或终止核安全措施协议；②违反与美国的核合作协议；或③援助或教唆非核国家获得没有安全措施的特殊核材料，进出口银行将拒绝提供信贷。

冷战后，为适应新的防核扩散形势，美国制定了众多新的法律。

合作减少威胁法案。1991年底，国会通过减少苏联核威胁法案，即著名的“纳思－卢格法案”。该法要求对俄罗斯和新独立的独联体国家安全地储存和拆卸核武器提供援助。该计划最初的焦点是“核武器的散落”问题，但很快其焦点就扩大到与对核材料、装备、专家、化学武器、生物武器和对导弹政治控制力弱等相联系的各种扩散问题。这些努力也涉及国防部的项目和能源部、国务院的防扩散项目。①

1992年的伊朗－伊拉克武器防扩散法。1993年美国国防授权法第1602节规定，延长目前对伊朗、伊拉克的制裁。美国的政策是反对任何向伊朗、伊拉克转移有助于这两个国家获得核武器、生物武器、化学武器或先进常规武器的物资或技术。第1604节要求总统对任何卷入这种转移的人实施制裁。第1605节要求对外国政府的同样行动采取类似的政策。

1994年的防核扩散法案（Nuclear Proliferation Prevent Act）。该法案第

---

① Amy F. Woolf, *Nunn-Lugar Cooperative Threat Reduction Programs: Issues for Congress*, CRS Report, pp. 97 - 1027.

一次在法律上定义了“核爆炸装置”，它规定：对那些帮助或教唆获得核武器或核武器材料的个人，或那些获得爆炸核装置的国家（非核国家）实施制裁，包括切断美国援助，禁止美国政府卷入，执行更加严厉的技术出口许可证办法，要求美国国际金融机构的负责人投票反对国际金融机构提供贷款或信贷等。印度和巴基斯坦 1998 年进行核试验后，美国对印度和巴基斯坦实施了类似措施。但第 106 届国会通过有关法律，授权总统延缓对印度和巴基斯坦制裁一年，而参议院则把对上述两个国家的制裁暂停了 5 年。[①] 2000 财年的国防拨款法进一步延缓上述制裁。“9·11”恐怖袭击后，布什政府解除了对印度和巴基斯坦的剩余制裁，以此作为对它们支持美国在阿富汗行动的报答。这表明，一方面，美国防核扩散存在鲜明的双重标准；另一方面，为实现美国更重要的政治或外交目标，美国可以牺牲防核扩散目标。

2. 加强防核扩散出口控制

对于那些希望开发核武器的国家来说，要克服两个障碍，即必须掌握制造原子弹的实际知识和获得裂变物质。今天，拥有核能力的主要障碍是很难获得核材料。作为防止核武器扩散最好工具的出口控制有可能防止有关国家获得生产用于核武器的裂变物质和实际知识。例如，巴基斯坦在外部不再提供援助的时候就放弃了钚的生产；它的浓缩铀项目也严重依赖偷窃、走私和在黑市购买，这违反出口控制法。[②] 南非开发出很少依赖进口的浓缩铀方法（但仍接受外国秘密援助）。[③] 虽然获得裂变物质就可以制造原始的原子弹，但更先进的设计（大小、重量等）还需要另外的技术。克林顿政府充分利用冷战后美国在世界政治和经济中的有利地位，大力加强出口控制以防止核扩散。他说：“有效的出口控制是国家安全的关键部分，尤其是对防扩散政策而言。”[④] 1998 年 11 月，克林顿总统明确要求商务部运用出口控制对包括核武器在内的大规模杀伤性武器及其相关物资和

---

① Carl E. Behrens, *Nuclear Nonproliferation issue*, *Issue Brief for Congress*, Order Code IB 10091, Updated 19 September 2002. WM00582.

② Leonard S. Spector, Jacqueline R. Smith, *Nuclear Ambitions: The Spread of Nuclear Weapons*, 1989 - 1990, Westview Press, 1990, pp. 90 - 91.

③ Leonard S. Spector, Jacqueline R. Smith, *Nuclear Ambitions: The Spread of Nuclear Weapons*, 1989 - 1990, Westview Press, 1990, pp. 270 - 271.

④ Weekly Compilation of Presidential Documents, 6 October 1995, Vol. 31, p. 1783.

技术实行出口控制。[①] 克林顿的出口控制改革包括改革许可证政策，提高办理许可证的效率；加强与盟国的协调合作，强化对潜在敌人的出口控制；健全机制，加强检查、监督，加大执法力度。[②] 美国公司如果要出口核技术和有关物资，必须从国家核规则委员会（NRC）获得出口许可证。在发放出口许可证前，美国政府还必须与进口国政府达成和平核合作协议，国会对协议有 90 天的审查期，在许多情况下，国会对合作协议的审查都是充满争论的。除 NRC 的许可证和监管外，能源部也参与核技术出口控制。能源部可批准向那些通过后续安排（subsequent arrangement）与美国签有核合作协议的国家转移核技术。冷战结束后，伊朗、利比亚、朝鲜等被美国定义为"邪恶轴心"国家。从美国对外政策目标和国家安全战略出发，为防止大规模杀伤性武器落入伊朗、伊拉克、叙利亚和利比亚等国之手，美国加强了对这些国家的出口控制。1993 年，美国通过国防拨款法，严格限制对伊朗出口。据美国商务部统计，1991～1993 年，美国年均对伊朗出口为 6.26 亿美元，1993 年后，美国对伊朗的出口急剧下降，在 1995～1996 年，商务部没有发放一个向伊朗出口的许可证。[③] 美国对朝鲜实行贸易禁运已超过半个世纪。1994 年 10 月，朝美框架协议签订后，美国对朝鲜的出口逐步增加，但 2001 年前，除个别年份外，美国对朝出口均未超过 400 万美元，且大部分是食品。[④] 克林顿的参与与扩展战略把经济发展作为三个支柱之一，在这种背景下，出口控制作为防核武器扩散工具的作用有限。

3. 成立相关机构，加强防核扩散协调

美国政府许多部门和机构都参与了防扩散威胁，包括白宫的许多办公室、国务院、国防部、能源部、司法部、商务部、财政部、卫生与公共服务部门和农业部等。要确保这些不同的部门在危机和非危机期间工作卓有成效需要很好的协调，需要强有力的和及时的政策方向，需要提出具有优先性的计划并分配各种资源和明确的责任划分等，才能对威胁使用或实际

① President, "Letter to Congressional Leaders on Continuation of the Emergency Regarding Weapons of Mass Destruction," *Weekly Compilation of Presidential Documents*, Vol. 34, No. 46, 16 November 1998, p. 2303.

② 刘子奎：《冷战后美国出口管制政策的改革和调整》，《美国研究》2008 年第 2 期。

③ U. S. Department of Commerce, Export Administration Annual Report Fiscal Year 1997, p. 4.

④ 2006 Report on Foreign Policy-Based Export Controls, p. 35.

使用大规模杀伤性武器做出反应。为适应冷战后防核扩散的需要，克林顿大力调整机构，加强防核扩散的基础工作。采取的主要措施如下。

一是加强防核扩散协调工作，成立反扩散计划审查委员会（The Counter-proliferation Program Review Committee，CPRC）。根据1994年的国防授权法（NDAA），克林顿政府成立该委员会，负责审查与防止核武器扩散在内的反扩散行动和计划。CPRC由国防部部长担任主席，其他成员有能源部部长、中央情报局局长和参谋长联席会议主席。CPRC被授权制订和实施有关跨部门（尤其是国防部、能源部、参谋长联席会议和情报界）的行动建议和计划。国防部负责核武器、生物武器和化学武器防御计划的助理国防部长作为CPRC的执行主席。常设委员会由国防部负责核武器、生物武器和化学武器防御计划的助理国防部长（为主席），能源部防扩散和国家安全办公室主任（任副主席），中央情报局负责防扩散、武器情报和军备控制的特别助理，参谋长联席会议负责与恐怖主义作战的常务副参谋长，国防部负责特别行动/低烈度冲突的助理国防部长组成。[①]成立这一委员会的意图在于把防核扩散和反核扩散两个侧面很好结合起来，以更好阻止核扩散。同时，成立以中央情报局局长伍尔西为首的“反扩散中心”，加强防扩散活动情报的收集、整理和分析，对24个发展中国家和各种大规模杀伤性武器技术进行严密监视、跟踪，重点防范朝鲜和伊朗等国家。

二是加强防核扩散政策的组织领导，成立新机构，裁撤原有机构。1997年11月，国防部部长发布的防务能力倡议（Defense Reform Initiative），包括改变几个意在提高国防部与扩散有关的行动优先性的组织机构和改进国防部在整个防扩散领域履行职能的改革：废除负责国际安全政策（包括防扩散政策）的助理国防部长的职位及其功能，把其职能转由负责战略和削减威胁的助理国防部长行使；1997年11月，宣布成立新的防务威胁削减署（Defense Threat Reduction Agency）应对正在出现的危险，该机构由国防部防御特别武器署、现场视察署、防务技术安全管理署等若干职能部门重组而成，由美国国防部内专门增加的一个负责反扩散和核安全的助理国防部长负责，定期向总统提交关于核武器等大规模杀伤

---

① Counterproliferation Program Review Committee, Report on Activities and Programs for Countering Proliferation and NBC Terrorism, Executive Summary, May 2003.

性武器扩散行为报告，并提出应对方案[1]；1999年4月，军备控制与裁军署被合并到国务院，许多新的国际安全事务和军备控制事务都被纳入国务院职能范围。在军备控制与裁军署并入国务院前，国务院与扩散有关的功能被分散在各地区事务司（如欧洲和加拿大事务司）和各功能性事务司（如政治、军事事务司），协调权也在负责双边事务的副国务卿和负责军备控制与国际安全事务的副国务卿之间进行了划分。这种情况常常导致对广泛的双边政策考虑超过对功能性政策的关心。因此，尽管与扩散有关的政策被宣布为美国政策的首要目标，但强制性对双边政策的关切削弱了美国不扩散目标。军备控制与裁军署合并到国务院后，负责军备控制与国际安全事务的副国务卿作为新机构领导人，军备控制与防扩散被纳入其日常事务中。国务院重新组织了政治-军事事务司，并极大地增加了相关人员。重组后的国务院提高了与大规模杀伤性武器扩散进行战斗的能力。

4. 提出新的防扩散方式，即反扩散（Counter proliferation）

传统上，美国一直实行防核扩散政策。随着冷战的结束，美国政府开始提出并实施反扩散政策。1989年，布什政府的国防部副部长保罗·沃尔福威茨提出改变国防部的任务和方向，从控制两用技术到发动预防性行动，毁坏大规模杀伤性武器设施，与扩散进行战斗成为美国军方一个新的优先事务。[2] 2003年，布什总统宣布伊拉克拥有大规模杀伤性武器，这成为其发动第二次海湾战争的一个理由，这实际上开始了美国外交政策中反扩散的趋势。克林顿入主白宫后不久，国防部部长莱斯·阿斯平1993年12月7日提出反扩散倡议（Counter proliferation Initiative），把军事选择作为与扩散进行战斗的工具。阿斯平说，大规模杀伤性武器扩散是美国国家安全面临的最直接和最紧迫的威胁之一，他还把过去苏联第一次大规模核打击威胁与所谓“流氓国家”甚至是恐怖组织掌握核装置这一新的扩散威胁相提并论，并说：“通过这个倡议，我们正为应对日益增加的扩散威胁需要而做出基本改变。我们正赋予先发制人打击来完成这一任务的使

---

① Advanced Systems and Concepts Office Final Report, Foreign Perspectives on U. S. Nuclear Policy and Posture: Insights, Issues and Implications, 12 December 2006, DTRA01 - 03 - D - 0017.

② Mueller, Harald and Reiss, Mitchell, "Counterproliferation: Putting New Wine in Old Bottles," *The Washington Quaterly*, Vol. 18, No. 2, Spring, 1995, p. 144.

命……因此，防务能力倡议的核心就是开发新的军事能力应对这一新的威胁。”①

阿斯平在讲话中没有为反扩散定义一个准确概念，从一开始，应该如何理解这个新的模糊不清的概念就存在许多争议。在国务院和国防部之间，甚至在国防部内部都就倡议所包含的内容展开了讨论。一些官员希望把所有的先进常规武器的扩散都包含在内；其他一些官员则反对这样。对于由谁管理倡议也存在争论。因此，1994 年 1 月，国家安全委员会的工作人员全面参与了定义的讨论和管理问题，到 2 月，最终提出了为国务院和国防部都能接受的定义。

在国家安全委员会备忘录对“一致接受的定义”中，扩散的定义是“核武器、生物武器或化学武器和导弹及其运载工具传播”；反扩散被定义为“国防部采取全面行动与扩散进行战斗，包括外交、军备控制、出口控制、情报收集和分析，以确保美国武装部队和利益得到保护”。防扩散概念则被定义为“全面使用政治，经济和军事工具防止扩散，彻底转变或保护我们的利益不受拥有大规模杀伤性武器或导弹的侵害，如果证明这是必要的话”②。反扩散工具有“外交、军备控制、出口控制、情报收集和分析”。但是，因为许多这类工具同时为反扩散和防扩散所使用，在其目标方面，这两个概念看起来非常相似。因此，关于反扩散的争论仍在继续。1994 年 4 月，助理国防部长在美国参议院武器装备委员会做证时采用的是国家安全委员会的定义，至于反扩散的工具，Carter 提到了“外交、军备控制、出口控制、情报收集和分析，以确保美国武装部队和利益得到保护”③。但同年 6 月，美国国会研究处说，“如果外交和经济压力证明是不够的，采取有可能阻止、防止或完全倒转核武器、生物武器和化学武器传播的行动”就是反扩散。这意味着反扩散措施可以取代已经失败

---

① Secretary of Defense Les Aspin, Speech to the National Academy of Sciences, Washington D. C., 7 Dec. 1993.

② Institute for National Strategic Studies, *Strategic Assessment 1996*: *Instruments of U. S. Power*, Washington D. C., 1996, p. 121; National Security Council (US), Agreed Definitions, A Memorandum from the National Security Council (Senior Director for Nonproliferation and Export Controls) to Assistant Secretary for Political-Military Affairs, Robert L. Galluci, and Assistant Secretary of Defense for Nuclear Security and Counterproliferation, Ashton Carter, 18 February 1994, p. 1.

③ Statement by Asthon Carter, Assistant Secretary for Defense (International Security Policy), before the Committee on Armed Services of the United States Senate, 28 April 1994.

的传统的防扩散措施，虽然在同一报告中又说“防扩散和反扩散政策和计划是紧密联系的”①。而国防部前负责反扩散政策的助理国防部长米切尔·沃勒斯坦（Mitchel Wallerstein）帮助起草了CPI，他表示，新倡议并不意味着国防部的反扩散计划将比国务院的防扩散计划更优先。② 有人认为CPI的焦点是保护和预防。③ 这类似沃勒斯坦的意见。虽然美国国防部的一些官员私下承认反扩散是先发制人的军事打击，但更多的高级官员，尤其是助理国防部长多次明确地拒绝对其作用持这种认识。④ 他说：“一些评论家误解了反扩散倡议，他们把焦点放在对大规模杀伤性武器生产设施进行先发制人的打击上。从反扩散倡议的表述中，非常清楚的是，我们的焦点是防止在地区冲突中对美国公民、美国武装部队或盟国使用大规模杀伤性武器的危险。”⑤ 从这里可以看出，国防部的反扩散学说把先发制人的打击与可信的威慑态势结合起来，以阻止获得/转移或使用大规模杀伤性武器。它实际上建立在经典的威慑理论之基础上。⑥ 美国反扩散计划审查委员会也认为，反扩散的关键因素包括：支持美国外交、军备控制、出口控制；维持强有力的威慑；发展识别、描述、摧毁、阻止生产和储存以及实现核生化武器的能力；实施积极防御，以阻止运载工具的扩散；实施消极防御，以提供侦察、医疗对策、个别和集体保护；在核武器、生物武器和化学武器环境下，训练和装备美国部队，使之能有效地开展行动；提高管理使用核生化武器后果的能力；鼓励美国的盟国和伙伴把他们的军事计划作为反扩散的一部分。美国的反扩散战略通过联合战略计划系统与

---

① John M. Collins, *Nuclear, Biological, and Chemical Weapon Proliferation: Potential Military Countermeasures*, CRS Report for Congress, Order No.: 94 - 528, 28 June 1994.

② Mitchel B. Wallerstein, "The Origins and Evolution of the Defense Counterproliferation Initiative," in Peter L. Hays, Vincent J. Jodoin, and Alan R. VanTassel, editors, *Countering the Proliferation and Use of Weapons of Mass Destruction* (USAF Academy, CO: USAF Institute for National Security Studies, 1998), pp. 21 - 35.

③ Tom Sauer, *Nuclear Arms Control: Nuclear Deterrence in the Post-Cold War Period*, ST. Martin's Press, 1998, p. 13.

④ Harald Mueller and Mitchell Reiss, "Counterproliferation: Putting New Wine in Old Bottles," *The Washington Quaterly*, Vol. 18, No. 2, Spring, 1995, p. 143.

⑤ Reproduced in Office of the Deputy Secretary of Defense, *Report on Nonproliferation and Counterproliferation Activities and Programs*, Washington D. C., May 1994.

⑥ Zachary S. Davis, U. S. Counterproliferation Doctrine: Issues for Congress, CRS Report for Congress, 21 September 1994, p. 8.

和联合学说与作战司令官相联系。[①] 因此，不论争论的结果怎样，也不论未来这种争论是否会继续下去，有一点是可以肯定的，即反扩散既包括进攻性军事行动，也包括采取防御性手段和政治、经济、外交等方面措施。所以，从提出反扩散政策的美国决策者本身看，反扩散与防扩散并不是两种不同的应对扩散的政策，也不是冷战后美国不扩散政策的两个阶段，而是同一政策的两个不同侧面，它们与后果管理一起，共同构成冷战后美国三位一体的不扩散政策。反扩散和防扩散不是两个具有本质区别的不同概念。一个全面的反扩散战略措施必须支持而不是削弱传统的防扩散。它不是建立在反扩散或防扩散优先性的基础上，而是建立在互补的基础上。正如冷战时期每个美国总统在任期内都会提出以自己名字命名的主义一样，如杜鲁门主义、艾森豪威尔主义、尼克松主义、卡特主义、里根主义等，虽名称不同，但实质并未脱出杜鲁门主义所提出的遏制的窠臼。如果说反扩散与防扩散有区别的话，其区别也恰如上述各种主义之间的区别，它们之间本质上是一样的，从美国政府的实际运作看，防扩散更多包括政治和外交手段、反扩散还包括军事手段。因此，在本章以及以后各章中，对反扩散和防扩散不做严格区别，不过，为了叙述方便，我们仍采用这两种说法。

在阿斯平提出反扩散倡议后不久，1994 年美国国家安全战略报告也强调反扩散，反扩散的重要性在继续增长。国防部已经把反扩散作为它的战斗司令官的使命。参谋长联席会议的国家军事战略概述了上述使命以支持反扩散调查计划：防止大规模杀伤性武器扩散；侦察发现大规模杀伤性武器；在投入使用前摧毁大规模杀伤性武器；制止或反击大规模杀伤性武器；保护武装力量，使之不受大规模杀伤性武器袭击；恢复因使用大规模杀伤性武器而受到影响的地区。[②]

作为反扩散的实践，1998 年 12 月 16 日，克林顿总统以伊拉克继续开发包括核武器在内的大规模杀伤性武器为由，宣布对伊拉克发动空袭。他说："打击的目的是保护美国的国家利益，实际上，也是保护整个中东和全世界人民的利益……如果我们在它们不遵守规定前退缩，则美国作为核

① Counterproliferation Program Review Committee, Report on Activities and Programs for Countering Proliferation and NBC Terrorism, Executive Summary, May 2003, pp. 5 – 6.

② Joint Chiefs of Staff, *National Military Strategy of the United States of America*, Washington D. C.: Government Printing Office, 1997, p. 26.

查萨达姆的力量的可信性将被破坏；打击意在降低萨达姆开发大规模杀伤性武器及其运载能力，并降低他威胁其邻居的能力。”[①] 在整个打击中，国防部使用超过450枚巡航导弹，美英出动了超过650架战斗机，摧毁了伊拉克超过100处军事目标。打击至少暂时削弱了伊拉克发展大规模杀伤性武器的能力并大大降低了伊拉克威胁邻居的能力。但小布什政府后来反扩散政策结果表明，反扩散的效果并不如美国所说的那样好。

虽然克林顿政府为防核扩散而采取了若干军事行动，但在克林顿时期，军事行动并不是反扩散的最主要方式。

（二）双边措施

克林顿政府采取一系列双边行动，防止核扩散。

1. 与独联体国家合作

这是冷战后美国双边合作防核扩散最重要的一环。苏联崩溃的时候，苏联统一的核力量被分割，庞大的核武库被一分为四，不仅俄罗斯拥有大量战略核武器，白俄罗斯、乌克兰和哈萨克斯坦拥有的战略核弹头也超过中国和法国。同时，由于俄罗斯和原苏联共和国经济和社会形势日益恶化，核材料的保存和控制状况糟糕，非常容易流失，更让美国担忧的是核技术的扩散。据说，苏联大约有10万人参与核武器制造，掌握核机密的科学家超过1万人，了解绝密核信息的科学家超过2000人。美国认为，一旦这些核武器、核材料和核技术扩散开来，将成为核时代最大的威胁。[②] 所以，防止苏联核武器、技术及相关物资扩散成为美国防核扩散的重中之重。

为有效防止苏联核武器、核技术和相关物资扩散，1991年11月，布什政府通过了减少苏联核威胁法案（通称“纳恩－卢格法案”），目的是向苏联提供紧急援助，以销毁核武器等大规模杀伤性武器。但由于美国方面对管理的要求，由于行动性质的复杂性，由于苏联对美国和关于武器的拆卸及其破坏性的观点需要做重大改变，也由于苏联国家政治和经济的动荡，最初，合作减少威胁计划（CTR）实施得并不顺利。例如，在把资金运用于具体的项目前，美国必须与每个接受援助的国家签署全面的保护协议，以免除用于援助的物资的关税，给参加援助的美国人特别待遇和免于

① President, “Address to the Nation Announcing Military Strikes on Iraq,” *Weekly Compilation of Presidential Documents*, Vol. 34, No. 51, 21 December 1998.

② ［美］艾什顿·卡特、威廉·佩里：《预防性防御：一项美国新安全战略》，胡利平等译，上海人民出版社2000年版，第72页。

刑事责任。1993 年克林顿上台后该法修改为“合作减少威胁法案”，其目标是：销毁原苏联境内的核武器等大规模杀伤性武器；加强原苏联境内核武器等大规模杀伤性武器及其相关技术和物资的安全；加强透明性和鼓励更高的生产安全标准；支持防核武器等大规模杀伤性武器扩散的防务和军事合作。[①] 而且，投入的援助资金规模越来越大，在克林顿上台前的两年，用于合作减少威胁的资金仅为 3000 万美元，但从 1993 年到 2007 年，用于合作减少威胁的资金为 59.135 亿美元，年均超过 4 亿美元。如 2003 财年的预算是 4.767 亿美元，2006 财年的预算是 4.92 亿美元。[②] 此后，合作减少威胁项目开始顺利执行并取得巨大成绩。第一，乌克兰、白俄罗斯和哈萨克斯坦宣布放弃核武器并同意把核弹头运送到俄罗斯销毁，俄罗斯则大量削减并销毁核弹头。美苏在 1991 年 7 月 31 日签订了《削减战略武器条约》。但苏联于 1991 年 12 月解体，那时，《削减战略武器条约》中苏方应该削减的核武器有 70% 部署在俄罗斯，另外 30% 部署在乌克兰、哈萨克斯坦和白俄罗斯。俄罗斯最初试图作为该条约的唯一继承者，但其他三个国家并不愿意放弃苏联留下的核武器和条约赋予的义务。根据合作减少威胁的安排，乌克兰、哈萨克斯坦和白俄罗斯领导人同意在条约规定的七年期限内销毁各自领土上所有的苏联核武器，并以非核武器国家的身份签署《不扩散核武器条约》。1994 年 11 月，哈萨克斯坦、白俄罗斯、乌克兰三国作为非核武器国家加入 NPT。1996 年 11 月底之前，哈萨克斯坦、白俄罗斯和乌克兰全部销毁了各自境内所有苏联时期部署的洲际弹道导弹，并把从洲际弹道导弹上拆卸的核弹头运到俄罗斯销毁，三国境内的所有发射装置也一并销毁。[③] 同时，俄罗斯的核武器数目也大量削减。为尽快削减俄罗斯核武器，克林顿多次与叶利钦总统举行双边峰会，如在 1994 年 1 月峰会上，双方同意在削减核武器过程中采取具有更大透明性和使之不可逆转的方法，交换储存的核武器总量和裂变物质及其安全状况的详细信息。还同意建立一个关于加强安全、透明性和不可逆转的联合工作组，并授予联合工作组采取各种措施以促进透明性和不可逆转的广泛权

---

① Cooperative Threat Reduction Annual Report to Congress Fiscal Year 2005, p. 3.

② Cooperative Threat Reduction Annual Report to Congress Fiscal Year 2005, p. 10; Cooperative Threat Reduction Annual Report to Congress Fiscal Year 2008, p. 2.

③ Amy F. Woolf, Paul K. Kerr, and Mary Beth Nikitin, CRS Report for Congress, Arms Control and Nonproliferation: A Catalog of Treaties and Agreements, RL33865, 9 April 2008.

力。1994 年 9 月的峰会同意：交换从核弹头上拆卸下来的核材料目录的详细信息；设计和加强安全措施，包括相互视察对方的储存设施、保证从核弹头上拆卸下来的核材料安全。1995 年 5 月的峰会则重申了上述协议。[①] 在 2007 ~ 2008 财年，俄罗斯销毁了 84 枚 SS - 25 洲际弹道导弹和 54 枚公路机动发射装置，作为消除进攻性武器计划的一部分，销毁了 22 枚 SS - N - 20 潜射弹道导弹，另外，2008 年 4 月，俄罗斯最后一批 SS - 24 洲际弹道导弹被销毁了。[②] 这些行动意义重大，不仅有效地遏制了当时核武器在后苏联地区进一步扩散的趋势，而且也在一定程度上使其他地区国家不再开发核武器。第二，加强了核武器及裂变材料的安全和对它们的控制。美国许多人对苏联原民用研究机构核材料的安全状况非常担心。政府处理核材料的计划在 1994 年开始启动。该计划对超过 50 家原属苏联的工厂提供援助。在许多工厂，援助的中心是加强安全措施和减少核材料丢失的风险。加强安全措施包括安装改进后的安全系统，该系统使用现代化的技术和严格的材料控制以及统计系统。1993 年初，美国与俄罗斯签订协议，购买俄罗斯 500 吨武器级物资。这些钚将与天然铀混合在一起，用于民用电力反应堆燃料。作为该计划的补充，克林顿政府与俄罗斯达成另一项倡议，即签署进一步禁止武器级高浓缩铀或钚扩散的多边条约。[③] 1994 年 6 月，美俄签订了关于关闭钚生产反应堆和停止新生产用于核武器的钚协议。1994 年秋，经过谈判，美国向哈萨克斯坦购买了 600 千克武器级铀，并送往田纳西州的橡树岭储存，以确保这些物资得到恰当的保护。另外，美国在哈萨克斯坦还实行了一项没有得到命名的计划，超过 6000 磅高级钚被从靠近伊朗边界的地方转移到哈萨克斯坦东部。[④] 这使得核走私分子和试图开发核武器的国家不能获得这些物资。在国务卿奥尔布赖特 1998 年访问乌克兰期间，乌克兰取消了准备向伊朗转移价值 4500 万美元核技术的计划。在过去的 6 年里，美国已经向乌克兰提供了 32 亿美元的援助，

① ACDA Annual Report（1995），http：//dosfan. lib. uic. edu/acda/reports/anrpt_ 95. htm.

② Counterproliferation Program Review Committee，Report on Activities and Programs for Countering Proliferation and NBC Terrorism，Volume I Executive Summary，July 2009，p. 17.

③ Jon Brook Wolfsthal，*President Clinton Unveils New Non-Proliferation Export Policies*，Arms Control Today，1993，9：22.

④ The Weapons Proliferation Threat，March 1995，DNSA，WM00433；Michael Gordon，New Pact to Assist Russian Scientists，Denver Post，23 September 1998，p. 18.

这是中东之外接受美国援助最多的国家。这也是影响乌克兰做出上述决定的重要因素。[①] 在努力实现独联体国家核物质安全的同时，美国向俄罗斯提供防弹装置、防毒设备和改进轨道车，它们被用于从乌克兰、哈萨克斯坦、白俄罗斯运送核弹头到俄罗斯储存和销毁。到 1996 年 6 月，根据合作减少威胁计划，美国投入 15 亿美元帮助白俄罗斯、哈萨克斯坦、乌兹别克斯坦、俄罗斯、乌克兰销毁或削减核武器等大规模杀伤性武器和帮助新独立国家实现防扩散安全保证机制的现代化。[②] 第三，很好地安置苏联时期的核科学家和工程师，防止他们流入"流氓国家"或为恐怖组织服务。1993 年，美国在莫斯科和基辅成立国际科学和技术中心。中心为苏联时期从事核武器、生物武器和化学武器工作的科学家提供资金支持。国务院估计，参加者中大约有一半是高级科学家。这意味着使 30000 ~ 70000 名高级科学家和工程师中的相当一部分人加入该计划。[③] 这不仅有助于建立友好关系并把这些机构纳入西方轨道，而且能很好阻止苏联解体后核科学家的流失。

由于合作减少威胁计划效果良好，该计划扩大到苏联以外的国家，包括阿尔巴尼亚和重新改变利比亚、伊拉克的武器发展方向。[④]

2. 加强与北约的合作

北约在美国采取双边行动阻止核扩散方面占有重要地位。美国提出反扩散倡议后，北约并不积极。1994 年 1 月，根据白宫的要求，北约就程序问题达成妥协，建立了两个工作组：一个负责政治方面的问题，由德国的北约副秘书长担任主席；一个负责军事问题，由美国和法国的代表担任联合主席。1994 年 6 月 9 日，北约理事会在伊斯坦布尔会议上公布防止大规模杀伤性武器扩散框架公报。公报把扩散风险放在新的议事日程中更为重要的地位，这符合美国的希望。但在讨论军事方面的措施时，公报并没有使用反扩散这个说法。[⑤] 北约说："北约周围的许多国家在继续努力

---

① George Gedda, *Ukraine Halts Nuclear Export Deal with Iran*, Denver Post, 7 March 1998, p. 14.

② William C. Potter, John M. Shields, *Lessons from the Nunn-Lugar Cooperative Threat Reduction Program*, Asia-Pacific Review, Vol. 4, No. 1, Spring/Summer. 1997.

③ Amy F. Woolf, Paul K. Kerr, and Mary Beth Nikitin, *CRS Report for Congress*, *Arms Control and Nonproliferation: A Catalog of Treaties and Agreements*, RL33865, 9 April 2008.

④ 关于合作减少威胁计划在苏联以外国家的实施情况，参阅 Rose Gottemoelller, Cooperative Threat Reduction beyond Russia, *The Washington Quarterly*, Vol. 28, Issue 2, Spring, 2005, pp. 145 – 158。

⑤ Harald Mueller and Mitchell Reiss, Counterproliferation: Putting New Wine in Old Bottles, *The Washington Quaterly*, Vol. 18, No. 2, Spring. 1995, p. 149.

开发或获得生产大规模杀伤性武器及其运载工具的能力，或努力非法获得这样的系统；大规模杀伤性武器及其运载系统对于北约成员国会产生直接的军事风险，大规模杀伤性武器扩散是可能发生的，尽管有不扩散国际准则和协议。”在回应这些风险时，政策框架强调“北约必须把政治和军事能力结合起来”，以“阻止大规模杀伤性武器的扩散和使用”①。这实际上表明，北约并不同意反扩散。但经过会谈，北约在其他方面答应了美国要求。北约防务计划委员会和核计划工作组于 1993 年 12 月 8 日和 9 日在布鲁塞尔召开部长级会议，决定“进一步努力，防止大规模杀伤性武器扩散，并强调，如果有必要，将反击与联盟安全有关的风险”。克林顿总统在 1994 年 1 月的布鲁塞尔峰会上强调了核武器扩散对北约成员国的风险，此后，北约防扩散政策取得了极大进展。北约对哪些国家可能开发核武器等大规模杀伤性武器进行了评估，以确定哪些有能力生产这些武器的国家可能这样做；哪些面临严重威胁的国家将开发这些武器；哪些试图加强其外交影响的国家会开发大规模杀伤性武器。②

3. 与新独立的国家和新开发核武器的国家对话

为防止有关前苏联共和国的核武器扩散到其他国家，1993 年 6 月 15 ~ 17 日，美国与后苏联地区 15 个新独立国家就防核扩散问题在弗吉尼亚州举行对话。有效的出口控制体制是防止核武器扩散的一个关键因素。美国认为，包括俄罗斯、乌克兰、白俄罗斯、哈萨克斯坦在内的许多国家尽管在核出口控制方面有可取之处，但在建立有效的核出口控制机制方面仍面临许多问题，包括“缺乏确保实施严格的出口控制的有效的法律基础，政府内部就出口控制所必需的协调不足，缺乏在出口控制方面经过良好训练的人才而导致在执行出口控制时的软弱无力”。因此，美国应努力帮助新独立的国家改进其核出口控制体制，主要办法是提供援助，帮助它们建立出口控制机制和建议它们向匈牙利等东欧国家学习，利用已有的法律作为建立新的出口控制制度的基础，并扩大美国对所有新独立国家的援助。另外，美国政府还要求美国商业界代表在与新独立国家进行商业往来时，敦

---

① Dr. Vicente Garrido Rebolledo, *NATO and Counterproliferation: A New Role for the Alliance*, *NATO Individual Ressearch Fellowship 1995 - 1997*, Final Report. Madrid, 22 June 1997, pp. 29 - 30.

② Dr. Vicente Garrido Rebolledo, *NATO and Counterproliferation: A New Role for the Alliance*, *NATO Individual Ressearch Fellowship 1995 - 1997*, Final Report. Madrid, 22 June 1997.

促其在新独立国家的商业同伴对遵守与出口控制有关的问题加强了解。[①] 1998 年，在印度和巴基斯坦进行核试验后，美国发动了一场制裁两国的国际运动，对两国实行金融制裁和反对国际金融机构向两国提供贷款。制裁对巴基斯坦影响较大，但对印度的影响有限，新德里在防核扩散问题上也不愿做出重大让步，华盛顿也没有考虑增加制裁力度以实现防核扩散目标。相反，出于政治和经济考虑，美国很快决定放松制裁。美国认为对印度和巴基斯坦长期实行经济制裁不符合美国的利益。如果没有印度，作为美国经济最大部门的信息技术工业就会陷入麻烦中。全世界的程序员中，有 1/4 是印度人，信息技术产业所付出的工资中，有 1/3 被印度人拿走。不过，这一行动将以美国的不扩散战略为代价。因为这会给其他试图开发核武器的国家这样一种印象，即如果它们作为核武器国家是既成事实，并在核试验后愿意谈判，它们就只是会暂时在经济上受到一些损失，作为回报，它们能获得核武器及其运载能力。同样，美国没有向巴基斯坦提供安全保证以阻止巴基斯坦发展核武器。对巴基斯坦进行制裁除了会被拖入一场可能更大的地区冲突之外，美国不会获得什么。而允许扩散不会损害与巴基斯坦这样的地区朋友的关系。而且，巴基斯坦的核武器对美国几乎没有直接威胁。看来，美国把防威胁置于高于防扩散的地位。要真正防扩散，美国必须放弃这一标准。在放松对印巴的制裁后，克林顿政府转向与新德里和伊斯兰堡对话。华盛顿在 1998 年 6 月到 1999 年 2 月，与新德里举行了 8 个回合的会谈，与伊斯兰堡举行了 9 个回合的会谈。虽然进行了多次对话，印度不仅仍拒绝签署 CTBT，决定将建立三位一体的核打击力量，而且不同意冻结裂变物质的生产，继而巴基斯坦也不同意。结果，到 1998 年底，据估计，巴基斯坦拥有足够的能制造 10 ~ 20 枚原子弹的浓缩铀，而印度则可能有制造 300 件核武器的钚。[②] 很显然，对话没有达成美国的预期目的。

4. 为防核扩散，克林顿政府不仅与前敌国、盟国和友好国家和新独立国家合作，而且还与所谓“邪恶轴心”国家合作

在 1992 年朝鲜与国际原子能机构签署《全面保障协定》后不久，国际原子能机构发现朝鲜未遵守其在协定中所承诺的义务。1993 年，朝鲜事先

① U. S. Department of Energy, Los Alamos National Laboratory, The University of Georgia, U. S. -NIS Dialogue on Nonproliferation Export Controls: A Conference Report. 22 November 1993.

② Dinshaw Mistry, Diplomacy, Sanctions, and the U. S. Nonproliferation Dialogue with India and Pakistan, *Asian Survey*, Vol. 39, No. 5, Sep/Oct. 1999, pp. 753 - 771.

发出通知，它将退出《不扩散核武器条约》。经过谈判，1994 年 10 月，美国与朝鲜签订《框架协议》，朝鲜冻结建造石墨反应堆和相关燃料循环设施。作为交换，国际社会向朝鲜提供两个 1000 兆瓦轻水反应堆和 500000 吨石油，以满足其取暖和工业用油之需。1995 年 3 月，朝鲜半岛能源开发组织成立，协调反应堆建设项目。朝鲜半岛能源开发组织就法律、财政和领土问题与朝鲜进行多次谈判。韩国建设反应堆并提供 60% ~70% 的费用，日本和其他国家提供剩余部分的费用。美国负责提供重油运输和储存从朝鲜 1994 年的试验反应堆中取出的废弃核燃料棒的费用。

（三）多边行动

多边合作在防核扩散中具有重要作用。克林顿上台以来，为防核扩散开展了一系列多边国际合作。

1. 加强在国际原子能机构（IAEA）框架内的国际多边合作

IAEA 建立于 1957 年，目的是帮助各国和平利用核能并确保“由它提供的援助不会被用于任何军事目的”。IAEA 安全保证体制依赖于数据收集、审查和周期性地对公开宣布的核设施进行视察。非核国家被要求公开并提交它们拥有的所有核材料信息，接受 IAEA 对核材料和技术实施系统的监督和视察，以确保敏感核材料和技术不会从民用转做军用。

美国大力利用 IAEA 的国际核安全保证系统来保证各国核行为都用于和平目的。IAEA 全面安保系统包括报告程序、现场视察核材料的度量和监视技术等。克林顿总统 1993 年 9 月 27 日宣布，把超过美国防务需要的核材料置于 IAEA 的安全保证措施之下。此举目的是展示核裁军过程的透明性和不可逆转，并为其他核武器国家采取这样的行动树立一个榜样。1994 年，处于 IAEA 安全保证下的经过分离的钚大约有 41 吨，核反应堆中的燃料钚大约为 450 吨，有高于防务要求的 20 吨铀、41000 吨低浓缩铀、94000 吨天然开采的铀。1994 年，美国政府成立一个指导委员会协调所有与 IAEA 有关事务。美国军备控制和裁军署（ACDA）担任该委员会的国际安全和监督小组委员会主席，负责协调美国与 IAEA 有关的安保政策。1995 年，ACDA 和美国其他有关机构与澳大利亚、欧洲原子能委员会、法国、德国、日本和英国举行会谈，就实施 IAEA“93 +2”计划和关于每个国家设备的安保措施进行磋商。[①]“93 +2”计划于 1993 年提出，

① ACDA Annual Report (1995), http://dosfan.lib.uic.edu/acda/reports/anrpt_95.htm.

其目标是两年后大力加强安保系统。该计划分为两个部分：第一部分，强调在目前合法的授权下，加强各项措施的执行；第二部分强调各成员国采取措施补充现在的合法授权。1996 年 6 月，IAEA 大会批准了第一部分措施和第二部分措施的相关内容。① 到 1997 年，在国际社会和美国的努力下，第一部分中的许多措施得到实施，使 IAEA 能进一步接近核和与核有关的物资、设施和信息；同时，美国对 IAEA 加强安保努力的措施提供广泛的技术支持；促进安保的技术，如环境取样和远程监督取得进展；IAEA 理事会经过谈判，授权实施得到加强的安保体制；克林顿总统和叶利钦总统在 1996 年 4 月的莫斯科核安全峰会上支持“93 + 2”计划。② 美国也积极加强和扩大 IAEA 实施安全保障措施的权威和手段。1991 年伊拉克秘密发展核武器计划曝光后，在美国推动下，1998 年 IAEA 制订了赋予 IAEA 更大权威的安保计划，以提高发现在非核武器国家里的未被报告的核行为。计划包括：成员国须向 IAEA 提供有关被怀疑从事核开发的国家的情报；有权及时视察任何可疑地点；采取新的安保技术；采取措施，促使完全透明和报告所有的核交易活动；提供充足的资金支持 IAEA 的工作。③

2. 加强在核供应国集团（NSG）框架内的多边合作

核供应国集团成立于 1975 年，是非正式组织，协调对发展核武器的部件，包括对一些两用物资实行严格国际控制。NSG 每年 4 月开会，同时有许多工作组会议。此外，NSG 每年举行两次工作组会议，就与核有关的两用物资和技术的控制进行磋商。NSG 的指导方针要求成员国对浓缩和再处理技术的转移实行控制，要求对核设备和核材料的转移实行实质安全保证，禁止向第三方再转移。虽然 NSG 制定了指导方针，但从 1978 年到 1991 年，NSG 没有召开过正式会议。冷战后，美国开始积极利用该组织防止核扩散。

通过 NSG，美国敦促所有核装备出口商采取负责任的核出口政策。美国认为所有的出口商应通过采取目前多边出口控制规则把核扩散的危险降低到最小。这些规则包括 NSG 指导原则和桑戈委员会指导原则中基本的核出口标准。

① ACDA Annual Report（1996），http：//dosfan. lib. uic. edu/acda/reports/annual/anrpt_ 96. htm.

② ACDA Annual Report（1997），http：//dosfan. lib. uic. edu/acda/reports/annual/anrpt_ 97. htm.

③ Mary Beth Nikitin，CRS Report for Congress：Proliferation Control Regimes：Background and Status. RL31559，31 January 2008.

还在布什政府时期的1992年3月，NSG同意采取共同的与核有关的两用物资、装备和技术的出口控制清单。其“基本原则”是当存在下列情况时各国应不批准转移清单中的物资：用于非核国家的核爆炸活动或缺乏安全保证措施的核燃料循环活动；当存在这种转移活动的不可接受的风险，或当转移与防扩散核武器的目标相违背时。NSG同意在批准出口清单上的物资时将考虑许多决定转移是否可接受的相关因素。因素之一是这样的转移申请是否会被任何一个成员国所拒绝。

能源部军备控制办公室建议实施国际出口信息共享项目，它以实现NSG同意的对两用技术的出口实行控制的协议的计算机化为中心，这个数据库的信息类型包括：拒绝发放出口许可证的情况；对NSG成员国有用的参考数据；与NSG具体的与核有关的两用装备、物资和技术指导方针有关的文件和信息。这个数据库保留在国际计算机网络中，各成员国都有一个终端与该系统相连。除允许成员国获得共同的数据外，该系统还允许成员国交换关于NSG出口事务的电子邮件。到1994年，有20个成员国同意为该系统安装试验终端，其中8个已经完成安装。这一网络为核供应国之间增加合作与协调提供各种机会。[①]

对于核供应国集团控制的物资，美国商务部拒绝出口，并规定不得叫价低于竞争对手（no-undercut）。[②] 克林顿政府经过谈判，使NSG在1994年第一次在指导方针中接受了这一规则，并就出口不受控制的物资达成一般规则，即NSG成员国同意，当它们拒绝清单上某种物资的出口许可证申请时，将通报其他成员国，如果这些物资有助于核武器扩散的话。其他国家在接到这样的物资出口申请时，也应拒绝出口。这样，NSG的每一个成员都根据其他国家做出的决定来考虑自己的出口决定。一旦一个国家拒绝发放某个出口许可证，其他国家都将拒绝此类物资出口，则潜在的购买者也没有机会在集团成员中的另外一个国家获得出口许可证，即使这个国家没有充分的理由怀疑它。[③] 其他国家拒绝发放许可证的信息对于NSG

---

① U. S. Congress, Office of Technology Assessment, *Export Controls and Nonproliferation Policy*, OTA - ISS - 596 (Washington DC: U. S. Government Printing Office), May 1994, pp. 43 - 46.

② Weekly Compilation of Presidential Documents, 24 March 1995 (Washington D. C.: U. S. Government Printing Office, 1995), pp. 31: 450 - 452.

③ U. S. Congress, Office of Technology Assessment, *Export Controls and Nonproliferation Policy*, OTA - ISS - 596 (Washington DC: U. S. Government Printing Office), May 1994, pp. 43 - 46.

中那些没有广泛的出口控制基础和情报来源的国家特别有用。数据库中的信息包括：官方文件，重要官员和联系人，各种类型的支持信息；其他与核扩散有关的协议和成员国清单；这样的数据库不仅录入所有拒绝为转移两用物资、装备和技术发放许可证的决定，而且记录了拒绝转移的物资、供应者和购买者。这有助于成员国政府更好地确认并对具体的扩散风险采取行动。成员国可以分享有关方案和核材料最终使用者的敏感情报信息。联合情报交换系统在 1995 年和 1996 年变得更加正式。[①] 除拒绝发放许可证的信息外，数据库还包括最终使用者（如没有安全保证措施的核行为，或那些各种控制清单上的受怀疑的扩散者）的潜在风险。

3. 加强《不扩散核武器条约》（NPT）框架内的国际多边合作

NPT 于 1970 年生效，是防核扩散机制的核心，它是历史上最广泛、最具普遍性、最被接受的多边军控条约，是世界上反对核武器进一步扩散的法律和政治工具。NPT 为全球和地区稳定、为防止核武器扩散、为便利和调整和平使用核能国家之间的合作提供了一个基本框架。各国出口控制法律、联合国安理会决议和特别倡议是其补充。根据 NPT 规定，核武器国家是指 1967 年 1 月前已经制造和爆炸核武器或任何其他核爆炸装置的国家，即中国、英国、美国、法国和苏联。其他任何国家开发或拥有核武器都是非法的。在签署 NPT 的时候，非核国家保证不获得核武器，核武器国家则保证在和平利用核能方面提供援助。

克林顿政府十分重视利用 NPT 来防核扩散。负责国际安全事务的副国务卿林恩·戴维斯（Lynn E. Davis）在 1994 年 2 月的国会听证会上说："我们必须加强防扩散的国际准则，途径是加强现存国际协议并提出新的协议以适应新的国际安全环境的挑战。这包括在 1995 年就寻求无限期延长《不扩散核武器条约》和就《全面禁止核试验条约》进行谈判。"[②] 1994 年的美国国家安全战略也把无限期延长 NPT 作为重要目标。[③] 为确

① Richard T. Cupit, *Reluctant Champions*, U. S. Presidential Policy and Strategic Export Controls Routledge, New York London, 2000, p. 203.

② Under Secretary Davis' Statement before the Subcommittee on International Finance and Monetary Policy of the Senate Banking, Housing, and Urban Affairs Committee, in Washington D. C., 24 February 1994. The DISAM Journal, Spring, 1994.

③ *A National Security Strategy Of Engagement And Enlargement*, Washington D. C.: Government Printing Office, October 1994, p. 11.

保 NPT 能在 1995 年获得无限期延长，美国与其他四个核武器国家通力合作，并积极利用桑戈委员会（也叫 NPT 出口商委员会）做说服工作，在国际社会的共同努力下，1995 年，NPT 成功无限期延长。加入 NPT 的国家不断增多。1990 ~ 1995 年，有 45 个国家加入 NPT，其中 1995 年就有 13 个国家加入。[①] 阿根廷、巴西和南非终止核武器计划并加入 NPT。乌克兰、哈萨克斯坦和白俄罗斯则放弃苏联时期部署在其领土上的核武器并在 1996 年前作为非核武器国家加入 NPT。

安全保证政策对于防核扩散具有重要意义。1995 年 4 月，核武器国家磋商后声明，将对 NPT 非核武器国家提供全面安全保证。这是 5 个核国家第一次向 NPT 所有非核武器国家提供全面安全保证。不过，美国在这方面表现得很不负责任。至今，美国也未承诺不对无核武器国家首先使用核武器。《全面禁止核试验条约》（CTBT）在 20 世纪 90 年代被看作迈向下一步核裁军的关键步伐。克林顿政府在 1993 年 7 月决定将推动达成 CTBT 作为美国的一项安全决策，决定暂停核试验并敦促国际社会在 1996 年完成 CTBT 谈判。在美国主导下，1996 年 9 月联合国大会通过了 CTBT。1996 年，各方完成谈判并签署 CTBT，克林顿政府也在 1997 年国家安全战略中把推动参议院批准 CTBT 作为“一个优先目标”[②]。但 1999 年该条约被美国参议院否决。[③] 美国此举给国际防核扩散机制造成重大损害。为促使 2000 年 NPT 审查会议达成目标，美国在 1997 年成立了一个由军备控制与裁军署、国务院、能源部、参谋长联席会议、中央情报局等部门代表组成的跨部门工作组，工作组在两年多的时间里努力确定关键的问题并确定美国的立场，并致力于与 NPT 成员对话。[④]

此外，美国也非常注重加强在联合国、瓦斯那协议等框架内的国际防核扩散多边合作，注重与欧洲盟国的合作。如在与欧洲就反扩散进行谈判时，欧洲国家要求反扩散包含政治意义，而不是排他性地集中在反扩散的

---

① ACDA Annual Report (1995), http://dosfan. lib. uic. edu/acda/reports/anrpt_ 95. htm.

② *A National Security Strategy For A New Century*, Washington D. C.: Government Printing Office, May 1997, p. 7.

③ Jonathan Medalia, CRS Report, RL33548, Nuclear Weapons: Comprehensive Test Ban Treaty. 关于美国拒绝批准 CTBT 的影响和后果，参阅樊吉社《美国参议院拒绝批准〈全面禁止核试验条约〉的原因及影响》，《当代亚太》2000 年第 4 期。

④ ACDA Annual Report, http://dosfan. lib. uic. edu/acda/reports/annual/anrpt_ 97. htm.

军事方面，并坚持优先考虑传统的防扩散政策。欧洲国家的这一立场可能影响了克林顿在防核扩散问题上的政策取向，在整个克林顿政府时期，反扩散始终不占主要地位。

二、布什政府防核扩散政策

布什政府认为，美国政府过去防扩散的努力主要依靠消极措施，如军备控制、防扩散机制、出口控制和外交。作为这些消极措施补充的新努力，其将把焦点放在“与具有同样观点的国家协调一致的行动上，以防止恐怖分子和恐怖主义政权获得大规模杀伤性武器”①。他多次批评克林顿政府的防核扩散政策，说克林顿政府 1994 年的核态势评估报告没有抛弃冷战时代的“确保相互摧毁理论”，批评克林顿政府的威慑政策是失败的，未能阻止核武器扩散。2001 年 5 月 1 日，小布什在美国国防大学的讲话中说：“冷战的威慑不足以维护和平，不足以保护我们的公民、盟国和朋友。”“我们需要制定既依靠进攻性力量，也依靠防御性力量的新威慑概念。”② 很明显，小布什政府准备采取一项不同于以前的防扩散政策和措施。如果说克林顿政府时期在防止大规模杀伤性武器扩散方面是以“防”为主，“反”主要是停留在宣传上，小布什政府则大力实施和执行反扩散政策。在这种背景下，小布什政府反核扩散的措施和力度更大，也更具进攻性。

“9・11”事件加快了小布什政府把上述主张付诸实施的步伐。2002 年 12 月 10 日，白宫公布与大规模杀伤性武器战斗的国家战略，该战略由三部分组成：反扩散，与使用大规模杀伤性武器进行战斗；加强防扩散，与大规模杀伤性武器扩散进行战斗；后果管理，对使用大规模杀伤性武器做出反应。③ 反扩散努力包括拦截大规模杀伤性武器物资、专门知识和技术流向敌对国家和恐怖主义组织，同时进行威慑、防御和缓解。具体而言，这些行动包括采取先发制人的行动以便“在使用前就发现和摧毁敌

---

① John R. Bolton, *Under Secretary of State for Arms Control and International Security*, Beyond the Axis: Additional Threats from Weapons of Mass Destruction, Remarks to Heritage Foundation Washington D. C., 6 May 2002, http://www.state.gov/t/us/rm/9962.htm.

② President George Bush's Speech at US Defense University, 1 May 2001.

③ The While House, *National Strategy to Combat Weapons of Mass Destruction*, 11 December 2002.

人的大规模杀伤性武器”。为此，该战略认为：“对于使用大规模杀伤性武器攻击美国、美国的海外基地和美国的朋友与盟国，美国将继续保留用压倒一切的力量——包括诉诸我们所有的选择——做出反应的权力。”加强防扩散包括积极的外交、多边机制、威胁削减援助、出口控制和防扩散制裁等。后果管理包括国土防御和反对大规模杀伤性武器威胁。作为美国政府与大规模杀伤性武器扩散进行战斗的国家战略，它最清楚地表明了美国对使用核武器的立场。该战略清晰地提出了防止获得大规模杀伤性武器、阻止使用大规模杀伤性武器和减轻使用大规模杀伤性武器后果的分层方法。作为该战略三个核心支柱的反扩散、加强防扩散和后果管理，单独地看，它们都不是新的，但相对来说，重点发生了变化。传统上，美国主要强调防扩散行动，在新的反大规模杀伤性武器扩散战略中，虽然防扩散仍得到相当重视，但反扩散已处于更加突出的地位。

（一）反核扩散

“9·11”事件后，恐怖主义尤其是核恐怖主义成为美国国家安全面临的最大威胁。为此，小布什政府在理论和实践两个方面都突出和强化了反扩散的地位与作用。2002 年 6 月 1 日，小布什在西点军校演讲时说，美国面临的最大危险是“激进主义与技术的危险结合”。“一旦核生化武器以及弹道导弹技术扩散，就连弱国或弱小组织都能获得袭击强国的灾难性能力。我们的敌人已经宣布了这种意图，而且我们已经发现他们正在谋求获得这些可怕的武器。他们想拥有讹诈、伤害我们及我们朋友的能力，我们将用尽一切力量对付他们。”[①] 这表明，小布什认为传统的防扩散努力不可能解决所面临的最严峻的扩散挑战，准备给予反扩散更重要的地位。这一认识在 2002 年 12 月的与大规模杀伤性武器战斗的国家战略中得到明确反映：“包括过去支持并将继续支持恐怖主义的国家、已经拥有大规模杀伤性武器的国家和正在寻求更大能力的国家都把恐吓与威胁作为工具。对于他们而言，大规模杀伤性武器不是最后才诉诸使用的武器，而是军事上可选择投入使用的武器，以便抵消我们国家在常规力量上的优势，并阻止我们对它们在对于我们来说是至关重要利益的地区发动对我们的盟国和朋友的侵略做出反应。”为应对这种威胁，该战略声称，“美国军方

① 中国现代国际关系研究所美欧研究中心：《反恐背景下美国全球战略》，时事出版社 2004 年版，第 524～525 页。

和适当的民用机关必须拥有全面的行动能力”，以便在“无赖国家和受其庇护的恐怖分子有能力对美国及其盟国和友好国家进行威胁或使用大规模杀伤性武器之前制止它们”①。这样，先发制人就成为反扩散的基本指导原则。

2004年2月，小布什在美国国防大学发表讲话，在表示坚决反对大规模杀伤性武器扩散的决心后，提出为阻止大规模杀伤性武器扩散，加强国际防扩散努力的七项建议：扩大PSI，把更多的运输和转运纳入实施范围；所有国家都应加强与防扩散有关的法律和国际控制；进一步努力，以免冷战时期的武器和其他危险物资为坏人所掌握；堵住NPT漏洞；国际社会必须建立一个安全的、有序的机制，在促进民用核设施发展的同时，不会增加武器扩散的风险；在未来10年，只有那些签署NPT附加议定书的国家才允许进口用于民用核项目的装备；建立IAEA特别委员会，其中心使命是安全保障和查证；不应允许因违反防核扩散协议而正被IAEA视察的国家参加IAEA特别委员会理事会。负责军备控制与国际安全事务的副国务卿约翰·博尔顿（John R. Bolton）认为，上述措施就是反扩散②。

以上述理论为指导，小布什政府开始在单边、双边和多边等各个层面努力推行反核扩散战略。

1. 单边和双边行动

主张美国采取单方面军事行动反核扩散的单边主义者占优势地位。他们把扩散更多地看作对美国国家利益的威胁，认为美国必须采取自己的措施，而不管其他国家会怎么想或怎么做。他们声称，美国不应该在国际社会能够达成一致同意的相关领域限制自己的行动。根据这种观点，国际机制强大到足以采取多边一致行动的情况是不可能出现的；无论如何，美国都不应该允许使自己受制于国际机制的情形出现。因此，在“9·11”事件后不久召开的防扩散出口控制圆桌会议上，对布什的国家安全政策有重大影响的副总统迪克·切尼和国防部部长唐纳德·拉姆斯菲尔德再次强调，只相信美国价值的优越性和普遍适用性，不相信国际机制和其他国

---

① The White House, *The National Security Strategy of the United States of America*, November 2002, pp. 1 – 2、14 – 15.

② John R. Bolton, "Bush Administration's forawrd Strategy for Nonproliferation," *Chicago Journal of International Law*, Vol. 5, Issue 2, 2005, pp. 395 – 404.

家，认为美国能够而且必须依靠自己的力量来保卫自己。

美国反扩散研究中心认为，核武器是唯一"真正"的大规模杀伤性武器，因为其潜在的毁灭性、威慑价值使其成为敲诈勒索的工具、实现地区或地缘目标的方式，或许还有国内政治动机等也促使各国努力开发核武器。[①] 为防止其他国家，尤其是所谓"流氓国家"开发核武器，小布什政府决定把先发制人的军事打击付诸实施。2003 年 3 月 20 日，美国联合英国和澳大利亚等国，以伊拉克拥有核武器等大规模杀伤性武器和萨达姆政权与恐怖组织有联系为由，发动伊拉克战争，推翻了萨达姆政权。

在实施直接军事打击之外，小布什政府也制订了各种具有强烈军事特征的计划或方案。如到 2005 年，为防止核武器等大规模杀伤性武器及其运载系统扩散并支持战地司令官的作战行动，美国国防部制订了超过 150 个计划。这些计划包括加强乌克兰和阿塞拜疆以及乌兹别克斯坦的海上和边界力量/能力、国际反扩散计划等。根据这些计划，2005 财年为联邦调查局和国土安全部的海关以及边界保护部提供了 48 次讲座，并发出国家核/放射性物质项目倡议。[②]

能源部也积极参与各种反核扩散行动。能源部国家核安全管理局（NNSA）及其国家实验室是开展各种反核扩散活动的领导者和组织者。到 2005 年，能源部重新审查了大约 6000 个涉嫌核扩散的出口许可证；在核供应国集团内部制定和实施小布什总统加强核出口控制倡议的活动中，能源部发挥了领导作用；制定并实施具更透明性的措施，以便对降低剩余高浓缩铀用于商业反应堆的计划进行核查；作为美国政府监督核爆炸努力的一部分，提供全面的政策和技术专长；促进俄罗斯境内仍在生产钚的反应堆关闭；在俄罗斯和其他国家，帮助销毁核武器和实现脆弱的核武器以及用于制造核武器的物资安全。[③]

2. *多边行动*

虽然小布什政府决定发动单方面的军事行动来反扩散，但美国的单边

---

① A Report of the Center for Counterproliferation Research, At the Crossroads: Counterproliferation and National Security Strategy. National Defense University Press, April 2004.

② Counterproliferation Program Review Committee, Report on Activities and Programs for Countering Proliferation and NBC Terrorism, Volume I Executive Summary, May 2005, pp. 11 - 13.

③ Counterproliferation Program Review Committee, Report on Activities and Programs for Countering Proliferation and NBC Terrorism, Volume I Executive Summary, May 2005, p. 16.

行动也可能会激起其他国家的对抗，而如果利用特殊联盟，如海湾战争中的联盟，美国能够获得集团行动的好处，换言之，其他国家的合作是实施更有效的反核扩散政策所必需的。因为，如果一个试图扩散的国家成功地把自己描绘为不是国际贱民，而是超级大国欺凌的牺牲品，它就能鼓励其他国家不支持，甚至是削弱美国的防扩散政策。此外，全球化和先进技术向更多发展中国家扩散使在防核扩散中采取多边行动显得非常重要。在美国看来，制止 A. Q. 汗（A. Q. Kahn）操纵的地下网络向朝鲜、利比亚和伊朗出售从欧洲、迪拜和马来西亚获得的核武器技术和装备的努力，充分表明了采取多边行动的重要性。①

2003 年 5 月 31 日，布什总统在波兰正式提出多边反扩散安全倡议（PSI）。与 10 年前阿斯平的话相似，他断言："核武器、生物武器和化学武器的扩散是对和平的最大威胁。"他宣布："当大规模杀伤性武器或其部件处于转运中时，我们必须有手段和权威截获它们。……美国已与包括波兰在内的许多亲密盟国开始努力达成新协议，据此可以搜查运载可疑货物的飞机和船舶，以便截获非法武器或导弹技术。未来，我们将把这一伙伴关系尽可能扩大，以使世界上最具杀伤性的武器远离我们的海岸并防止我们共同的敌人掌握它们。"② 最初，澳大利亚、法国、德国、意大利、日本、荷兰、波兰、葡萄牙、西班牙和英国 10 国家参加了 PSI。此后，其成员不断增加。2003 年 12 月，加拿大、新加坡和挪威加入；2004 年，俄罗斯加入倡议；2006 年 PSI 3 周年时，成员增加到 77 个。③ 到 2007 年 12 月，布什政府宣布有 86 个国家加入 PSI。④ 虽然 PSI 在不断扩大，但其成员也明确表示，该倡议只是现存防扩散机制的补充、而不是取代。

倡议首先是为阻止与大规模杀伤性武器及其与之有关的装备和物资的运输寻求支持的一个外交工具。PSI 的长期目标是："建立一个反扩散伙伴关系网络，这样，涉嫌扩散的国家或组织在实施大规模杀伤性武器贸易

① William J. Broad & David E. Sanger, The Bomb Merchant: Chasing Dr. Kahn's Network, *New York Times*, 26 December 2004, p. 1.

② White House, *Remarks by President George W. Bush to the People of Poland*, 31 May 2003, http://www.whitehouse.gov/news/releases/2003/05/20030531-3.html.

③ Proliferation Security Initiative: Chairman's Statement at High-Level Political Meeting, 23 June 2006. http://www.state.gov/t/isn/rls/other/69799.htm.

④ Sharon Squassoni, CRS Report RS21881, Proliferation Security Initiative (PSI), 14 January 2008.

和与导弹有关的技术交易时将面临极大困难。”[1] PSI 的要素包括加强出口控制、贸易视察、共享可疑船只和发货人以及收件人和承运人的信息、加大对船只和车辆以及飞机的搜查。[2] 经过美国努力，PSI 各成员国都承诺不向任何涉嫌扩散的国家或非国家行为体转运或帮助转运任何大规模杀伤性武器物资，也承诺不准其管辖范围内的任何个人或实体这样做。成员国还共同起草了登船检查协议和阻截原则声明。阻截原则声明包括支持阻截大规模杀伤性武器及其运载系统或相关物资的具体行动和一般行动。具体行动包括在海上和港口实施登船检查。所有这些登船检查必须遵守国际和国内法。虽然 PSI 没有提到具体国家，但朝鲜和伊朗是 PSI 成员国经常提到的两个国家。

拦截是 PSI 反核扩散的重要手段。根据美国的定义，所谓拦截行动就是使“流氓国家”和恐怖主义组织不能获得大规模杀伤性武器及与其相关的物资和技术，它现在是反扩散战略的一个关键组成部分。这样，反扩散战略扩大到包括采取先发制人的打击以阻止、破坏、延迟或摧毁核扩散能力。[3]

自倡议发布以来，PSI 先后多次举行海上拦截活动。根据美国的设想，拦截演习的目的是提高各个成员国反扩散的能力和加强彼此协调；表明成员国的政治承诺；为各国支持 PSI 提供一个机会，即使是非成员国也可以参加演习；向那些有意开发大规模杀伤性武器的国家表明，反核扩散力量将采取全面有效的阻截措施。为有效实施拦截，PSI 经常进行海上拦截演习，这些演习，不仅有美国指挥的，也有由盟国或友好国家指挥的。如 2005 年 8 月 15 ~ 19 日，新加坡主持在南中国海举行了有 13 个国家参加的拦截演习，这是 PSI 第一次在东南亚演习，其后，荷兰、土耳其、澳大利亚和波兰先后主持过海上演习。在这些演习基础上，PSI 成员国频繁实施海上拦截行动，到 2004 年春，共实施 12 次拦截行动。2005 年则进行

---

① John Bolton, former Under Security for Arms Control and International Security, Testimony before the House International Relations Committee, The Bush Administration's Nonproliferation Policy: Success and Future Challenges, 30 March 2004.

② Craig H. Allen, *PSI Report*, *Maritime Counterproliferation Operations and the Rule of Law*, PSI Report, Praeger Security International, 2007, p. 49.

③ Craig H. Allen, *PSI Report*, *Maritime Counterproliferation Operations and the Rule of Law*, PSI Report, Praeger Security International, 2007, p. 28.

了24次拦截行动。[1] 据资料显示，所有演习都是在非法扩散交易盛行的海域进行的。[2] 2006年6月23日，负责军备控制和国际安全的美国副国务卿Robert Joseph报告说，在2005年4月到2006年4月，PSI伙伴共同努力，展开了24次行动，阻止有关装备和物资转移到有关涉嫌开发大规模杀伤性武器和有导弹开发计划的国家，他还提到PSI合作阻止了向伊朗出口导弹和核技术以及与重水有关的设备。

PSI成员国经常召开全体会议、专家会议讨论演习和实际拦截过程中遇到的问题，专家会议经常有来自非成员国的代表参加。2003年6月在马德里召开的第一次会议上，美国代表敦促各成员国共同努力：拦截任何被认为正经过成员国领土、领海或领空的运载上述物资的船只或飞机；如果必要，在公海拦截可疑船只。2003年7月在澳大利亚布里斯班举行的第二次会议上，由于担心国际法问题，其他国家反对美国提出的在公海登船检查的建议，至少在该船旗国家没有同意的情况下不得实施登船检查。2003年9月在巴黎举行的会议上，拦截原则声明中删除了在没有得到船旗国同意的情况下可以在公海登船检查的内容。在2003年12月的伦敦会议上，美国提议，通过与有关船旗国举行双边谈判达成有关对大规模杀伤性武器登船检查的协议以部分弥补在公海实施拦截的漏洞。在PSI其他成员国的支持下，2004~2005年，美国与利比里亚、巴拿马、克罗地亚、塞浦路斯（挂这些国家旗帜的船只占世界商船总吨位的60%还多）进行双边谈判。这些双边协议的条款内容差不多，虽然这些协议并不允许在任何情况下实施登船检查可疑的大规模杀伤性武器运输，但为美国实施登船检查提供了一个机制，根据协议，美国可向有关船旗国提出对其船只进行检查的请求，如果该请求在两个小时内没有被否决，则可假定为已经同意。到2005年，美国已与24个国家就登船检查协议进行磋商。在2004年的里斯本会议上，成员国同意开始审查扩大PSI所必需的关键步骤，包括可能采取的政治行动。PSI也经常召开专家会议以确认和解决实施倡议所引起的问题。2004年4月在渥太华举行的专家会议上，专家们讨论了支持PSI拦截行动在法律层面可能遇到的挑战，2004年4月到12月，又

---

① Craig H. Allen, *PSI Report*, *Maritime Counterproliferation Operations and the Rule of Law*, PSI Report, Praeger Security International, 2007, p. 51.

② Sharon Squassoni, CRS Report RS21881, Proliferation Security Initiative (PSI), Updated 14 September 2006.

举行了4次专家会议，2005年和2006年分别举行了5次专家会议。[①] 上述多边行动很好协调了反扩散中遇到的问题。

PSI被认为是全球反核扩散努力中“迄今为止最好的主意”。同时，由于巴基斯坦核科学家A. Q. 汗与利比亚、朝鲜和伊朗有关的地下核黑市曝光，使许多观察家建议对核技术的出口实施进一步控制。因此，2004年2月11日，布什总统建议扩大PSI，“9·11”事件独立调查委员会所做的最终报告建议扩大PSI。[②] 小布什总统不仅强调对运输和转移加以控制，而且包括关闭有关工厂、扣押有关物资和冻结有关资产。虽然这个建议没有被接受，但2004年4月，联合国安理会通过第1540号决议，呼吁各国对大规模杀伤性武器和与大规模杀伤性武器的生产、使用、储存和运输有关的物资实施有效的国内控制，维持有效的边境控制并就上述物资的控制制定国家控制和运输法，所有这一切都有助于阻止大规模杀伤性武器扩散。大约有2/3的国家已经向联合国报告了有关反对大规模杀伤性武器交易的措施和努力。[③]

美国非常注重利用八国集团这一多边平台实施反核武器等大规模杀伤性武器和材料扩散：自1992年“纳恩－卢格法案”出台以来，美国要求其盟国提供相似的支持。2002年初，美国向八国集团建议，把合作减少威胁计划（CTR）扩大，称为“10+10大于10”，即八国集团成员国在美国计划为CTR提供100亿美元的基础上在10年里再增加100亿美元的支持。参与者不仅能够扩大其在俄罗斯获得的防核扩散成就，而且能防止其他国家潜在的扩散问题。在2002年6月八国集团峰会上，八国集团同意建立全球伙伴关系，以阻止大规模杀伤性武器和有关材料及其技术的扩散。八国集团同意在10年里募集200亿美元帮助俄罗斯防扩散，其中美国承担100亿美元。八国集团制定了全球反对大规模杀伤性武器和材料扩散伙伴关系。根据伙伴关系，美国、其他成员和欧盟同意在10年里为在俄罗斯实施的裁军、防扩散、反恐怖主义和核安全提供超过200

---

① Craig H. Allen, *PSI Report*, *Maritime Counterproliferation Operations and the Rule of Law*, PSI Report, Praeger Security International, 2007, pp. 52 – 53.

② Sharon Squassoni, CRS Report RS21881, Proliferation Security Initiative (PSI), 14 January 2005; Final Report of the National Commission on Terrorist Attacks Upon the United States, 2004, p. 381.

③ Amy F. Woolf, Paul K. Kerr, and Mary Beth Nikitin, *CRS Report for Congress*, *Arms Control and Nonproliferation*: *A Catalog of Treaties and Agreements*, RL33865, 9 April 2008.

亿美元的资金援助。八国集团还要求其他国家参与。2002年以来，有13个其他国家参加了全球伙伴关系（芬兰、挪威、波兰、瑞典、瑞士、荷兰、澳大利亚、比利时、捷克、丹麦、爱尔兰、新西兰和韩国）。在峰会上，八国集团通过了阻止恐怖主义分子获得大规模杀伤性武器及相关材料的基本原则：加强多边条约和其他工具，防止大规模杀伤性武器扩散，加强已经建立的制度，以实施协议；采取措施，确保大规模杀伤性武器材料的生产、使用、储存和运输的安全，并向那些没有能力保证这种材料安全的国家提供安全援助；确保大规模杀伤性武器储存设备的安全并向那些其储存设施缺少保护的国家提供援助；实施更广泛的控制，加强国际合作，以发现和阻止大规模杀伤性武器材料和物资的走私，并向缺乏适当资源的国家提供援助；加强对那些防务上不再需要的裂变材料储存的管理和处理。[①]

美国还利用八国集团发布与全球核恐怖主义战斗的倡议。2006年7月，在圣彼得堡八国集团峰会召开之前，美俄发布与全球核恐怖主义战斗的倡议，在世界范围内就核物质安全加强合作和防止有关核或放射性物质的恐怖活动。与PSI一样，这个倡议也是没有约束力的。澳大利亚、加拿大、中国、法国、德国、意大利、日本、哈萨克斯坦、摩洛哥、土耳其、英国、美国和俄罗斯13个国家在2006年10月召开的倡议第一次会议上批准原则声明。[②] 国际原子能机构和欧盟也宣布遵守这一倡议。到2007年12月，有64个国家同意倡议的原则并加入全球倡议伙伴。其范围和规模明显超过八国集团全球伙伴关系。它是各国交换信息和就防止恐怖主义开展行动的平台。根据白宫的情况说明，倡议的目标是：改善核材料和放射性物质以及核设备的安全状况；侦察和防止上述物资的交易，尤其是恐怖主义者的交易；对恐怖袭击做出快速反应；在设计与恐怖主义战斗的方法时开展合作；采取一切可能的措施防止恐怖主义获得或使用核材料；加强各国相关法律建设，确保对恐怖主义者进行有效的起诉。[③] 美国官方认为

---

① Amy F. Woolf, Paul K. Kerr, and Mary Beth Nikitin, *CRS Report for Congress*, *Arms Control and Nonproliferation*: *A Catalog of Treaties and Agreements*, RL33865, 9 April 2008.

② Partner Nations Endorse Global Initiative to Combat Nuclear Terrorism Statement of Principles, U. S. Department of State, Bureau of International Security and Nonproliferation, 7 November 2006. Available at http://www. state. gov/t/isn/rls/fs/75845. htm.

③ http://www. whitehouse. gov/news/releases/2006/07/20060715 - 3. html.

倡议是防止、侦察和对核恐怖主义威胁做出反应的“灵活框架”。原则声明发誓要提高每个国家在以下几个方面的能力：保证放射性和核物质安全的能力；增强对放射性和核物质的侦察以防止非法交易的能力；对恐怖主义袭击做出反应的能力；防止成为潜在的核恐怖主义分子的安全避难所的能力。[①] 各参加国有共同的目标，即通过多边演习和专家级别的会议实现经验分享来提高国家与核恐怖主义战斗的能力。全球倡议伙伴国 2007 年 2 月在土耳其的安卡拉、2007 年 6 月在哈萨克斯坦的阿斯塔纳召开会议，为未来的行动制订计划。2007 年 6 月，美国联邦调查局组织全球倡议伙伴国在迈阿密参加反国际核恐怖主义法律执行会议。这个倡议对阻止核恐怖主义发挥了重要作用。

虽然反核扩散政策有效地阻止了冷战结束初期出现的核扩散加剧势头，但美国反核扩散强硬政策也不可避免地带来一个副产品，就是使某些国家感到安全受到极大威胁，增大了地区核问题的解决难度。2006 年 10 月朝鲜进行核试验就是一个证明。而朝鲜进行核试验又进一步刺激了伊朗加快铀浓缩活动。

（二）防核扩散

小布什上台以来，尤其是“9·11”事件以来，无论是国际社会，还是美国国内都言必称反核扩散。其实，小布什政府虽然强调反核扩散，但对于传统的防核扩散目标所承担的义务并没有减少，而只是认识到传统的防核扩散努力必须加强，如果它们要有助于美国和国际社会的安全的话。这包括积极的反核扩散外交、多边条约和机制、国际合作、控制核材料、出口控制和制裁。因此，小布什政府阻止核武器扩散的行动绝非反核扩散所能涵盖。突出表现是，2002 年的与大规模杀伤性武器战斗的国家战略明确规定，为防核扩散，美国应开展积极的防扩散外交；加强多边核不扩散机制，包括加强 NPT 和 IAEA、就削减裂变物质条约进行谈判、加强 NSG 和桑戈委员会。[②] 这在理论上为小布什政府实施防核扩散提供了基础。同时，“9·11”恐怖袭击后，朝鲜、伊朗日益增加的扩散威胁使美

① Partner Nations Endorse Global Initiative to Combat Nuclear Terrorism Statement of Principles, U. S. Department of State, Bureau of International Security and Nonproliferation, 7 November 2006. http: // www. state. gov/t/isn/rls/fs/75845. htm.

② National Strategy to Combat Weapons of Mass Destruction, December 2002, p. 4.

国认为有必要采取反核扩散倡议以外的措施。[1] 也就是说，美国认识到，仅仅反核扩散是无法阻止核扩散的。因此，在推行反核扩散的同时，小布什政府也积极在单边、双边和多边层次上努力推行防扩散。

1. 单方面措施

首先，小布什政府积极通过修正已有法律和制定新法律防止核武器等大规模杀伤性武器扩散。克林顿政府时期制定的防止伊朗核扩散法规定：任何国家，如果它的公司帮助伊朗获得核武器等大规模杀伤性武器，美国将对该国实施处罚。2005 年，小布什政府把叙利亚纳入防止伊朗核扩散法修正案，成为“伊朗、叙利亚核扩散法案”，2006 年，国会把朝鲜也包括到该法案中。2006 年，小布什政府制定外国业务、筹措资金和有关项目拨款法案，该法案规定，截留 60% 援助俄罗斯的资金，除非总统证实俄罗斯已经停止对伊朗的援助。俄罗斯的这些援助包括：提供对于开发核反应堆或洲际导弹技术必要的技术训练、专家咨询、技术或装备。上述法律，一方面有助于防止有关国家开发核武器；另一方面，有助于阻止核武器国家援助其他国家开发核武器。

其次，不断增加用于防核扩散预算资金。“9·11”事件以来，美国政府用于防核武器等大规模杀伤性武器扩散的费用显著增加。这里要以美国国务院、国防部和能源部所获得的预算资金做一说明。国务院用于防核扩散和反恐怖主义的资金 2002 年为 3.135 亿美元，2003 年为 3.724 亿美元，国防部用于与独联体国家合作减少威胁计划的资金 2002 年为 4.002 亿美元，2003 年为 4.167 亿美元。能源部用于防核扩散项目的资金，2002 年为 10.296 亿美元，2003 年为 11.136 亿美元。[2] 从上述部门用于整个防扩散的资金看，增加幅度很大。国防部、能源部、国务院和国土安全部 2009 财年和 2010 财年用于反大规模杀伤性武器扩散的资金分别为 296 亿美元和 264 亿美元。其中国防部 2009 财年和 2010 财年用于反大规模杀伤性武器扩散的资金分别为 224 亿美元和 191 亿美元，而 2008 财年的资金为 143 亿美元。能源部 2009 财年获得 66 亿美元，2010 财年获得 68 亿美元。国土安全部相应获得为 6.7 亿美元和 5.28 亿美元，以应对核武器、

---

① Craig H. Allen, *PSI Report*, *Maritime Counterproliferation Operations and the Rule of Law*, PSI Report, Praeger Security International, 2007.

② Carl E. Behrens, *Nuclear Nonproliferation Issue*, *Issue Brief for Congress*, Order Code IB 10091, Updated 19 September 2002. WM00582.

化学武器和生物武器对美国本土的威胁。[①]

经费的不断增加确保了小布什政府时期各项防核扩散行动、计划和项目的推行和实施，是冷战后美国防核扩散政策取得相当成绩的重要保证。

最后，加强对核扩散行为的制裁。美国政府和学术界认为经济惩罚或制裁是全面防核扩散战略的一个基本工具。针对防核扩散而实施的制裁不仅会增加供应者的成本，而且会起到鼓励外国政府采取更负责任的防核扩散政策的作用，并确保该政府管辖下的实体不会实施开发核武器计划。基于上述考虑和认识，小布什政府先后实施了一系列经济制裁。

为有效实施防核扩散制裁，小布什政府一方面积极利用本国有关防核扩散法律，如根据“伊朗防扩散法案”，美国政府试图最大限度地推进防核扩散目标。为此，美国国务院审查每一个已知的对伊朗的转移——不仅是对根据美国出口控制法律应实施控制的物资，而且对那些可能对开发大规模杀伤性武器或导弹有极大促进作用的物资。2004 年 4 月，美国对 13 家涉嫌扩散核武器等大规模杀伤性武器的实体或与伊朗进行导弹贸易的实体进行了制裁。[②] 此外，小布什政府努力利用联合国等国际组织推动国际社会对核扩散行为进行制裁。如在 2003 年 9 月的联大讲话中，小布什总统建议安理会通过一个决议，呼吁成员国宣布扩散大规模杀伤性武器为犯罪，并保证本国管辖范围内敏感物资的安全。美国政府相关机构经过 8 个月的争论，起草了一份决议草案，后来在联合国一致通过，这就是安理会第 1540 号决议，决议包括了小布什总统所提出的所有目标。[③]

在对涉嫌核扩散的实体进行制裁的时候，美国政府非常注重利用自己在国际金融领域里的有利地位。美元在国际贸易中的中心地位和美国在国际金融体系中的特殊作用为美国实施金融制裁提供了有利条件。2005 年 6 月，布什总统发布第 13382 号行政命令，禁止美国公民与国外有核扩散行为的实体进行交易，并冻结处于美国司法管辖下的核扩散者的财产并禁止核扩散者使用美国的金融机构。[④] 当时，共有叙利亚、朝鲜和伊朗的 35

---

① Counterproliferation Program Review Committee, Report on Activities and Programs for Countering Proliferation and NBC Terrorism, Volume I Executive Summary, July 2009, pp. 27 – 28.

② Judith Miller, Bush Puts Penalties on Nuclear Suppliers, *New York Times*, 2 April 2004, A3.

③ Security Council Resolution No. 1540, UN Doc No S/RES/1540, 2004.

④ Executive Order 13382, 29 June 2005, http://www.whitehouse.gov/news/releases/2005/06/20050629.html.

个实体被指参与了与扩散核武器等大规模杀伤性武器有关的行动。2007年10月，小布什政府扩大了这个清单，把许多伊朗个人和实体加入清单，包括伊朗两家国有银行、伊斯兰革命卫队、国防和武装力量后勤部等。[①]

毫无疑问，上述各种制裁措施增加了有关国家获得开发核武器所必需的资金、技术和有关物资的难度，推迟了有关国家获得核武器的时间。为美国和国际社会采取相应的应对措施赢得了时间。

2. 双边措施

与有关国家或地区的合作在小布什政府防核扩散中占有重要地位。这些双边行动主要如下。

继续推进合作减少威胁计划，俄罗斯境内的核武器被大量削减和销毁。到2003年，美国能源部完成了对俄罗斯600吨核武器材料中17%的全面升级和控制；对俄罗斯的铀处理设施进行了18次特别视察，把俄罗斯171.3吨高浓缩铀转化为低浓缩铀；在12处（共20处）战略通道和边界安装了侦测放射性物质的设备，用于侦测和阻止非法核材料交易；就制订处理俄罗斯过剩的武器级钚的详细计划发起并召开了讨论会；2003年与俄罗斯原子能部签署永久协议，停止核武器的改进工作。[②]到2004年10月27日，俄罗斯的核弹头已被拆除3172枚。[③] 2006年一年就销毁俄罗斯4架图-22M逆火式轰炸机、77枚Kh-22空对地核导弹以及其他多种大规模杀伤性武器。为进一步实施削减计划，美国制订了2008~2013年削减俄罗斯核武器等大规模杀伤性武器计划。[④] 可以说，与俄罗斯的双边合作减少威胁计划的顺利实施在相当程度上阻止了核武器的进一步扩散。

提出一系列新的双边防核扩散倡议。小布什政府在防核扩散方面提出许多倡议，2004年5月26日，美国能源部部长斯宾塞·亚伯拉罕宣布全球减少威胁倡议（GTRI），该倡议调整和加速了能源部正在推行的许多计划：俄罗斯研究反应堆燃料回收计划（回收世界范围内俄罗斯生产的反

① Peter Crail, "UN Iran Sanctions Decision Awaits," *Arms Control Today*, November 2007.

② Counterproliferation Program Review Committee, Report on Activities and Programs for Countering Proliferation and NBC Terrorism, Executive Summary, May 2003, p. 11.

③ Counterproliferation Program Review Committee, Report on Activities and Programs for Countering Proliferation and NBC Terrorism, Volume I Executive Summary, May 2005, p. 11.

④ Cooperative Threat Reduction Annual Report to Congress Fiscal Year 2008, p. 13.

应堆所产生的核燃料）；降低用于研究和试验反应堆的浓缩铀浓度项目（把105个民用核反应堆所用的高浓缩铀转化为低浓缩铀）；外国研究反应堆已用过的核燃料接收计划（完成美国生产的反应堆所用的高浓缩铀的回收，从遍布世界的40个反应堆中回收了大约20吨高浓缩铀）；美国和国际放射性威胁削减计划（确定、恢复和储存国内放射性密封资源和其他放射性物质并降低可用于制造脏弹的放射性物质所产生的威胁）。除加速正在执行的计划外，倡议还提出全球研究反应堆安全计划，目的是对那些储存可用于发展核武器的高浓缩铀的反应堆设施提供安全升级。2004年9月，美国与俄罗斯共同召开GTRI国际伙伴会议，寻求其他国家支持GTRI计划。结果，超过90个国家加入GTRI，并许诺在未来10年提供大约4.5亿美元。[①] 根据能源部的统计，2004年5月以来，12个使用高浓缩铀的反应堆已经改用低浓缩铀，摧毁了4个使用高浓缩铀的反应堆，同时，移除了超过39枚核武器中的高浓缩铀，并使分布在世界范围内的556处放射性场所处于安全状态下。[②]

努力与其他国家协调，加强对伊朗和朝鲜的国际金融和经济压力。美国与其他国家或地区展开双边合作，扩大了国际社会对伊朗的金融制裁。2007年10月，八国集团创办了金融行动特别工作组，与洗钱和为恐怖主义及核扩散提供金融支持的行为进行战斗，要求成员国金融机构考虑与伊朗进行交易的风险。结果，越来越多的银行不愿意与伊朗交易。据美国说，这样的行动效果很好。美国官员说，伊朗银行的国外分支机构和分公司正变得日益孤立，外国投资已经大大下降——尤其在对伊朗非常重要的能源领域是这样。俄罗斯、中国和欧洲的石油公司现在发现很难前往开发伊朗石油，法国政府则要求其最大的石油公司不要参加伊朗石油开发投标。[③]

这种政策对朝鲜的影响也很大。美国与中国澳门合作，对平壤用作支持其活动的在澳门的银行实施制裁，冻结了朝鲜2500万美元资产，此后，其他许多金融机构缩减或终止了与朝鲜金融机构之间的金融业务。这种有

① Amy F. Woolf, Paul K. Kerr, and Mary Beth Nikitin, *CRS Report for Congress*, *Arms Control and Nonproliferation: A Catalog of Treaties and Agreements*, RL33865, 9 April 2008.

② DoE Fact Sheet, "GTRI: More Than Three Years of Reducing Nuclear Threats," December 2007, http://www.nnsa.doe.gov/docs/factsheets/2007/NA-07-FS-03.pdf.

③ Steven Mufson and Robin Wright, "Iran Adapts to Economic Pressure," *The Washington Post*, 29 October 2007, A1.

针对性的金融措施最终成为六方会谈中的杠杆，迫使朝鲜最终在 2007 年 2 月达成弃核协议。[①] 美国认为，金融制裁似乎可以改变这些国家的政策方向。

3. 多边合作

多边合作是小布什政府防核武器等大规模杀伤性武器扩散的又一重要方式。多边合作不仅是与盟国和友好国家之间的合作，也包括与潜在敌国和前敌国之间的合作。布什总统说：在反核扩散的同时，“我们还必须使用新技术加强我们的情报能力，与盟国更加紧密合作，与包括我们从前的敌人在内的有关关键国家建立新的伙伴关系”。这样，在小布什政府的防核扩散行动中，就出现了与冷战时期完全不同的形势，即与潜在的对手或前敌国合作，共同防止核武器等大规模杀伤性武器扩散。

多边合作防核扩散的一个重要平台是 PSI。PSI 在冷战后的反核武器等大规模杀伤性武器扩散中发挥了十分重要的作用，有鉴于此，小布什政府十分注重利用这一多边形式协调反核扩散事宜。在 2003 年 5 月提出该倡议到 2004 年 5 月的很短时间内，美国就与伙伴国先后召开 6 次全体会议，协商有关行动议题。同期，美国还与成员国召开多次专家会议，如 2003 年 12 月在华盛顿召开的专家会议和 2004 年 4 月的渥太华会议。[②] 通过在会议上与伙伴国磋商，美国顺利地让其他国家采取了有关防核扩散措施。如在 2004 年 3 月的里斯本会议上，PSI 成员国制定了一套“具体步骤”，概括各国提出的有助于建立 PSI 行动能力的具体方法。具体步骤要求各国发表支持 PSI 的声明、审查并提供各国目前立法机构的信息、建立联系点和良好的内部程序、缔结相关协议或采取其他有利于促进合作的措施。[③] 2006 年 6 月 23 日，PSI 66 个成员在波兰召开高级政治会议，其目的是与商业界建立更紧密的联系，以防止对扩散大规模杀伤性

---

① Patrick Murphy, Leonard S. Spector, and Leah R. Kuchinsky, “Special Report: Financial Controls Emerge As Powerful Nonproliferation Tool; North Korea and Iran Targeted,” Insights, Issue 15, May 2007.

② 这 6 次会议的时间和地点是：2003 年 6 月在马德里、2003 年 7 月在布里斯班、2003 年 9 月在巴黎、2003 年 10 月在伦敦、2004 年 3 月在里斯本、2004 年 5 ~ 6 月在克拉科夫。U. S. Department of State, Bureau of Nonproliferation, Calendar of Events, Proliferation Security Initiative Exercises, http://www.state.gov/t/np/c12684.htm.

③ Craig H. Allen, *PSI Report*, *Maritime Counterproliferation Operations and the Rule of Law*, Praeger Security International, 2007, p. 51.

武器提供任何金融支持。[①] 可以说，这一措施极大提高了国际社会防核武器等大规模杀伤性武器扩散的效果。

多边合作防核扩散的另一重要平台是联合国。通过联合国这一当今世界上最大的政府间国际组织推行有关政策和措施，无疑将赋予行动合法性和极大权威性。在 2003 年 9 月 23 日的联大讲话中，布什总统说："因为涉嫌扩散的国家会利用任何它们可以利用的途径或渠道，为阻止扩散，我们需要最广泛的合作。"[②] 在美国大力推动下，2004 年 4 月 28 日，联合国安理会通过内容完全由美国各部门协商起草的报告组成的第 1540 号决议，要求所有国家"对核扩散行为进行刑事处罚"，呼吁各国对大规模杀伤性武器和与大规模杀伤性武器有关的物资的生产、使用、储存和转移实施有效的国内控制；实行有效的边界控制；对上述物资的出口和转运实行控制，以有助于国际拦截行动。决议也要求各国就执行情况向联合国提交报告。第 1540 号决议对于防止核武器等大规模杀伤性武器扩散发挥了重要作用和影响，2006 年 4 月，安理会通过第 1673 号决议，给予提交 1540 号决议的委员会延长两年时间并要求该委员会不迟于 2008 年 4 月 27 日向安理会提交正式报告。

美国也注意利用联合国与有关国家达成的双边防核扩散协议，将其多边化，提高其合法性与扩大其适用范围，从而更有力地实施防核扩散。2005 年，经过 8 年多的讨论，联大通过了美国与俄罗斯起草的抑制核恐怖主义国际协议。2007 年 7 月，该协议生效，协议有 24 个参加国，115 个签字国。协议详细说明了与非法拥有和使用放射性或核材料或装置、使用或毁坏核设施有关的不法行为。协议成员国承诺在其国家法律中采取措施对不法行为进行惩罚。协议没有强调"各国使用或威胁使用核武器的法律问题"。各国还同意交换信息和合作以"阻止、防止、抑制和调查"有核恐怖主义嫌疑的行为。[③]

美国也十分注重利用联合国对有关涉嫌核扩散的国家进行制裁。2005

---

① Sharon Squassoni, CRS Report RS21881, Proliferation Security Initiative (PSI), Updated 14 September 2006.

② White House, *President Addresses United Nations General Assembly*, 23 September 2003, http://www.whitehouse.gov/news/releases/2003/09/20030923－4.html.

③ Amy F. Woolf, Paul K. Kerr, and Mary Beth Nikitin, *CRS Report for Congress*, *Arms Control and Nonproliferation*: *A Catalog of Treaties and Agreements*, RL33865, 9 April 2008.

年9月，IAEA发现伊朗违反了所承诺的义务，并把这个问题提交安理会。2006年3月，安理会发表主席声明，呼吁伊朗重新履行义务，重新考虑建设重水反应堆，批准并实施附加协议和实现透明化。2006年6月，5个安理会常任理事国和德国向伊朗提出新谈判建议，包括确认伊朗不可剥夺的和平利用核能的权利、帮助伊朗建设轻水反应堆、伊朗与欧洲原子能机构达成和平利用核能的合作协议、燃料供应保证、给予伊朗WTO成员地位、终止美国对伊朗的某些制裁并允许伊朗购买农产品和波音飞机部件。作为回报，伊朗将停止与铀浓缩有关的工作、恢复实施附加协议和与IAEA的合作。建议也提出了针对伊朗不合作情况下的措施：禁止与核有关的物资的出口，冻结伊朗海外资产，禁止给伊朗人发放旅行签证，IAEA停止与伊朗的技术合作，禁止有关实体的投资，禁止伊朗人在国外的核和与导弹有关的机构从事研究，建议还包括武器禁运、不支持其获得WTO成员地位和全面冻结伊朗金融机构的资产。但伊朗没有做出积极的回应。于是安理会先后通过了第1737号和1747号两个决议，对伊朗实施有限制裁。①

多边合作的又一重要平台是各种相关国际组织，包括NSG、IAEA、G8等。G8成员国不仅都表示支持PSI，而且它们都是PSI的正式成员国。在2004年6月的G8峰会上，G8采取新的防核扩散行动计划，重申“坚决支持PSI和拦截原则声明”；在2005年峰会上，G8重申了反击核扩散威胁的义务。

NSG（核供应国集团）在加强核出口控制、防止核扩散方面具有重要的不可替代的作用。小布什政府通过NSG鼓励和支持世界各国实行更严格的核出口控制，制定更有效的许可证程序和帮助各国建立更有效的执行机制。“9·11”事件发生后，恐怖分子努力获得核武器、技术和相关物资。为防止他们最终拥有核武器，美国一直努力要求NSG成员国就可能有助于“流氓国家”或恐怖分子开发或获得核武器的材料或技术进行信息交换并评估是否需要把其他物资加入出口控制清单，要求各成员国把防止核武器等大规模杀伤性武器扩散看作自己的义务，并敦促各成员国尽最大努力，防止涉嫌核扩散的国家从外国获得可能使其在生产大规模杀伤性武器及其运

① Mary Beth Nikitin, *CRS Report for Congress: Proliferation Control Regimes: Background and Status*, RL31559, 31 January 2008.

载系统方面变得更加自足的物资。例如，作为削弱朝鲜开发核武器努力的一部分，在2002年12月的NSG大会上，负责军备控制和国际安全的美国副国务卿约翰·博尔顿要求各成员国对于那些有助于朝鲜铀浓缩计划但并非NSG控制清单上的物资也实施严格的控制，防止朝鲜获得这些不受控制的核材料。[①] 为防止其他所谓“流氓国家”或恐怖分子开发或获得核武器，2002年12月NSG召开全体会议修改了指导原则。[②] 但美国在通过NSG防核武器扩散原则时，采取了明显双重标准的行为。例如，在印度1998年进行核试验后不久，美国不仅逐步取消了对印度实施的有名无实的制裁，而且2005年美国还进一步推动NSG对印度实行例外，以向印度提供核供应为条件，要求印度实施全面的安全措施。美国认为这一例外对于美国实施其提出的与印度实行民用核合作的建议是必需的。[③] 很明显，美国此举与防核武器扩散是相矛盾的，人们不禁会问，是不是接受国际社会全面安全保障就可以开发核武器？联想到美国对朝鲜和伊朗开发核武器的立场与态度，这一行动使人们有理由对美国防核扩散的真正目的表示怀疑，美国是真的要防核扩散吗？美国的行为无异于鼓励其他国家在继续开发核武器后以遵守IAEA全面安全保障为条件，换取国际社会放弃制裁并实际上承认其为核武器国家。这显然无助于防核扩散，会损害防核扩散机制。更重要的是，美国此举可能会使其他有开发核武器计划的国家认为，正是因为印度成功开发和拥有了核武器，美国才不得不同意向印度提供核燃料供应。果真如此，这无异于鼓励某些国家继续开发核武器。

IAEA在国际核军备控制和防核扩散事务中一直发挥着重要作用。“9·11”事件以来，与美国防核扩散重点的转变一样，IAEA致力于防止恐怖主义者获得或使用大规模杀伤性武器，包括核武器和放射性装置。这首先表现为提升安全援助、促进安全保护协议的实施。2001年，IAEA制定了关于放射性物质的安全和保险行动守则，2002年制订了与核恐怖主义战斗的行动计划，2005年，IAEA采用了为期4年的2006～

① John R. Bolton, *Chicago Journal of International Law*, Bush Administration's forawrd Strategy for Nonproliferation, Vol. 5, Issue 2, 2005, pp. 395 – 404.

② Michael Lipson, *Nonproliferation Export Control and World Order: Globalization, Security, and the State*, Paper prepared for presentation at the annual meeting of the Midwest Political Science Association, Chicago, Illinois, 15 – 18 April 2004.

③ CRS Report RL33016, U. S. Nuclear Cooperation with India: Issues for Congress, by Sharon Squassoni.

2009 年核安全计划。核安全计划是一个自愿机制，支持防止、侦探核恐怖主义并对核恐怖主义做出反应。到 2007 年 8 月，有 96 个国家参加了 IAEA 有关违法交易的数据库，它有利于交换与非法的核材料或放射性物质交易有关的信息。2004 年，巴基斯坦核科学家 A. Q. 汗通过地下黑市出售浓缩铀技术的事情被曝光，这使国际社会不仅要求切断网络，而且努力限制合法的技术转移。就在 A. Q. 汗核走私活动曝光后不久，IAEA 负责人提出 7 条加强防核扩散机制的措施：延期 5 年建设铀浓缩和钚再处理工厂；用高浓缩铀反应堆代替低浓缩铀反应堆；就 NPT 的查证标准达成附加协议；普遍实施联合国安理会第 1540 号决议；核武器国家加速实施 NPT 第 VI 款的要求（核裁军）；建议安理会对退出 NPT 的行为做出反应；解决地区安全紧张局势。[①] 继而，IAEA 总干事巴拉迪（Mohamed EI Baradei）主张加强把防核扩散机制的焦点放在加强对敏感核燃料循环技术的控制上，并努力把 NPT 以外的国家（印度、巴基斯坦和以色列）纳入进来。[②]

小布什政府一方面积极利用与国际社会的双边和多边合作阻止核武器扩散；另一方面，在涉及自身安全时，又轻视国际合作，努力摆脱国际防核扩散机制的约束，大力建设自己攻防兼备的核打击力量。2001 年 12 月 12 日，小布什总统正式宣布退出美苏 1972 年签署的《反导条约》。在 2009 年的联大上，美国否决了国际社会一致同意的 CTBT。不仅如此，美国自己也认为“未来多边军备控制的前景是暗淡的”，因此，小布什政府一直没有批准 CTBT 的计划。[③] 尤为甚者，小布什在核态势评估报告中明确主张恢复核试验，以确保美国核武器的安全与可靠。这极大损害了国际核不扩散机制。

要阻止核扩散，作为世界拥有核武器和进行核试验次数最多的国家，同时也是唯一使用过核武器的国家，美国有义务身体力行。只有这样，才可能真正防止核扩散。

---

① IAEA Director General Mohamed El Baradei, Seven Steps to Raise World Security, *Financial Times*, 2 February 2005.

② Mohamed El Baradei, “Rethinking Nuclear Safeguards,” *Washington Post*, 14 June 2006.

③ Sharon A. Squassoni, *Nuclear, Biological, and Chemical Weapons and Missiles: Status and Trends*, Order Code RL30699, Updated 14 January 2005. WM00608.

（三）后果管理

后果管理是小布什政府三位一体的防核扩散政策的重要组成部分。

小布什政府认为使用大规模杀伤性武器是未来冲突的特点。因此，美国没有别的选择，只有做好准备，以便在与任何拥有大规模杀伤性武器的敌人的冲突中赢得胜利。这不仅意味着要开发各种战术、战略和战场能力，以应对使用大规模杀伤性武器的威胁，并把这些能力整合到武装部队的学说、训练和装备中，而且意味着在加强反核扩散的同时，采取积极和消极防御措施，加强防核扩散和实施后果管理。

首先，加强积极防御。为防止遭受核武器袭击，小布什政府大力发展导弹防御系统，以便在发射初期或中段或末端击毁来袭核弹。在 2007 财年、2008 财年和 2009 财年上半年，导弹防御局在防守、部署和支持集成导弹防御能力方面取得极大进展。导弹防御局部署了 14 个陆基拦截器，完成了在阿拉斯加格里利堡（Fort Greely）的导弹防卫，交付了 41 套标准－3 导弹拦截器和 17 套具有弹道导弹防御能力的船只，在位于日本的 Shariki 空军基地部署了 X 波段雷达和命令、控制、战斗管理与通信装备，在范登堡美国空军基地也部署了 X 波段雷达，对位于加利福尼亚的比尔基地和英国菲林戴尔基地的早期预警雷达进行了升级，使之具有对弹道导弹的早期预警能力；在以色列部署 X 波段雷达；为远程防御升级了开火控制软件；给空军交付了一套用于天基红外线系统和具有高分辨率高椭圆轨道卫星的传感器，这为美国下一代导弹预警系统提供了关键因素。与此同时，防务威胁削减署改进了目标评估技术项目，提高了制定、整合和运用各种技术以发现、描述和评估坚硬的和深埋于地下的目标以及大规杀伤性武器设施的能力。[①] 这有助于战斗司令官更好地开展行动。

其次，积极加强消极防御。对于防核扩散而言，消极防御主要是指采取措施，加强对放射性物质和核武器的侦察和探测。2007 年以来，根据化学武器、生物武器和核武器设施保护计划，美国加强了 89 个军事设施对化学武器、生物武器、放射性物质和核武器的保护和反应能力。2009 年，国防部在核武器、生物武器和化学武器斯瑞克侦察车上配备了联合服务轻型防区外化学剂探测器。国防部还制订了生物武器、化学武器、放射

① Counterproliferation Program Review Committee, Report on Activities and Programs for Countering Proliferation and NBC Terrorism, Volume I Executive Summary, July 2009, p. 12.

性武器和核武器设施保护计划，向武装部队人员及其家属提供生物武器、化学武器、放射性武器和核武器注意信息，向紧急管理人员提供有关世界范围内军事基地的国家倡议信息。[①] 这些措施极大地提高了美国应对核武器袭击的能力。

最后，努力加强遭核武器等大规模杀伤性武器袭击的后果管理。后果管理是指采取行动，对在美国国内或国外蓄意或意外使用化学武器、生物武器、放射性武器或核物质或高当量的常规爆炸性武器做出反应，并帮助降低损害和相关危险。根据联邦紧急管理署的指导，国防部在国内提供后果管理支持；在国外，国防部为国务院进行后果管理提供支持。这方面，主要是国防部发挥了重要作用。根据美国联邦法典第 50 款第 2034 节要求，美国国防部应建立并维持至少一个能够帮助联邦政府、州政府和地方政府官员应对生物武器、化学武器、放射性物质、核武器和高性能爆炸物意外事件的反应队伍。据此，国防部建立了三个应对放射性物质、核武器等大规模杀伤性武器的后果管理反应组，并对它们进行了训练，使其能够随时对来自民事当局的要求做出回应（反应小组的人员由受过应对放射性物质和核武器等大规模杀伤性武器训练的人组成，他们有能力在放射性物质和核武器环境下展开行动。每组大约有成员 4700 人）。该组织的使命是根据国防部部长或总统的直接命令对蓄意的或意外的放射性物质、核武器等大规模杀伤性武器爆炸事件的后果管理提供支持。当使用放射性物质和核武器等大规模杀伤性武器的影响超出州和地方当局的处理能力时，反应小组将根据国土安全部的要求或负责部门的指派进行部署。后果管理反应第一组于 2008 年 10 月 1 日投入使用（美国陆军第三步兵师的第一旅战斗队和第一医疗旅是该组的核心组成部分），第二组和第三组分别于 2009 年 10 月 1 日和 2010 年 10 月 1 日投入运作。[②]

虽然防核扩散、反核扩散和后果管理共同构成小布什政府三位一体的不扩散政策，但在实际实施过程中，小布什政府着力强调反核扩散，发动包括军事打击和入侵在内的各种单边主义行动，这固然在相当程度上阻止了核扩散，但也进一步刺激了核扩散。正如有的评论家所说，它可能导致其他

① Counterproliferation Program Review Committee, Report on Activities and Programs for Countering Proliferation and NBC Terrorism, Volume I Executive Summary, July 2009, p. 12.

② Counterproliferation Program Review Committee, Report on Activities and Programs for Countering Proliferation and NBC Terrorism, Volume I Executive Summary, July 2009, p. 14.

国家，尤其是诸如朝鲜和伊朗这样的地区强国的平衡行为。它也可能增加利用大规模杀伤性武器的恐怖主义，使它们对美国的常规军事优势做出非对称反应。[①] 同时，其过分强调和突出反核扩散等单边主义的一系列做法，也不可避免地招致一些批评和反对，这使美国的反核扩散政策看起来难以为继。

三、奥巴马政府防核扩散政策

由于小布什政府防核扩散的目标与政策之间出现严重错位，使核武器扩散状况变得更为严重。奥巴马上台后，开始着手改变这一状况。

（一）奥巴马防核扩散政策的调整

1. 加强防扩核扩散出口控制

首先，充分发挥有关多边国际组织在防核扩散中的作用。奥巴马政府尤其注重利用核供应国集团（NSG）这一多边出口控制组织来防止核扩散。2009 年 6 月在布加勒斯特召开的 NSG 全会上，美国与西方盟国一起，就加强对铀浓缩和再处理技术的出口控制达成一致，各国还同意，就同位素分离设施的出口控制继续进行讨论。[②]

其次，改革防扩散出口控制政策。奥巴马上台伊始就推行防核扩散出口控制改革。奥巴马认为，美国不扩散出口控制在控制什么、如何控制、如何实施控制和如何管理这些控制四个方面都需要进行根本的改革。他要求成立一个广泛的跨部门组织来审查美国出口控制制度。在出口控制清单方面，改变过去出口控制清单由商品控制清单和军火控制清单组成，从而导致各部门经常为管理权发生争吵的情况。奥巴马要求制定一个单一的、分层次的、明确的控制清单，使美国在更好地控制最敏感物资的出口、防止核扩散的同时，减少对一般物资的出口控制，促进美国经济发展。另外，奥巴马计划成立出口执法协调中心，负责各相关部门和机构之间的协调和加强出口控制，消除漏洞和重复的地方。[③]

---

① Jonathan Tucker, *Asymmetric Warfare*, *Forum for Applied Research and Public Policy*, Vol. 14, No. 2, Summer, 1999, pp. 32 – 38.

② U. S. Department of Commerce Bureau of Industry and Security Fiscal Year 2009 Annual Report, pp. 12 – 13.

③ *President Obama's Remarks on New Efforts to Reform Export Controls*, 31 August 2010, http: // www. whitehouse. gov/.

2. 调整核战略

奥巴马对核战略与核不扩散的关系有清醒的认识，在任参议员时，他就认为美国“需要创造性地思考对核武器、生物武器和化学武器的下一步措施”，建议在“销毁重型武器和采取措施阻止危险物资的流动”方面采取行动。[①] 入主白宫后，他的政府立即调整核战略。主要措施如下。第一，降低核武器在国家安全战略中的作用。与布什政府突出核武器在国家安全战略中的作用不同，2010 年 4 月发布的新核态势评估报告（NPR）宣布：只有在保卫美国或其盟国和伙伴关键利益的极端情况下，美国才考虑使用核武器，核武器的根本作用是阻止对美国及其盟国和友好国家的核进攻。[②] 第二，削减核武器数量。新 NPR 要求，与俄罗斯签订新的削减战略武器协议，把两国的战略核弹头限制在 1550 枚、部署的战略运载工具限制在 700 具，部署与库存运载工具总数不超过 800 具。在第一阶段《削减战略武器条约》的水平上，把洲际弹道导弹、潜射弹道导弹和能携带核武器的重型轰炸机削减大约 50%，削减大约 30% 的战略核弹头。在此基础上，考虑与俄罗斯就进一步削减核武器进行谈判。第三，实行有条件使用或有条件不使用核武器的政策。新 NPR 宣布：对 NPT 成员国中的非核武器国家和遵守核不扩散义务的非核武器国家，将不使用或威慑使用核武器。第四，不开发新的核武器。2002 年的 NPR 要求研发用于攻击深藏地下的硬目标和具有可调威力以增加使用灵活性的新一代核武器。2010 年的 NPR 在这方面有非常大的不同，它明确表示：“美国将不开发新的核弹头，将不支持新的军事使命或为弹头提供新的军事能力”。[③]

3. 重新承担军备控制义务

战后美国虽然提出了许多核裁军计划或倡议，但美国根本不愿意采取切实有效的行动，更不用说率先采取切实有效的行动了，如 1963 年之所以仅达成一个部分禁止核试验的条约，主要是美国激烈反对全面禁止核试验。1988 年 6 月的联大第三次裁军特别会议之所以没有就最后文件达成共识，也主要是由于美国根本不积极，克林顿政府后期美俄之间在削减核武器上没有获得突破的重要原因之一，也是美国不愿意接受俄罗斯提出的

① Council on Foreign Relations, Non-Proliferation and Russia: The Challenges Ahead, 1 November 2006, Washington D. C.

② U. S. Department of Defense, *Nuclear Posture Review Report* (NPR), April 2010, pp. 15 - 17.

③ NPR, p. 39.

把核武器削减到1500枚的水平。[①] CTBT至今没有生效，也主要是美国拒不批准。奥巴马上台后，重新承担军备控制义务，其主要措施如下。第一，与俄罗斯就新的削减战略武器协议进行谈判。为达成条约，奥巴马不再坚持在波兰和捷克部署导弹防御系统，2010年4月8日，双方签署新协议。第二，推动美国批准CTBT。促使国会尽快批准CTBT是奥巴马核不扩散议程的关键目标。奥巴马说，“作为总统，我将把建立两党一致以批准CTBT作为我的优先任务”并“尽可能快地使它生效”[②]。为此，由希拉里·克林顿国务卿率领的美国代表团参加2009年9月24日在美国纽约联合国总部召开的“全面禁止核试验条约”主题会议时，克林顿国务卿说，美国政府今后的目标是争取参议院批准CTBT和促使其他国家批准该条约。为争取舆论促使国会批准，奥巴马说：“在经过50多年的谈判后，现在是最终禁止核试验的时候了。”同时，美国政府为国会提供了最全面的分析，使国会认识到批准条约是最好的出路。[③] 第三，推动国际社会达成削减生产用于核武器的裂变物质条约。在多边核裁军过程中，裂变物质削减条约长期以来就得到重视。奥巴马坚决支持缔结具有国际核查条款的削减裂变物质条约（FMCT）。2008年，在接受《今日军控》专访时，奥巴马说：“就达成一个终止用于核武器的裂变物质生产的可核查的条约，我将发动全球谈判。”[④] 入主白宫后他又公开允诺：“我们将与其他国家合作，消除在过去的10多年里阻碍谈判开始的障碍。”[⑤] 为敦促裁军会议尽快进行谈判，他还提议设立国际燃料银行。第四，加强核不扩散机制。主要是加强作为不扩散机制基础的NPT，包括加强国际核查、强化对违反条约的国家的制裁等。在2008年8月26日与共和党候选人举行的电

① 〔英〕约瑟夫·罗特布莱特等编辑《无核武器世界探索》，吴克生等译，当代世界出版社1995年版，第31~35页。Bradley Gaham, *Hit to Kill: the New Battle over Shielding America from Missile Attack*, Public Affairs, 2001, p. 277.

② Jeff Lindemyer, Potential U. S. Ratification of the Comprehensive Nuclear Test Ban Treaty (CTBT) Fact Sheet, 15 April 2008, http://www.armscontrolcenter.org/policy/nonproliferation/articles/potential_ratification_ctbt/.

③ U. S. Official Briefs on Nuclear Nonproliferation, Tauscher's overview of U. S. administration's nonproliferation agenda. http://www.america.gov.

④ Arms Control Association, Arms Control and the 2008 Election.

⑤ Carnegie International Nonproliferation Conference, Deputy Secretary of State, James B. Steinberg. 6 April 2009.

视辩论中，奥巴马说，他将“加强核不扩散条约，使那些不遵守的国家面临强有力的国际制裁”。7 月，奥巴马强调说：“通过承担 NPT 义务，我们将处于一个重新获得国际支持以对诸如朝鲜和伊朗那样违反条约的国家施加更大压力的更好地位。”①

4. 提高防核扩散在国家安全日程中的地位

奥巴马向来主张提高防核扩散在国家安全战略中的地位。2005 年，他要求布什总统把美俄合作防核扩散放在优先地位，并就如何应对核扩散提出建议。② 就任总统后，他立即着手提高防核扩散地位。在国家战略和政策层面，陆续公布的 NPR 和国家安全战略报告都明确把防扩散，尤其是防核扩散作为最优先的任务之一。③ 有评论家说不扩散已成为奥巴马政府“外交政策的中心”④。在国际上，克林顿国务卿则要求各国把防核恐怖主义作为不扩散机制的“第四个支柱”⑤。核不扩散在美国政府议事日程上的地位空前提高。

5. 改变对所谓“流氓国家”的称谓和做法

布什政府试图以威胁和制裁迫使朝鲜和伊朗放弃发展核武器，但以失败而告终。朝鲜已拥有核武器，伊朗仍坚持开发弹道导弹和提炼高浓缩铀。奥巴马政府认识到，必须改变布什政府的做法。关于伊朗核问题，在 2008 年的民主党全国代表大会上，奥巴马主张实行“胡萝卜加大棒”政策，准备“在没有任何前提条件的情况下采取大胆的、有道德原则和直接的高级外交”⑥。就职后，他多次表示愿与伊朗对话，宣布加入关于伊朗核问题的六国谈判并向伊朗发出邀请，在 2009 年卡内基国际和平基金会的核不扩散会议上，奥巴马保证用美国所有的政治、外交、

---

① Barack Obama, Summit on Confronting New Threats, West Lafayette, Indiana, 16 July 2008, http://www.barackobama.com/2008/07/16/remarks_of_senator_barack_obam_95.php.

② American's Nuclear Non-Proliferation Policy, http://obamaspeeches.com/017 - America - Nuclear - Non - Proliferation - Policy - Remarks - Obama - Speech.htm.

③ Department of Defense, *Quadrennial Defense Review Report*, February 2010, p.34, The White House, *The National Security Strategy of the United States of America*, May 2010, p.23, U.S. Department of Defense, *Nuclear Posture Review Report*, April 2010, p.11.

④ Laura Rozen, *Amid Crises, Obama Builds Nonproliferation Team*, *Foreign Policy*, 8 June 2009.

⑤ Hillary Rodham Clinton, The Next Steps on Nonproliferation Foreign Policy, Foreign Policy, 6 May 2010.

⑥ Stefanie von Hlatky & Michel Fortmann, *The nuclear question and the Obama presidency*, *International Journal*, Winter 2008 - 09.

智慧和道德资源努力实现不扩散目标。关于朝鲜核问题，在 2008 年的民主党全国代表大会，奥巴马说：“我们支持已经延迟了的外交努力，进行验证以终止朝鲜的核武器计划。……我们将继续直接的外交并通过六方会谈与我们的伙伴共同工作，努力实现可验证的朝鲜半岛无核化目标。”[①] 在执政百日之际，美国代理国务卿 James B. Steinberg 在 2009 年 4 月 6 日的卡内基国际和平基金会关于不扩散问题的会议上说：“解决朝鲜和伊朗发展核武器问题，外交手段必须发挥中心作用。”[②] 在称呼上，奥巴马给朝鲜和伊朗贴上“局外者”（outliers）的标签[③]，而不是布什时代的“流氓国家”绰号。相应的，在防核扩散的方法上，虽未明确放弃反核扩散的提法，但更多强调传统的防扩散[④]。这可能意味着美国在防核扩散事务上将回归主要依靠传统的外交和政治等手段，可能回到国际多边合作，而不是美国更多采取单边的军事行动，也意味着奥巴马政府可能会奉行不把对方逼到墙角的做法，可能使伊朗和朝鲜分别重返国际社会，不再成为美国攻击的对象。

6. *更加重视防核扩散国际合作*

在全球政治、经济和军事力量越来越分散的全球化时代，国际事务在越来越大程度上需要世界各国共同参与。小布什政府时期奉行的单边主义和先发制人战略，严重“疏远了与大部分世界的关系，破坏了美国的关键伙伴关系”，对不扩散目标造成重大损害。奥巴马政府表示要与这一做法划清界限。2008 年 9 月 10 日，在接受《今日军控》就防扩散进行专访时，奥巴马表示，他将与有关国家一起，加强对大规模杀伤性武器的安全保障措施，防止被偷或走私，防止无核国家发展核武器。就职以来，他和一些官员不断主张加强不扩散国际多边合作。美国国务院负责军控和国际安全事务的副国务卿陶舍（Ellen Tauscher）2009 年 10 月在联大呼吁各国共同为制止核扩散和防止核恐怖主义承担责任，表示“十分希望”能与

---

① Democratic National Committee, The 2008 Democratic National Platform: Renewing America's Promise, pp. 32 – 33. http://www.democrats.org/a/party/platform.html.

② Carnegie International Nonproliferation Conference, Deputy Secretary of State, James B. Steinberg. April 6, 2009.

③ David E. Sanger and Peter Baker, *Obama to Adopt Narrowed Stand on New Nuclear Arms. New York Times*, 6 April 2010. A. 1.

④ 关于防扩散与反扩散的区别，参阅 Barry R. Schneider, *Future War and Counterproliferation: U. S. Military Responses to NBC Proliferation Threats.* Pareger, 1999。

其他国家就加强 NPT "达成共识"[①]。奥巴马的核不扩散事务特别代表苏珊·伯克（Susan Burk）说，美国"期待与各签约伙伴国进行合作，努力确定在增强全球核不扩散机制的具体措施方面有可能达成一致的领域，以及需要做出进一步努力和审议，将来或许能达成一致的领域"[②]。奥巴马本人在 2009 年 9 月 23 日联合国大会上说："我们通过自己的言辞和行动，希望开辟与全世界进行接触的新时代。现在我们需要共同承担责任，做到全球一致努力应对全球性挑战。"[③]

在行动上，2009 年 9 月 24 日，奥巴马担任安理会核不扩散和核裁军峰会主席，这是历史上美国总统第一次主持安理会峰会，安理会一致通过了美国提出的"建立一个无核世界"的决议，提出未来不扩散行动框架，2010 年 5 月 5 日，五大国重申，它们将"采取具体而可信的步骤实现不可逆转的核裁军"[④]。希拉里·克林顿国务卿也亲自参加促使 CTBT 生效的国际会议，过去 10 年华盛顿一直没有派代表参加这样的会议，而且美国历史上从未派如此高级别的官员参加这样的会议。这表明，奥巴马政府已经改变了布什政府时期在不扩散和裁军问题上主要采取单边主义的做法，而开始更多采取多边主义。

（二）奥巴马核不扩散政策调整的动因

奥巴马政府的防核扩散政策反映了国际形势的深刻变化和美国对自身国家利益的诉求，是各种因素共同作用的结果。

1. 国际防核扩散机制面临严峻局面

第一，也是最主要的，美国霸权主义和强权政治刺激了扩散。首先，布什政府提高了核武器在国家安全战略中的作用和地位。冷战时期，美国核武器的作用是以确保相互摧毁来防止和威慑核攻击。布什政府改变了这种状态。2002 年的核态势评估报告赋予核武器在美国防务中的"关键作用"，明确表示对美国、美国海外驻军或朋友和盟国使用核武器和生物武器或化学武器，美国将使用核武器进行反击。[⑤] 同时，布什政府放弃不对无核

① Stephen Kaufman, *Nuclear Nonproliferation a Shared Responsibility*, Official Says, http://www.america.gov.

② Stephen Kaufman, *Conference Seeks to Strengthen Nuclear Nonproliferation*, http://www.america.gov.

③ Bill Schneider, *Obama's 'New Era Of Engagement'*, *National Journal Magazine*, 3 October. 2009.

④ Colum Lynch, *Big Powers Pledge Concrete Steps toward Disarmament*, *Foreign Policy*, 5 May 2010.

⑤ Hans M. Kristensen, *Global strike: A chronology of the Pentagon's new offensive strike plan*, *Federation of American Scientists*, 15 March 2006, http://www.nukestrat.com/pubs.htm.

国家使用核武器的原则，将所谓“流氓国家”以及谋求大规模杀伤性武器的努力都作为美国发动核攻击的理由。这在相当程度上刺激了一些国家努力开发核武器或实现核武器现代化，没有常规力量优势或核武器阻止美国进攻的国家为保障自身安全需要开发核武器，这不利于防核扩散。其次，推行强权政治，将先发制人作为国家安全战略并付诸实施。“9·11”事件后，美国入侵阿富汗，随即武力颠覆实际没有开发核武器的伊拉克政府。此举后果严重：在观念上，进一步强化了“没有核武器就不要与美国打仗”的认识；[①] 在行动上，朝鲜、伊朗为反制美国威胁而更加坚定地要发展核武器。朝鲜2003年退出NPT并进行了两次核试验，成为事实上的核国家。伊朗则加速发展民用核能，以在获得技术突破后实现民转军，成为潜在核国家。最后，布什政府追求绝对国家安全，建立攻防兼备的国家安全体系。为更好实施先发制人打击战略，布什政府积极开发小型、可投入实际使用的新型核武器。为此，美国拒不批准CTBT，拒绝2000年NPT审议大会达成的13点核裁军协议。[②] 同时，布什政府不顾俄罗斯的坚决反对，坚持部署导弹防御系统，单方面退出《反弹道导弹条约》。布什政府上述行为与防扩散目标背道而驰，严重削弱了国际防核扩散机制，加剧了核扩散态势。

第二，新的核国家的出现，不断侵蚀作为防核扩散机制基础的NPT。根据NPT，只有安理会五个常任理事国拥有核武器是合法的，但这一规定不断遭到破坏。1998年，印度和巴基斯坦成为事实上的核国家；朝鲜在2003年拥有核武器，伊朗正全力以赴开发核武器。如果不制止这种趋势，各国的不安全感就会增加，势必会有越来越多的国家加入核国家行列。

第三，民用核能的发展使扩散风险越来越大。由于全球能源紧张和核能的不可替代优势，越来越多的国家决定发展民用核能。发展民用核能是NPT所允许的，但发展核能有核扩散的潜在危险。首先，核武器扩散到无核国家的风险大增，一旦获得技术突破，这些国家就成为潜在核国家。迫于国内政治压力或提高国家声望或威慑他国，这样的国家就很容易成为事实上的核国家，如印度。其次，恐怖分子获得核材料或核技术的可能性大大增加。由于政治动荡或经济不景气，恐怖分子从有关储存核材料的国家

---

① Patrick J. Garrity, *Why the Gulf War Still Matters: Foreign Perspectives on the War and the Future of International Security*, Center for National Security Studies, July 1993, p. xiv.

② Harald Muller, *The Future of Nuclear Weapons in an Interdependent World*, *The Washington Quarterly*, Spring, 2008, pp. 63 – 75.

偷窃能直接用于核武器生产的裂变物质的可能性越来越大。美国认为，恐怖分子使用大规模杀伤性武器的可能性“正在增加，而不是减小”，如果“不采取紧急预防性行动，恐怖分子可能在未来5年使用大规模杀伤性武器对世界某个地方发动袭击”。

2. 适应国际战略安全环境的变化，应对非对称威胁

冷战后，传统国家行为者对美国的威胁不断降低，但来自恐怖组织的非对称威胁日益严重。美国在常规军事领域无可比拟的优势正促使敌人寻求非常规的、非对称方式来打击美国的“阿喀琉斯之踵”。[①] 因此，新的四年防务评估报告、核态势评估报告和国家安全战略都把核武器等大规模杀伤性武器扩散和核恐怖主义作为最大威胁。与冷战时期认为苏联是理性的认识不同，美国认为恐怖分子是非理性的，[②] 传统核威慑根本不能或很难阻止他们开发或使用核武器，对恐怖分子而言，核威慑几乎没有作用。[③] 他们努力发展或寻求大规模杀伤性武器，一旦获得就会毫不犹疑地投入使用。美国不再能像冷战时期威慑苏联那样以可预测的方式对新对手产生可信威慑，必须有与新的环境相适应的新的防核扩散战略。

3. 维持美国军事优势

奥巴马防核扩散战略的本质是阻止敌人或潜在敌国获得核武器等大规模杀伤性武器及其技术和有关物资，维持本国军事优势。无与伦比的军事优势是冷战后美国推行霸权主义和强权政治、干涉他国内政的坚实基础，但这一基础正受到“正以冷战结束以来从未有过的速度进行”得越来越严重的扩散挑战。[④] 不改变防核扩散战略，美国就难以阻止核扩散。实施新的防核扩散政策既可能阻止被美国看作潜在敌国（中国、俄罗斯）的核国家实现其核武库的现代化，也有助于阻止想成为核国家的国家（伊朗、朝鲜）开发适宜的核武器。对此，美国洛斯阿拉莫斯国家实验室前主任西格弗里德·赫克（Siegfried Hecker）说：“批准CTBT的最重要的原因是阻止

---

① Office of the Secretary of Defense, Proliferation: Threat and Response, November 1997, p. 4.

② George Lewis, Lisbeth Gronland, and David Wright, *National Missile Defense: An Indefensible System*, *Foreign Policy*, No. 117, Winter, 1999/2000.

③ Mtchell B. Reiss, *A New Nuclear Bargain: Atoms for Peace 2.0? NBR Analysis*, Vol. 18, No. 2, March 2007.

④ Sidney D. Drell and James E. Goodby, *What are Nuclear Weapons for? Recommendations for Restructuring U. S. Strategic Nuclear Forces*, An Arms Control Association Report, October 2007, p. 26.

中国、印度、巴基斯坦、朝鲜和伊朗改进它们的核武库，如果批准 CTBT，则我们从限制其他国家进行核试验中所获得的远远超过我们放弃核试验所失去的。”① 美国希望通过推行新的防核扩散战略，冻结其他核国家的核能力、限制潜在核国家开发核能力，以继续维持美国的军事优势。

4. 技术进步使美国不需要进行核试验就能维持安全、有效和可靠的核武库

追求安全、有效和可靠的核武库是美国历届政府不变的目标。1992年，美国能源部在暂停核试验后开始实施替代弹头计划，每年检查核弹头是否安全和可靠。② 由于当时的研究表明核弹头中的钚核不能维持更长的时间，美国参议院否决了 CTBT，以便能随时恢复核试验。此后，美国研究取得突破。2006 年底，洛斯阿拉莫斯国家实验室发现，核武器中的钚核可持续 85 ~ 100 年，甚至更长。名为“JASON”的独立国防科技顾问委员会也认为“核弹头的使用寿命可以延长数十年，而不会出现预期中的失去可信性问题”。上述结论为美国官方认可。也就是说，不需要进行核试验和开发新弹头，美国就能实现核武库的安全、可靠和有效。

5. 应对国内外各种压力

进入 21 世纪以来，各种要求削减核武器的运动不断高涨。首先，美国国内要求裁减核武器的压力增大，形成一股强大的力量。进入 21 世纪以来，美国国内主张削减核武器的力量越来越大，到 2008 年，肯尼迪、约翰逊、尼克松、福特、卡特、里根、布什、克林顿和小布什政府时仍健在的前国务卿、国防部部长和国家安全事务顾问中超过 2/3 的人都主张大幅削减核武器，并提出实现无核武器世界的建议。③ 在 2010 年 2 月 1 日一封给奥巴马总统和主要内阁成员的信中，超过 100 万名来自美国前政府官员、核武器专家、美国军备控制协会和其他有关机构的专家代表及普通美国人，敦促在几个关键的问题上——政策声明、大幅度削减核武器、在前沿部署战术核武器、不再发展新的核弹头或新的军事能力——方面做出“根本的而不是零星的改变”。信件呼吁总统确保“推动最高安全关切：

① Nuclear Disarmament, *CQ Researcher*, Vol. 19, No. 34, 2 October 2009, p. 820.

② CRS Report for Congress, Order Code RL32929, The Reliable Replacement Warhead Program: Background and Current Developments, Updated 8 November 2007, p. 20.

③ George P. Shultz, William J. Perry, Henry A. Kissinger, and Sam Nunn, “Toward a Nuclear Free World”, *The Wall Street Journal*, 15 January 2008, p. A13.

防止恐怖分子或其他国家获得核武器；削减全球核武器储存和向无核武器世界迈进”。信件的作者包括国家科学奖章获得者和政府长期顾问理查德·加温（Richard Garwin）、国务院前负责政策和计划的局长莫顿·海普林（Morton H. Halperin）、前国防大学校长罗伯特·加德（Robert Gard）将军、前国防部负责政策的副部长J M. 洛代尔（Jan M. Lodal）、美国科学家联合会主席查尔斯·弗格森（Charles Ferguson）、自然资源防务理事会（Natural Resources Defense Council）核项目主任克里斯托弗·佩因（Christopher Paine）、军备控制协会执行主任达里尔·金布尔（Daryl G. Kimball）。信件表达了对“核态势评估报告保留而不是彻底放弃冷战思维和削弱你（奥巴马总统）在布拉格提出的重要日程”的关切。信件敦促奥巴马总统在核武器对美国政策的根本作用、进一步削减核武器、取消美国目前核武器的预警状态和不开发新的核武器四个关键领域做出“根本改变”①。其次，世界范围内核裁军运动出现新的高涨态势。2007年5月，戈尔巴乔夫发文说，他支持立即采取行动，削减核武器以实现无核武器世界。2008年9月，俄罗斯总理普京说：“为什么我们要一直使世界处于某种核灾难的忧虑之中呢？……我们相信我们将关闭这个潘多拉盒子。”②美国最亲密的盟国英国也主张削减核武器。英国外交和国务秘书玛格丽特·贝克特（Margaret Beckett）建议，采取具体步骤，营造实行核裁军所需要的环境。随后，英国国防部和外交部的4位前部长也加入了这一行列，呼吁各国采取行动，实行核裁军。2009年初，英国外交部公开发文表示，应该立即就新的禁止核武器条约进行谈判。继而，英国首相布朗呼吁“加速实现核武器国家的裁军，防止核武器扩散到新国家并最终实现一个没有核武器的世界”，为此，英国提出创造废除核武器所必需环境的6个建议。③ 印度总理辛格也呼吁建立一个无核武器世界。④ 2008年底，中国和巴基斯坦政府

---

① Daryl G. Kimball, *Experts Urge Obama to Transform N-Weapons Policy*, http://www.armscontrol.org/pressroom/lettertoPOTUS.

② Mikhail Gorbachev, “The Nuclear Threat,” *The Wall Street Journal*, 31 January 2007, p. 13.

③ George Perkovich and James M. Acton ed., *Abolishing Nuclear Weapons: A debate, Carnegie Endowment for International Peace*, 2009, p. 14; Lifting the nuclear shadow: Creating the conditions for abolishing nuclear weapons, http://www.fco.gov.uk/en/fco－in－action/counter－terrorism/weapons/nuclear－weapons/nuclear－paper/.

④ Manmohan Singh, speech to ‘Towards a World Free of Nuclear Weapons’ conference, New Delhi, 9 June 2008, http://pmindia.nic in/lspeech.asp? id＝688.

重申了它们实现无核武器世界的长远目标。澳大利亚总理陆克文、日本首相麻生太郎、挪威外交部部长 Jonas Gahr Støre 和荷兰外交大臣 Maxime Verhagen 都公开呼吁大幅削减核武器，最终实现无核武器世界。美国要继续维持其全球领导地位和稳固其道义地位，就不能不对世界范围内广泛的核裁军运动做出反应。

（三）奥巴马防核扩散政策面临的挑战

虽然奥巴马政府选择通过一系列讲话和文件陆续公开防核扩散政策，以稀释各方面可能的压力和反对，但由于政策一些内容本身还有很大的争议以及本身所具有的矛盾，新政府能否实现防核扩散目标仍面临一系列重大挑战。

1. 新防核扩散战略强己弱人和追求绝对国家安全的霸权主义做法必然引起相关国家的反对，成为实施新防核扩散政策面临的主要障碍和最大挑战

首先，俄罗斯会反对。奥巴马政府削减核武器和加强国际防核扩散机制的努力固然有利于防止更严重的核扩散局面出现，但其根本考虑是以此阻止或冻结潜在敌国的军事状态，维持美国的军事优势。为此，奥巴马政府在继续保持“核威慑”的同时，积极部署全球快速打击系统和导弹防御系统。

由于常规力量已急剧衰退，一旦美国完成导弹防御系统，将使俄罗斯在美国的核优势面前显得更加脆弱。因而俄罗斯一直把导弹防御系统与核裁军相联系，反对美国在欧洲加强部署，但奥巴马政府坚持部署。国防部部长盖茨在为发布核态势评估报告举行的记者招待会上说，为加强威慑和减少核武器作用，美国将继续开发导弹防御系统。陶舍 2010 年 4 月 14 日在国会做证时说，新的《削减战略核武器条约》对“目前和计划中的美国实验、开发或部署导弹防御系统没有任何限制，对美国目前或计划中的远程常规打击能力没有任何限制”①。俄罗斯针锋相对，明确表示，如果美国改进导弹防御系统，俄罗斯将保留退出所有新达成条约的权力。② 2010 年 4 月 8 日，美俄签订新的《削减战略核武器条约》，虽然俄罗斯总统梅德韦杰夫称条约对美俄是“双赢”，整个国际社会也是赢家，但他同时又说：“对我们来说，重要的是导弹防御将会怎样，它与我们的潜力和

① Under Secretary of State Ellen O. Tauscher, House Armed Services Committee Hearing on U. S. Nuclear Weapons Policy and Force Structure, Wednesday, 14 April 2010, at 10: 30 AM.

② Peter Baker, With Arms Treaty, a Challenge Remains, *The New York Times*, 8 April 2010, p. A8.

能力联系在一起，我们将关注它如何发展。”[①] 根据奥巴马的计划，美国政府下一步将就削减战术核武器与俄罗斯进行谈判，但在导弹防御系统问题解决前，俄罗斯拒绝进行这样的谈判。

其次，朝鲜、伊朗会反对。奥巴马在宣称致力于实现无核世界目标的同时，明确把伊朗和朝鲜列入核打击对象。这可能使这两个国家有更好的借口来开发核武器，它们认为确保自己安全和应对美国密谋攻击的唯一方式就是开发核武器。对此，奥巴马的高级顾问盖瑞·萨摩（Gary Samore）辩解说，新的核态势评估报告把伊朗和朝鲜排除在安全保障之外，其目的是促使这两个国家遵守条约。但伊朗并不认同这一点。伊朗最高领导人哈梅内伊说，奥巴马的新核战略相当于“对伊朗人民的原子威胁”，伊朗军方则针锋相对地宣布将在波斯湾举行大规模军事演习。[②] 这表明，伊朗领导人把奥巴马政府的新政策看作新威胁和恐吓，或者说以此证明其核计划的正确性。这样，防核扩散措施似乎促成了进一步核扩散。

最后，其他国家也会反对。美国维持核威慑的行径可能使有关核国家不得不升级自己的核武库，使其他非核国家决心开发核武器。道理很简单，既然世界上最强大的国家都需要核威慑才能保证国家安全，其他国家就更需要核武器了。如巴基斯坦总理表示：“我们必须拥有最低程度的核威慑。”[③] 印度也正大力生产新的武器级钚。[④] 其他国家对防核扩散的微妙立场在核安全峰会上明显表现出来。尽管在峰会前奥巴马表示：“希望会议公报明确而清晰地说明未来四年将采取怎样的措施实现核材料的安全目标。”[⑤] 但最后公报和工作计划仍然令人失望。仅表示“在适当的情况下将考虑”集中存放核物质和核材料以及把研究反应堆所用的武器级高浓缩铀转化为低浓缩铀，“在技术和经济可行的情况下将其他核设施所使用的燃料从高浓缩铀改成低浓缩铀”。对于如何实现核设施的安全，没有强制标准，对于停止生产武器级核物质也没有共同的普遍义务。[⑥] 在联大裁

---

① Tom Z. Collina, New START Signed; Senate Battle Looms, Arms Control Today, May 2010.

② Nazila Fathi and David E. Sanger, Iran Ayatollah Assails U. S. on New Nuclear Strategy. New York Times, 22 April 2010, P. A10.

③ David E. Sanger, Obama Reaps Vows to Secure Nuclear Stocks *New York Times*, 14 April 2010, A. 6.

④ David E. Sanger, *Obama Meets With a Parada of Leaders*, *The New York Times*, 12 April 2010, A. 8.

⑤ David E. Sanger and Peter Baker, Obama to Adopt Narrowed Stand on New Nuclear Arms New York Times, April, 16, 2010, A. 1.

⑥ Washington Nuclear Security Summit Work Plan, http: //www. america. gov/.

军会议上，阿尔及利亚、埃及、科威特、利比亚、叙利亚和其他一些国家更加明确地表示，将反对美国支持的一系列防核扩散措施，包括加强联合国对各国核能计划审查的建议。[①] 毫无疑问，这是对美国防核扩散政策的回应。

2. 美国国内自由派保守派的强烈不满是实施新防核扩散政策的又一重大挑战

美国国内自由派和保守派都对奥巴马政府的防核扩散政策不满。奥巴马大选前后关于军备控制的言论以及建立无核武器世界的倡议让自由派对奥巴马寄予厚望，但新政府的实际裁军措施让他们感到失望，他们希望进一步加大削减核武器的力度，批评美国政府没有把核武器的作用，即威慑对美国的核攻击，作为核武器的唯一使命，要求美国应不管俄罗斯是否削减核武器而大幅削减自己的核武器，认为将核武器削减到 1550 枚没有任何意义，应该削减到 1000 枚甚至 500 枚。[②]

相比自由派，保守派的反对要强烈得多。美国保守主义思想家坚持一个庞大的核武库具有威慑作用的冷战思想，要求继续保持强大的核力量，确保其他大国不能挑战美国。他们认为，美国核政策不应由今天的和平环境决定，而应由潜在的威胁决定。如遗产基金会安全问题专家贝克·斯普林（Baker Spring）要求考虑未来中俄结盟或者中朝恐吓韩国的情况。[③]

保守主义政治家在现实政治层面积极抵制和反对奥巴马的新防核扩散政策。对于奥巴马政府削减核武器和降低核武器在国家安全战略中的作用，他们警告说，美国最强大的威慑力量正在消解。在奥巴马与俄罗斯谈判新的削减战略核武器协议的过程中，参议院所有 40 个共和党参议员联名给奥巴马写信，警告说，任何新条约都不得“限制导弹防御、太空能力或诸如非核全球打击能力等先进常规力量的现代化”[④]，并把批准新的《削减战略武器条约》和 CTBT 与奥巴马政府实现核武器复合体、核弹头和运载系统的现代化相联系。如参议院共和党联合会主席拉马尔·亚历山大（Lamar

---

① Colum Lynch, *The Nuclear Backlash Begins*, *Foreign Policy*, 20 April 2010.

② David E. Sanger and Peter Baker, Obama to Adopt Narrowed Stand on New Nuclear Arms, New York Times, 6 April 2010, P. A1.

③ Peter Baker, With Arms Treaty, a Challenge Remains, New York Times, 8 April 2010, A. 8.

④ Bill Gertz, Inside the Ring: Nuke Modernization, Washington Times, 17 December 2009.

Alexander）说："2010 年根本没有机会批准条约。"[①] 曾经在 1999 年领导国会否决 CTBT 的共和党国际安全问题专家、参议员约翰·凯尔（John Kyl）公开表示反对奥巴马总统与俄罗斯签订新的《削减战略武器条约》，并宣称"将竭尽所能"，阻止国会批准 CTBT。[②]

核态势评估报告（NPR）是奥巴马新防核扩散政策的集中体现，保守派对其批评和质疑也尤为强烈。2008 年共和党总统候选人、参议员麦凯恩认为，NPR 不恰当地限制了确保美国核武器高水平安全和可信的能力，认为："对我国在核问题上可信性的试金石不是我们是否或怎样削减核武库，而是我们能否应对伊朗和朝鲜这样的国家提出的核扩散威胁。"众议院武装部队战略力量小组委员会的米切尔·特纳（Michael Turner）认为，奥巴马期望美国削减核武器能促使其他核武器国家采取同样的措施，这种观点没有历史根据，坚决反对"单方面把核武器从做出反应的选择中取消"[③]。他和小组委员会另一名成员霍华德·麦基翁（Howard Mckeon）要求政府说明：常规武器是否足够威慑潜在敌人和确保盟国安全。[④]

由于遭到强烈反对，作为 NPR 的补充，国务卿希拉里·克林顿和国防部部长盖茨以及众多官员在国会听证会上对 NPR 中看起来是重大进步的地方都做了许多保留。这些保留将严重影响奥巴马政府防核扩散目标的实现。

3. *新防核扩散政策也面临美国实施选择性防核扩散的内在挑战*

冷战后，美国的防核扩散政策一直具有浓厚的选择性。一方面，坚决反对所谓"流氓国家"发展核武器，另一方面，又允许和接受所谓民主国家开发核武器。对于印度不顾国际社会反对、进行严重破坏国际防核扩散机制的核试验，布什政府不仅解除了克林顿政府实施的有名无实的制裁，而且于 2005 年 7 月宣布将与印度达成民用核合作协议，尤为严重的是，美国还于 2008 年 9 月 6 日迫使核供应国集团放弃了长期以来对印度实施的核贸易限制。[⑤] 对这一明显违背 NPT 规定的选择性防核扩散做法，

---

① Tom Z. Collina, New START Signed; Senate Battle Looms, Arms Control Today, May 2010.

② Caitlin Webber, *Conservatives Cast Obama as Reluctant*, *Timid*, *Congressional Quarterly*, 22 September 2009.

③ Michael R. Turner, *Muddled' nuclear posture*, *USA Today*, 13 April 2010.

④ Parties Split on Nuclear Posture Review, *Congress Daily*, 6 April 2010.

⑤ Wade Boese, NSG, Congress Approve Nuclear Trade with India, Arms Control Today, Vol. 38, October 2008.

布什辩解说印度是一个“负责任”的国家。奥巴马继续坚持这一立场，他支持美印民用核合作，同意免除印度履行防核扩散条约的义务，以培育更加稳固的印美战略伙伴关系。[①] 对于以色列，奥巴马政府在承诺“采取具体的措施”建立中东无核武器区的同时，清楚表明不会迫使以色列消除其没有宣布的核武器计划，直到在中东实现和平。[②] 美国政府的选择性防核扩散政策不禁让人问，美国政府是否把防核扩散看作一个全球通用的标准？其实施是否依政权类型而定？这种对待防核扩散的选择性行为将严重破坏国际防核扩散机制，很可能使奥巴马政府在防核扩散方面重蹈布什政府覆辙。

4. 核武器在美国防务战略中仍处于核心地位，与防核扩散目标相矛盾

这主要表现在两个方面。其一，继续强调核威慑。新 NPR 和国家安全战略一再宣称，只要世界上还存在核武器，美国就将维持拥有安全、可靠和有效的核武库。事实上，核威慑仍是奥巴马国家安全事务的“最优先”要求和外交政策原则。[③] 作为这一理念的反映，奥巴马政府继承了布什政府把中俄以及地区强国和大规模杀伤性武器都纳入核打击范围的做法。这可能使中俄和有关国家在裁军，尤其是核裁军问题上小心谨慎，而且极有可能刺激其他非核武器国家开发核武器。

其二，仍赋予核武器广泛的使命。NPR 规定，美国核武器的“根本作用”是“威慑对美国、盟国或伙伴的核攻击”，虽然这比布什政府核武器的使用范围要小得多，但 NPR 拒绝军备控制专家有关核武器的“唯一作用”是威慑核进攻的建议，并规定“在极端情况下，为保卫美国或盟国与伙伴至关重要的利益”，将可以使用核武器。但如何界定“极端情况”和“至关重要利益”，完全由美国政府决定。作为 NPR 的重要补充，美国国防部负责防务政策的副部长詹姆斯·米勒（James N. Miller）2010 年 4 月 14 日在国会做证时说，对于中国、俄罗斯、伊朗和朝鲜这样的国家，“美国核武器不仅在威慑其核攻击，而且要在威慑对美国或其盟国与伙伴的常规武器或生物和化学武器的攻击中都将发

---

① Stephen I. Schwartz, *Barack Obama and John McCainon Nuclear Security Issues*, *Feature Story*, 25 September 2008.

② Colum Lynch, *Big Powers Pledge Concrete Steps toward Disarmament*, Foreign Policy, 5 May 2010.

③ Peter Spiegel, *Obama Puts Arms Control at Core of New Strategy*, Wall Street Journal-Eastern Edition; 15 July 2009, Vol. 254, Issue 12, P. A10.

挥重要作用”[1]。在4月11日接受哥伦比亚广播公司采访时，希拉里·克林顿国务卿和盖茨强调指出，根据NPR，任何国家若要对美国使用生物武器，便有可能面临核反击。[2] 在4月22日参议院举行的听证会上，陶舍说得更明白，对于NPT成员国中遵守防核扩散义务的国家，“我们放弃的仅是核报复的可能性”[3]。也就是说，核武器在美国安全战略中仍占据非常重要的地位。

只要美国的核学说继续赋予核武器以核心地位，它就很难说服其他国家降低核武器的地位和作用。这势必既阻碍防核扩散近期目标的实现，也不利于最终消除核武器的远期目标。

一方面，奥巴马政府的防核扩散政策既是美国适应新的国际、国内形势的结果，也是奥巴马总统本人理想主义思想的反映。它提出了振奋人心的目标和一些主张，并采取了若干积极行动，符合世界各国和平发展的要求和避免战争，尤其是核大战的愿望，其进步性和积极性值得肯定。但另一方面，他说得多，做得少，宣传得多，落实得少。更严重的是，美国强己弱人的固有防核扩散政策目标的本质没有改变，仍固守冷战时期两大敌对集团尖锐对峙环境下选择性防核扩散的做法，继续以零和游戏作为新的战略环境下的防核扩散政策内在的指导原则，力图通过防核扩散政策来巩固和扩大自己的优势，冻结进而削弱对手或潜在敌人的力量。因此，对奥巴马政府防核扩散政策实施的结果不可过分乐观。从美国防核扩散政策的历史和逻辑来看，大规模杀伤性武器及其有关技术可能会扩散到越来越多的国家。

---

① Statement of Dr. James N. Miller, Principal Deputy Under Secretary of Defense, for Policy Before the House of Representatives Committee on Armed Services, 14 April 2010.

② Merle David Kellerhals Jr. , Clinton, Gates Discuss U. S. Nuclear Strategy, http://www. america. gov.

③ Under Secretary Ellen Tauscher on Nuclear Posture Review, U. S. Department of State, Ellen Tauscher Under Secretary for Arms Control and International Security Senate Armed Services Committee Hearing, Washington D. C, 22 April 2010, http://www. america. gov.

第三章　冷战后美国防生物武器和化学武器扩散政策

冷战结束以来，化学和生物科学技术前所未有的发展和创新不仅改变着美国人的生活方式，而且也塑造和改变着美国面临的安全环境。生物武器、化学武器和相关技术的扩散以及生物和化学恐怖主义的不断加剧，促使美国政府越来越关注生物和化学武器扩散问题。

第一节　美国对生物武器和化学武器扩散威胁的评估

东欧剧变和苏联解体以来，美国历届政府对防核武器等大规模杀伤性武器扩散高度重视。与冷战时期主要是防止核武器扩散不一样，冷战后，美国政府把扩散的定义扩大到包括生物武器、化学武器和导弹[①]化学武器[②]。布什政府在1990年的国家安全战略中强调，苏联再也不是美国国家安全的主要威胁，美国国家安全战略和军事战略的主要目标再也不是“遏制共产主义蔓延和阻止苏联侵略”，而应是防止大规模杀伤性武器扩散，尤其是防止化学武器、生物武器和核武器等大规模杀伤性武器扩散到美国的敌对国家或潜在敌对国家和有关组织。[③] 伊拉克入侵科威特后，美

① Digital National Security Archive (DNSA), U.S. Nuclear Non-Proliferation Policy, 1945－1991, Nuclear Nonproliferation Legislation and Policy, NP02636.

② Digital National Security Archive (DNSA), U.S. Nuclear Non-Proliferation Policy, 1945－1991, Nuclear Nonproliferation Legislation and Policy, NP02636.

③ The White House, *National Security Strategy of the United States*, March 1990, pp. 5－8.

国国会也开始把大规模杀伤性武器扩散当作最大威胁。如在 1990 年 9 月底众议院政府行动委员会商业小组委员会举行的关于对伊拉克的出口许可证听证会上，小组委员会的结论是："扩散威胁现在比苏联的威胁更大"[①]。1991 年，美国海军情报局局长、海军少将托马斯·布鲁克斯（Tomas A. Brooks）在国会做证时说，目前有 14 个发展中国家有开发进攻性化学武器计划，而在未来的 30 年里，有两倍于此的国家有发展化学武器的计划。[②] 1992 年建立的美国陆军化学和生物武器防御局局长说："生物武器威胁是重大威胁之一，它投入使用后将对我们部署的力量产生灾难性的效果。"更重要的是，大规模杀伤性武器扩散将削弱美国在海外开展军事行动的决心，因为化学武器和"生物武器是第三世界国家潜在的均衡器"[③]，沙漠风暴行动强化了这种认识。

相比较核武器，开发生物武器和化学武器不需要开发核武器那样的技术和设施，所需资金也不那么多，一般国家甚至最贫穷的国家都能负担得起。对此，克林顿政府的军备控制与裁军署说，化学武器和生物武器的破坏性要比传统高爆炸弹大得多。而设计和生产化学武器和生物武器的技术和原料要比生产核武器所需要的原料和技术更容易获得。[④] 因此，生物武器和化学武器被视为"穷人"的核武器。作为穷人的核武器，美国认为，生物武器和化学武器扩散甚至比核武器扩散的危险更直接、更大。为很好应对生物武器和化学武器扩散带来的威胁，在 1989 年 6 月 15 日举行的美国防扩散政策审查会议上，布什总统表示，他的政府赋予防化学武器和生物武器扩散极大的重要性，要求对生物武器和化学武器扩散及其使用进行评估，包括哪些国家有化学武器和生物武器计划？其性质如何？推进的状况怎样？化学武器和生物武器对美国利益、领土和武装力量产生了怎样的威胁？其扩散对美国和盟国以及友好国家安全环境的影响怎样？概括和评价美国目前的化学武器和生物武器防扩散政策，包括在哪些领域是有效

---

① Richard T. Cupit: Reluctant Champions; U. S. Presidential Policy and Strategic Export Controls, Routledge New York London, 2000, p. 136.

② Testimony by the Director of U. S. Naval Intelligence, Rear Admiral Tomas A. Brooks, to the Subcommittee on Seapower, Strategic, and Critical Materials of the House Armed Services Committee, 7 March 1991.

③ John G. Roos, "Chem-Bio Defense Agency Will Tack le 'Last Major Threat to a Deployed Force,'" Armed Forces Journal International, December 1992, p. 10.

④ ACDA Annual Report (1995), http: //dosfan. lib. uic. edu/acda/reports/anrpt_ 95. htm.

的？美国防化学武器、生物武器扩散的政策目标是什么？我们防化学武器和生物武器扩散努力的中心应放在什么地方？澳大利亚集团在防止化学武器扩散方面效果怎样？目前我们与苏联和其他非澳大利亚集团国家为防止化学武器扩散所展开的双边努力的效果怎样？[①] 上述评估实际上成为此后美国政府评估生物武器和化学武器扩散威胁的标准模式。

虽然1990年的美国国家安全战略报告提到了防止与大规模杀伤性武器有关的“军事关键技术和资源”转移的重要性，但受冷战惯性的影响，阻止苏联和传统武器控制措施仍具有更优先地位。很明显，国务院、国防部和商务部的出口控制没有把不扩散生物、化学技术出口控制作为高度优先性的问题。克林顿政府开始逐步改变这种局面。

继20世纪80年代美国开始关注化学武器扩散问题以来，美国学者普遍认为，生物武器在90年代以后也会出现扩散问题。美国学者评估说，有11个发展中国家正在实施进攻性生物武器计划，这个数量未来会更多。[②] 在具体国家的生物武器和化学武器扩散威胁中，美国尤其关心朝鲜和伊朗以及伊拉克等国家。1995年，美国防扩散中心报告说：朝鲜有积极的化学战计划和生物战计划并生产了许多化学战制剂，包括芥子气和糜烂性毒剂以及许多运载化学制剂的武器；利比亚有积极的化学武器计划，已经生产出超过100吨的化学武器制剂，而且正在地下建设第二个化学战制剂工厂，其生物武器计划还处于研发阶段；叙利亚从20世纪80年代起就制订了化学武器计划；伊朗一直致力于升级和扩大化学武器生产设施和化学武器库，伊朗从20世纪80年代就实施生物武器计划，该计划目前处于最后阶段，它有能力生产生物战制剂；虽然伊拉克的化学武器设施在海外战争中遭到盟国重大打击，但如果联合国放松制裁，伊拉克能立即生产一些化学战制剂，总之，只要萨达姆仍然掌权，伊拉克将仍是一个首要的扩散威胁。[③]

1995年3月，奥姆真理教在东京地铁使用沙林毒气，造成12人死亡、5500人受伤，这是第一次使用化学武器的大规模恐怖主义行动。在此前

---

① DNSA, President Directives, Part II, PR01792.

② W. Seth Carus, *The Proliferation of Biological Weapons*, in Brad Roberts, ed., Biological Weapons: Weapons of the Future? Washington D. C.: Center for Strategic and International Studies, 1993, pp. 19–27.

③ DNSA, WM00433.

后，实际上还有许多化学武器袭击事件。美国认为，这表明恐怖分子对生物或化学武器的兴趣正在增加。虽然人们最关心恐怖分子使用核武器，但实际上，恐怖分子最可能的选择是使用生物或化学武器。此后，美国对恐怖主义组织或其他非国家组织获得和使用生物武器、化学武器等大规模杀伤性武器的担心增加了。情报部门评估说，当今至少可能有 12 个国家正积极实施其进攻性生物武器计划。[①] 防扩散中心在 1996 年 3 月提交了化学和生物武器扩散及其威胁情况的新评估报告。报告说，伊拉克化学武器计划始于 1985 年 5 月，直到 1990 年 12 月没有受到任何干扰。目前，伊拉克共生产将近 500 吨甲硫膦酸丙胺乙酯。伊拉克生物武器计划始于 1974 年，到 1990 年 8 月，已生产出许多生物武器，不仅如此，伊拉克在 1990 年 12 月后开始实施生物制剂的大规模武器化计划。[②] 考虑到伊拉克在两伊战争中曾使用化学武器，显然，伊拉克拥有大量化学和生物武器的前景是令人担忧的。

虽然克林顿政府非常重视防止大规模杀伤性武器扩散问题，但克林顿政府倾向把军事安全和经济繁荣看作两个互相竞争的目标。而苏联的解体及其军事威胁的大幅度降低使克林顿总统在军事安全和经济繁荣的关系上更重视经济繁荣。因此，克林顿政府在防止化学武器和生物武器扩散方面的努力遭到国内批评。1999 年，美国国会总审计办公室（GAO）批评克林顿政府没有制定一个全面的方法，来评估恐怖分子发动生物和化学武器攻击的国内和国际威胁，因为即使没有复杂的知识，恐怖分子也能用工业化学有毒气体如氯气发动攻击。[③] 此外，技术进步也使生物武器和化学武器的扩散更为可能。美国中央情报局 1999 年评估说，包括生物工程在内的生物技术的发展，会产生大量各种各样很难发现和应对的有毒物质，而且，世界上正在开发新的化学武器制剂和生物化学武器混合剂。诸如伊朗这样的国家在制造生物武器和化学武器方面正变得越来越少依赖进口；各国利用化学和生物物资的两用特性来隐藏化学和生物武器的生产，控制两用技术出口变得越来越困难。同时具有丰富化学武器和生物武器制造经验

---

① Counterproliferation Program Review Committee, *Report on Activities and Programs for Countering Proliferation* (Washington D. C.: Department of Defense, May 1995), p. 8.

② The Chemical and Biological Weapons Threat, March 1996, DNSA, WM00466.

③ GAO, Combating Terrorism: Need for Comprehensive Threat and Risk Assessments of Chemical and Biological Attacks, GAO/NIIAD - 99 - 163, September 1999, pp. 2 - 3.

的科学家继续离开独联体国家；大约 12 个恐怖主义组织已开始寻求化学武器、生物武器和核物质，或表示有兴趣得到它们，而一些有化学和生物武器制造能力的国家支持恐怖分子。[①] 显然，美国越来越担心恐怖分子使用生物武器和化学武器的前景。

进入 21 世纪，越来越多的国家开始制订研制进攻性生物武器计划。2001 年初，中央情报局估计说，有 6 个国家可能有生物武器，许多国家的恐怖主义组织也在努力开发或获得生物武器；至少有 16 个国家可能有化学武器。随着技术发展和物资、人口的国际流动，上述数量非常可能继续增加。至于生物和化学武器威胁，美国国会认为，未来 10 年，生物技术将随国际信息、人口和物资流动的增加而增加，因此，生物和化学武器的威胁可能增加。美国国防情报局局长、海军中将托马斯·威尔逊（Thomas R. Wilson）则“相信这些武器将会广泛扩散并在未来 15 年的地区冲突中使用。我也非常担心次国家组织或个人会在一场恐怖行动或暴动中使用化学或生物武器”[②]。由于南亚次大陆长期处于不稳定中，美国非常担心在南亚爆发化学或生物武器冲突。美国国防部认为，巴基斯坦有资源和能力支持一场有限的生物战研发。[③] 国防部的报告所提供的前景似乎更不乐观。在克林顿即将离开白宫之际，国防部报告说，尽管存在《禁止化学武器公约》，但许多国家仍有积极的化学武器计划。俄罗斯有世界上最大的化学武器储存，虽然它正在销毁化学武器，但美国担心俄罗斯并没有公开其全部储存，并担心其化学武器计划还没有终止。而伊朗和叙利亚据信也储存了一些化学武器，并在外国的帮助下推进自己的先进化学武器计划。[④]

尽管克林顿政府对生物武器和化学武器扩散威胁的认识比较深刻，但并没有把它们看作迫在眉睫的威胁。可以这样说，“9·11”恐怖主义袭击前，美国政府常常把国家开发和使用化学和生物武器所产生的威胁与恐怖分子使用生物和化学武器威胁区分开来。这两种威胁被视作两个相互区

---

① John A. Lauder, Special Assistant for Nonproliferation to the Director of Central Intelligence, Unclassified Statement to the Commission to Assess the Organization of the Federal Government to Combat the Proliferation of Weapons of Mass Destruction, 29 April 1999, pp. 4 – 5.

② RL30699, CRS Report for Congress, Nuclear, Biological, and Chemical Weapons and Missiles: The Current Situation and Trends. 5 January 2001. DNSA, WM00575.

③ Department of Defense, Proliferation and Response, January 2001, p. 28.

④ Office of the Secretary of Defense, *Proliferation: Threat and Response* (Washington D. C.: U. S. Government Printing Office, January 2001), p. 57.

别的问题，需要用不同的手段来解决。

“9·11”事件后，美国重新定义威胁，把生物武器扩散和化学武器扩散紧密联系在一起，认为恐怖分子非常可能从有关国家开发生物武器和化学武器的计划中获得帮助，从而成功掌握生物武器和化学武器并投入使用。从恐怖袭击的震惊中清醒过来后，美国领导人很快开始推断出比恐怖袭击更大的来自大规模杀伤性武器的威胁。美国国防部副部长保罗·沃尔福威茨在袭击发生三天后说：在恐怖袭击中“死亡的美国人比美国内战以来的任何一天所死亡的人都多，比第一次世界大战和第二次世界大战中任何一天死亡的人都多。这个数量是巨大的。这使你想到一种不同的方法。使你想到新的方法……人们应该想到如果使用一些其他武器，恐怖分子今后会使用的武器，则‘9·11’事件可能只是一个开始。我们应努力结束这种局面”[①]。“我不想做一个杞人忧天者。”白宫办公厅主任安德鲁·卡德（Andrew H. Card）说：“但我们知道，这些恐怖主义组织，如受本·拉登控制的基地组织和其他组织，很可能已经发现使用化学武器或生物武器的方法。”[②]“9·11”事件后发生的一系列生物武器和化学武器袭击事件似乎证明了美国的上述判断。如2001年10月在美国发生的炭疽袭击事件，造成5人死、17人被感染。[③] 2002年初，本·拉登宣布，获得大规模杀伤性武器是一种宗教责任，而在阿富汗获得的情报也表明基地组织正积极工作，以获得核武器、生物武器、化学武器和其他放射性投送装置。2003年1月，英国在伦敦进行的反恐怖主义行动也发现蓖麻毒素这种致命化学武器。[④] 一连串的恐怖袭击事件使美国进一步坚定了上述认识。这种认识使美国领导人对使用生物武器和化学武器发动恐怖袭击的前景十分忧虑。一个非常明显的现象是，自“9·11”事件以来，小布什总统和国防部部长拉姆斯菲尔德都一再强调扩散与恐怖主义之间的联系，警告说那些正寻求大规模杀伤性武器和支持国际恐怖主义的国家可能帮助恐

---

① US Department of Defense news transcript, “Deputy Secretary Wolfowitz interview with PBS News Hour,” 14 September 2001, http: //www. defenselink. mil.

② James Dao, “Defense secretary warns of unconventional attacks,” *New York Times*, 1 October 2001, B. 5.

③ Center for Counterproliferation Research, “Anthrax in America: A Chronology and Analysis of the Fall 2001 Attacks” (Washington, D. C.: National Defense University, November 2002).

④ George J. Tenet, Testimony Before the Senate Select Intelligence Committee on “The Worldwide Threat: Converging Dangers in a Post 9/11 World,” 6 February 2002.

怖分子获得生物武器和化学武器或核武器。[1]

美国学术界的研究也为美国领导人的忧虑提供了直接支持。美国反扩散研究中心认为，有众多理由使许多国家加紧研制化学武器：第一，它们被看作战场上的巨大力量，或是打击中心城市的恐怖工具；第二，它们可以通过多种方法投送；第三，一些化学武器，尤其是第一代化学武器，相对于核武器来说，生产成本很低。实际上，任何具有相当工业基础的国家都具有生产第一代化学武器的基础设施。而且，生产化学武器的技术和装备很容易获得，尤其是第一代化学武器。[2] 小布什政府也认为不发达国家非常希望获得生物武器和化学武器，它们是不发达国家的原子武器，这些武器不仅能造成极大损害，更重要的是不需要开发核武器所必不可少的资源和技术。[3] 正因为如此，美国领导人越来越重视生物和化学武器扩散及其造成的威胁。2003 年 5 月 31 日，在 G8 峰会召开前，布什总统在波兰就多边反扩散安全倡议（PSI）发表讲话时断言："核武器、生物武器和化学武器的扩散是对和平的最大威胁。"

为很好应对生物和化学武器日益扩散所带来的威胁。布什政府进行了一系列评估。

首先是评估化学武器和生物武器的扩散状况。2004 年 3 月 5 日，国会提交的研究报告说，许多国家有导弹和化学武器计划，一些国家还有适宜导弹运载的化学弹头。中国、埃及、印度、伊朗、以色列、利比亚、朝鲜、巴基斯坦、俄罗斯、沙特阿拉伯、塞尔维亚、韩国、叙利亚、中国台湾和越南都有导弹和化学武器。另外，中国、埃及、伊拉克、伊朗、以色列、利比亚、朝鲜、巴基斯坦、俄罗斯还有生物武器计划。[4] 一年后，生物武器和化学武器的扩散状况似乎进一步恶化了。2005 年 1 月，布什政府对生物和化学武器扩散威胁进行了新的评估，认为有 12 个国家有进攻性生物武器计划。此外，一些次国家恐怖主义组织也在努力开发或获得生

---

① Elisa D. Harris, Chemical and Biological Weapons: Prospects and Priorities after September 11, The Brookings Review, Vol. 20, No. 3, Summer, 2002, pp. 24 – 27.

② A Report of the Center for Counterproliferation Research, At the Crossroads: Counterproliferation and National Security Strategy. National Defense University Press Washington D. C., April 2004.

③ WM00582.

④ Andrew Feickert, Missile Survey: Ballistic and Cruise Missiles of Foreign Countries, 5 March 2004, Order Code RL30427, DNSA, WM00601.

物武器。这还不包括未发现的正在开发或可能已开发的国家或组织，因为很多用于制造生物武器的物资和装备也合法地用于医药、工业或农业生产，生物武器可以用相对小的设施秘密生产。随着新技术的出现和信息、物资、人员的国际流动，这一数目可能还会增加。因此，其他国家、一些次国家组织很可能已经拥有或很快就会拥有化学武器①。

随着生物武器和化学武器扩散范围的增加，美国认为，发生生物或化学武器恐怖袭击的可能性越来越大了。由超过24位专业人员和来自全美安全、情报和法律专家组成的防止大规模杀伤性武器扩散和恐怖主义委员会在访问超过250位政府官员和非政府专家，并举行了八次委员会会议和一次公开听证会后提交了名为《世界处于危险中》的研究报告，报告说："除非国际社会立即采取决定性的措施，否则在2013年前，恐怖分子很可能会使用大规模杀伤性武器发动袭击。"委员会相信，恐怖分子更可能用生物武器而不是核武器发动恐怖袭击。因此，美国政府需要采取更有力的措施防止生物武器扩散和生物恐怖袭击的前景。② 2008年12月2日，美国国家情报总监公开表示赞成这一估计。并非仅仅防止大规模杀伤性武器扩散委员会坚持上述看法，近年来，美国政府的多个报告和专家委员会都提出了恐怖分子可能使用生物武器的警告。但在防止大规模杀伤性武器扩散委员会看来，美国准备应对生物武器恐怖主义威胁的水平远远低于应对核恐怖主义威胁的水平。随着技术进步，美国防止生物武器威胁的能力在降低。为阻止生物武器进攻，委员会建议，美国政府需要通过准备和公开演习来展示美国有能力阻止和挫败恐怖分子的袭击。美国近期的生物武器防御目标应是限制生物武器攻击的后果。长期目标应是提高在袭击发生后快速辨识、反应和一定水平的恢复能力，使生物武器不再被视作大规模杀伤性武器。③ 根据上述建议，如果要有效防止使用生物武器和化学武器，美国必须采取完全不同于防止核武器扩散所使用的方法。

---

① Sharon A. Squassoni, *Nuclear, Biological, and Chemical Weapons and Missiles*: *Status and Trends*, Order Code RL30699, Updated 14 January 2005. WM00608.

② The Report of the Commission on the Prevention of 大规模毁灭性武器 Proliferation and Terrorism: World at Risk. Vintage Books a division of Random House, Inc., New York, December 2008, p. xv.

③ Commission on the Prevention of 大规模毁灭性武器 Proliferation and Terrorism, The Clock is Ticking, A Progress Report on America's Preparedness to Prevent Weapons of Mass Destruction Proliferation and Terrorism, 21 October 2009.

第二节 冷战后美国防生物武器和化学武器扩散政策

冷战结束后，阻止大规模杀伤性武器扩散是美国国家安全和外交政策的一个突出目标。生产生物武器和化学武器所需的技术、资金和资源要比生产核武器少得多。为阻止其他国家侵略或威胁其他国家，许多发展中国家竞相开发生物武器和化学武器。因此，虽然生物武器和化学武器所造成的灾难性损害并不能与核武器同日而语，但它们的威胁更为现实。海湾战争已经使化学武器扩散成为非常紧迫的一个问题，1995 年东京地铁发生的沙林毒气，以及在美国本土“9·11”恐怖事件后又发生造成 22 人感染病毒，并最终使 5 人死亡的炭疽邮件事件更加证明了这一点。冷战后，美国非常重视防止生物武器和化学武器扩散。国家安全委员会在 2009 年的反击生物武器威胁的国家战略中指出，非国家行为者开发生物武器和生物武器扩散是我们国家安全面临的重大挑战。[①] 冷战后美国防止生物武器和化学武器扩散的行动主要是从单方面、双边和多边三个方面进行的。

一、防止生物武器和化学武器扩散的单方面政策和措施

美国所处的国际地位和工业生产能力及其先进的科学技术，美国单方面防止大规模杀伤性武器扩散的政策和行为在防止大规模杀伤性武器扩散中发挥着非常重要的作用。因此，在防止生物武器和化学武器扩散实践中，美国非常注重发挥单方面政策和措施的作用。

1. 完善相关法律、法规和制度

美国与防止化学和生物武器扩散有关的法律包括条例和行政命令，最重要的是出口管理法和武器出口控制法。1979 年的出口管理法要求任何直接和在相当程度上有助于化学和生物武器扩散的两用物资和技术的出口都需要许可证。根据法律，商务部制定了清单，向那些与美国达成控制此类物资协议的国家出口受限制的物资不需要出口许可证。苏联解体和伊拉

① National Security Council, National Strategy for Countering Biological Threats, 23 November 2009, p. 2.

克入侵科威特使美国认识到需要改革出口管理法。根据《国际紧急经济权力法》，克林顿政府多次延长出口管理法案。2001 年 8 月 17 日，小布什总统发布第 13222 号行政命令，宣布继续根据《国际紧急经济权力法》延长出口管理法案。《武器出口控制法》是另一个防生物武器和化学武器扩散的重要法案。国务院负责管理化学和生物武器的出口并发放许可证。法案规定对违反该法的行为进行处罚，对任何出口扩散生物武器或化学武器物资的外国公民进行制裁，反对任何使用生物武器或化学武器或实质上准备使用这些武器的国家。1991 年出台的《化学和生物武器控制和战争消除法》是美国防止化学和生物武器扩散的最重要的一部法律，该法要求美国对违反国际法使用化学或生物武器的国家实施制裁并鼓励国际制裁。其中第 307 节规定，对于总统认为已经使用或实质上准备使用生物武器或化学武器的国家，总统有权终止对该国的援助、信贷、担保和发放许可证。总统必须向国会保证，要迫使该政府不再违反国际法使用化学武器或生物武器的规定；迫使该政府不再对其人民使用这样的武器；该政府要提供可信的保证，保证这样的行为不会再发生，并愿意与联合国或其他国际组织合作，以查证生物和化学武器不会再被使用。[①]

在上述基本法律、法规之外，适应新的形势，美国政府继续制定新的相关法律、法规。1998 年，国会制定实施《禁止化学武器公约》的法案，要求美国政府对违反《禁止化学武器公约》的行为实施严厉制裁。[②] 为加强《禁止化学武器公约》的实施，1999 年，国会通过了综合拨款法案，其中规定：任何开发、生产、获得、储存、转移和拥有或使用化学武器等违反《禁止化学武器公约》的行为都将受到刑事和民事惩罚。法案也规定了查封、没收和销毁走私的化学武器的程序；对多种可能用于生产化学武器的化学物资出口进行某些限制；同时，法案规定，从私人公司获得的机密商业信息应保密。更重要的是，法案为禁止化学武器组织（OPCW）现场核查制定了详细程序，包括对接近和搜查程序的限制等。[③]

① Mary Beth Nikitin, *CRS Report for Congress: Proliferation Control Regimes: Background and Status*, RL31559, 31 January 2008.

② Dianne E. Rennack, *Nuclear, Biological, Chemical, and Missile Proliferation Sanctions: Selected Current Law*, Congressional Research Service, RL31502, 30 November 2010, p. 14.

③ CRS Report for Congress, Order Code RL30033, Amy F. Woolf, Arms Control and Nonproliferation Activities: A Catalog of Recent Events, Updated 19 January 2006, p. 48.

在完善国内法规的同时，美国政府也非常注重利用国际法来防止生物武器和化学武器扩散。《禁止化学武器公约》（CWC）是国际社会共同努力防止化学武器扩散的最重要成果，但自国际社会达成协议以来，在20多年的时间里一直未能生效。克林顿总统1993年11月23日把该条约提交参议院批准时说："这个条约是军备控制史上最雄心勃勃的条约之一，它要禁止整个一类大规模杀伤性武器。它是我的政府不扩散政策的一个中心因素。条约将极大地加强我们国家的安全并有助于全球安全。"[①] 如果美国能尽快批准，将非常有利于《禁止化学武器公约》的生效和更好防止化学武器扩散。因此，克林顿总统在1996年9月24日的联大讲话中把批准CWC作为最优先的事务，并表示美国决心在CWC生效的时候成为这个条约的一员。他说："首先，我们必须使我们的人民免于遭受化学武器袭击，并尽可能快地让CWC生效而使'流氓国家'和恐怖主义分子更难用毒气威胁我们。""我对美国还没有就禁止化学武器协议举行投票而深感遗憾，但我愿意向你们和全世界的人民保证：我不会让这个条约死亡，我们将加入决心防止化学武器扩散的国家队伍。"[②] 此后，克林顿又做过多次类似表示。1997年2月4日，克林顿说，批准《禁止化学武器公约》"将使我们的部队免遭化学武器攻击。这有助于我们与恐怖主义战斗……如果我们在公约4月29日生效前不批准，我们将失去发挥领导作用的机会"[③]。1997年3月21日，在芬兰赫尔辛基举行的美俄总统联合记者招待会上克林顿说："我们和俄罗斯两个国家承诺，在《禁止化学武器公约》下个月生效前批准该公约，这样我们就能开始从地球上消除这种武器。"并表示美国在1997年4月29日《禁止化学武器公约》生效前一定会批准公约。[④]

经过克林顿政府艰苦的努力，美国参议院于1997年4月24日批准了CWC。这是冷战后国际社会防止化学武器扩散的一大成就。值得指出的是，美国虽然批准了CWC，却是有保留地批准。其实，克林顿政府在1993年11月就要求国会批准该条约，但国会以条约所规定的现场视察条款会损害美国化学工业的商业秘密而未批准。20世纪90年代中后期，国

---

① ACDA Annual Report, 1995. http: //dosfan. lib. uic. edu/acda/reports/anrpt_ 95. htm.

② ACDA Annual Report, 1996.

③ The Chemical Weapons Convention Statements by President Clinton, 21 March 1997, http: //dosfan. lib. uic. edu/acda/factshee/cw/presiden. htm.

④ Joint U. S. -Russian Statement on Chemical Weapons, http: //dosfan. lib. uic. edu/acda/hd. htm#f.

际社会要求使CWC生效的压力日益增加，这符合美国和世界各国共同的安全要求。不过，美国在安全之外还坚持要求获得经济利益，在附件中增加了包括美国总统有权拒绝接受现场核查和核查样品不得带出美国进行化验分析等保留内容后，美国国会才最终批准了该条约。上述保留条款使《禁止化学武器公约》的约束力大打折扣。

2. 成立相关机构、加强部门协调

冷战后，美国政府成立于冷战时期的防扩散机构已不能适应国际形势发生的巨大变化。为更好防止大规模杀伤性武器扩散，客观上需要调整机构。

为应对日益增加的扩散威胁，1997年11月，美国国防部部长发布的防务能力倡议，要求对国防部机构进行改革。撤销负责国际安全和扩散政策的助理国防部长的职位及其功能，改由负责战略和削减威胁的助理国防部长行使；成立新的防务威胁削减署应对正在出现的大规模杀伤性武器扩散危险，该机构由国防部若干职能部门如防御特别武器署、现场视察署、防务技术安全管理署等重组而成。这提高了国防部在防止大规模杀伤性武器扩散决策中的地位，也提高了在实施防止大规模杀伤性武器扩散行动中的地位。在调整机构设置方面，最引人注目的是在1999年4月，把军备控制与裁军署合并到国务院，由负责军备控制与国际安全事务的副国务卿领导，同时，国务院重新组织了政治-军事事务司，大量增加人手。这样不仅大大提高了国务院应对大规模杀伤性武器扩散挑战的能力，更重要的是大大提高了防扩散在美国外交政策中的地位和国家安全中的地位，使防扩散日益成为美国外交政策中最优先的任务之一。

具体而言，为应对日益严重的生物和化学武器扩散，1996年，美国在能源部设立了一个化学和生物武器防扩散中心。1998年和1999年，防止化学武器和生物武器扩散得到更多强调。克林顿总统在1999年1月22日宣布建立一个特别工作组来应对化学武器和生物武器扩散。[①]

在调整机构的同时，美国政府加强了防生物武器和化学武器扩散的协调。防扩散涉及美政府内部如白宫的许多办公室，以及国务院、国防部、能源部、司法部、商务部、财政部、卫生与公共服务部门和农业部等众多

---

① Alan C. Bridges, *Proliferation of Weapons of Mass Destruction: U. S. Policy and Practice in the Late 1990'S*, A Research Report Submitted to the Faculty In Partial Fulfillment of the Graduation Requirements, Maxwell Air Force Base, Alabama, April 1999.

相关部门和机构，这些部门和机构在不同层次上执行着相同或相似的任务或使命。因此，加强部门之间的协调对于确保防止生物武器和化学武器扩散具有重大意义。美国政府认识到，没有适当组织的政府政策实际上根本就不是政策。适当组织美国联邦政府各机构和部门与扩散进行战斗对于成功的前景具有深刻的影响。对此，成立于 1998 年的、由参议员约翰·多伊奇（John M. Detuch）任主席的美国政府防止大规模杀伤性武器扩散评估委员会建议，防止大规模杀伤性武器扩散，加强协调是非常必要的，尤其是“总统的领导对于确保与扩散进行战斗的战略制定、理解和得到各有关机构的认真执行是基本的。总统应考虑让副总统在国家安全委员会发挥特别作用，以保证给予防止大规模杀伤性武器扩散足够的注意和资源；改进各有关防扩散机构的政策和计划的执行，每个机构都必须以有利于加强政府防扩散的方式调整内部组织、计划和资源”[①]。

防止大规模杀伤性武器扩散委员会建议由国务卿负责与防扩散有关的跨部门协调，国防部部长负责与反扩散有关的跨部门协调。赞成者认为，这反映了制定政策和执行政策是完全不同的活动类型的观点。它认识到在与防扩散有关的事务上，国务院的首要职责是制定政策，而关于具体计划，则应由在核心能力和预算上处于优势地位的国防部负责。批评者指出，在各自具体的领域里，其他机构也发挥着重要作用，而且，这个建议也没有解决一个机构努力对其他机构行使指导权利的固有困难。更重要的是这可能削弱确保在政策和具体实施计划之间不会出现中断的努力。[②]

考虑到这种争论的合理性，美国政府决定提高协调层次，充分发挥国家安全委员会（NSC）的综合协调作用，在国家安全委员会和白宫指导下成立诸多跨部门协调机构。美国政府防止生物武器扩散计划项目前主任 2007 年 7 月说：“参与防扩散应是多层次、多机构和多部门的，由国家安全委员会和白宫领导并经常进行国际和国内协调。”[③] 国会也要求

---

① Commission to Assess the Organization of the Federal Government to Combat the Proliferation of Weapons of Mass Destruction, Combating Proliferation of Weapons of Mass Destruction, 14 July 1999, p. 1.

② Commission to Assess the Organization of the Federal Government to Combat the Proliferation of Weapons of Mass Destruction, Combating Proliferation of Weapons of Mass Destruction, 14 July 1999, p. 10.

③ Committee on Prevention of Proliferation of Biological Weapons, Office for Central Europe and Eurasia, National Research Council, The Biological Threat Reduction Program of the Department of Defense: From Foreign Assistance to Sustainable Partnerships, 2007, p. 43.

白宫和 NSC 加强在防止生物武器扩散行动中的协调作用。如 2007 年 7 月给农业部的指示说，“防（生物武器）扩散应是多层次、多部门和多侧面的”，各部门应在国家安全委员会和白宫领导下，承担共同的使命，定期协调并在国际上实施”①。作为最高协调机构，NSC 负责制定有关防扩散计划的全面指导原则。各跨部门机构根据 NSC 确定的指导原则制定具体领域的防扩散行动。如 2006 年，NSC 要求制定一个全面的参与生物安全的战略，该战略适用于各个相关部门和机构并设定了把主要关注重心放在东南亚和南亚的许多生物安全行动上。能源部在许多情况下都与来自其他部门的专家一起工作来实施这些计划。② 这样，在国家层面，NSC 成立了反扩散技术协调委员会（The Counterproliferation Technology Coordinating Committee），它的主要任务是制定关键的政策、战略、研发和后勤目标，负责协调政府各部门之间的反扩散努力。在部门层面，除由国防部、能源部、国务院、中央情报局和参谋长联席会议组成的反扩散计划审查委员会（The Counterproliferation Program Review Committee CPRC）这一跨部门协调机构负责审查与反扩散有关的行动和计划外，还成立了防扩散和军备技术工作组（The Nonproliferation and Arms Control Technology Working Group）、技术支持工作组（The Technical Support Working Group）、国家安全委员会领导的反恐怖主义和国家政策协调委员会（The Counterterrorism and National Preparedness Policy Coordinating Committee）、防扩散委员会共同体（The Community Nonproliferation Committee）等跨部门组织，在不同领域和不同层面协调各个部门之间的防止大规模杀伤性武器扩散的行动和政策。

一个非常突出的防止生物武器和化学武器扩散的跨部门机构是防扩散圆桌会议（NPIR）。它最初是审查在苏联进行的防扩散行动，由能源部领导，每月召开一次会议，有关部门和机构通过 NPIR 能审查其他任何一个部门关注的潜在两用物资风险和防扩散的行动计划，同时减少不必要的重

① Committee on Prevention of Proliferation of Biological Weapons, Office for Central Europe and Eurasia, National Research Council, The Biological Threat Reduction Program of the Department of Defense: From Foreign Assistance to Sustainable Partnerships, 2007, p. 43.

② Committee on Prevention of Proliferation of Biological Weapons, Office for Central Europe and Eurasia, National Research Council, The Biological Threat Reduction Program of the Department of Defense: From Foreign Assistance to Sustainable Partnerships, 2007, p. 53.

复行动。[①] 在20世纪90年代，NPIR的目的是帮助研究机构不参加苏联以民用生产为保护伞而实际上是开发生物武器计划的研究组织。经过10年的行动，美国在相当程度上实现了目标，因为俄罗斯两个最大的生物武器研究机构——病毒学和生物技术研究中心、国家运用微生物学研究中心——都在2006年完全转变为致力于公共健康和社会发展事业的研究机构，而且，在美国的帮助下，其活动的透明性达到空前水平。[②] 总体而言，NPIR很好地发挥了协调作用。2005年的审查报告说，生物武器削减计划清楚地"界定了地位和责任、定期的相互协商和争端解决程序"[③]。除了作为审查和信息交换的平台外，NPIR还被NSC用来制定各部门必须遵循的战略和计划。有时为各地区、各国，甚至是为具体部门制定协调战略。

3. 制定各种防止生物武器和化学武器扩散的计划和战略

为防止敌对国家或恐怖分子利用生物和化学武器发动对美国本土的袭击，也为了提高美国武装力量在生物或化学武器环境下作战的能力，美国制订了各种防止生物武器和化学武器扩散的计划和战略。

根据1994年国防授权法，国防部制订了生物武器和化学武器防御计划，该计划是美国国家战略和国防部战略中关键的部分，其目的是在实施美国军事战略的时候，提供化学武器和生物武器防御能力，支持国家军事战略的目标，确保国防部的行动不受化学或生物武器的限制，确保美国武装力量在化学或生物武器战的环境下能生存、战斗并获得胜利。[④] 为有效实施这一计划，国会在三个关键领域提供了持续支持，即为改革医疗技术倡议提供稳定资金，以充分鼓励对于成功反击下一代工程生物武器是非常必要的先进的科学和技术创新；为研究、开发、试验和基础设施评估提供充足而长期的投资，确保美国的研究、开发、试验和评估能力，包括实验

---

① U. S. Government Accountability Office, 2005. Weapons of mass destruction: nonproliferation programs need better integration. GAO-05-157.

② Committee on Prevention of Proliferation of Biological Weapons, Office for Central Europe and Eurasia, National Research Council, The Biological Threat Reduction Program of the Department of Defense: From Foreign Assistance to Sustainable Partnerships, 2007, p. 44.

③ U. S. Government Accountability Office, 2005. Weapons of mass destruction: nonproliferation programs need better integration. GAO-05-157.

④ Department of Defense, Chemical and Biological Defense Program, Annual Report to Congress, March 2000, p. i.

室的建设和试验设施的现代化，以保证美国开发先进的反击目前和新的生物和化学武器威胁的能力；对于全部计划本身提供资金，以确保美国武装部队在任何环境下都不受生物和化学武器限制，并提高其展开行动时所必备的防御能力。①

“9·11”事件不仅是美国外交政策的重大转折点，也是美国反扩散政策的转折点。作为对“9·11”事件及其此后的炭疽信件事件的反应，小布什总统在2002年6月签署法案，提高医学和个人对生物武器攻击的反应能力。② 在冷战后美国防扩散行动中，削减生物武器威胁得到特别关注。2006年，国家安全委员会要求国务院国际防扩散局合作削减威胁办公室（ISN/CTR）起草加强全球病原体安全战略，并得到国家安全委员会的批准，它确认了在关键地理区域的潜在扩散问题，并决定由国务院国际防扩散局的合作削减威胁办公室负责领导美国政府各部门和机构参与削减生物武器威胁（BEP）。BEP的目的是在认识到生物恐怖主义威胁、传染病威胁和快速发展的生物技术的同时，促进合法的生物科学研究，其焦点是在南亚、东南亚和中东；强调确保病原体生物安全、加强实验室生物安全程序和提高与传染病战斗的能力。另外，美国还实施了生物工业倡议、全球生物武器参与计划、参与生物安全计划等众多计划。③ 这些计划对于防止生物和化学武器扩散都起到相当大的作用。

为更好应对生物和化学武器扩散，小布什政府不仅仅制订了应急计划，而且制定了专门的国家战略。2002年2月，美国政府发布与大规模杀伤性武器扩散进行战斗的国家战略，作为这一战略的关键组成部分，国防部制订了生物武器、化学武器、放射性物质和核武器（CBRN）防御计划。CBRN防御计划提供了适用于各种化学武器和生物武器的运筹能力，包括应对正在出现的威胁和支持消极防御、力量保护和后果管理使命。这

① Department of Defense, Chemical and Biological Defense Program, Annual Report to Congress, April 2007, p. i.

② Arms Control Association, Seth Brugger, Briefing Paper on the Status of Biological Weapons Nonproliferation, September 2002, Updated May 2003.

③ 关于这些计划的实施情况和结果，参阅 Committee on Prevention of Proliferation of Biological Weapons, Office for Central Europe and Eurasia, National Research Council, The Biological Threat Reduction Program of the Department of Defense: From Foreign Assistance to Sustainable Partnerships, 2007。

些能力使美国武装部队能快速有效地降低对美国武装力量发动化学武器、生物武器、放射性物质和核武器攻击的效果。[①]

奥巴马也非常重视防止生物武器和化学武器扩散。奥巴马政府认为非国家行为者开发生物武器或生物武器扩散是美国国家安全面临的一个重大挑战。虽然美国目前还没有发生生物武器的灾难性袭击，但发生生物武器威胁的风险是难以预测的；生物技术将继续发展，随着技术壁垒和金融代价的降低，对于那些有不良意图的国家来说，利用这种先进技术的能力将越来越容易获得。因此，奥巴马就职一个月后就下令建立一个包括联邦政府卫生部、农业部等各相关机构人员组成的特别工作组。工作组的具体任务是“审查和评估目前与生物病原体及其研究有关的各种法律、法规、指导方针和实际行动的效果”。更重要的是，奥巴马政府很快就制定了反生物武器威胁的国家战略。作为防止生物武器扩散的指导方针，该战略提出了美国防生物武器扩散的目标。[②]

上述计划和战略的实施，很好地防止了生物和化学武器的进一步扩散。

二、防止生物武器和化学武器扩散的双边和多边政策和措施

冷战后，美国认识到，在与大规模杀伤性武器战斗中盟国和其他安全伙伴的参与是非常重要的，它们的参与会提高友好国家对防止、阻止、防卫扩散和对大规模杀伤性武器威胁做出反应并提供援助的能力，从而减少美国武装力量的负担，并有助于地区和全球防务稳定。美国 2002 年与大规模杀伤性武器战斗的国家战略明确指出，大规模杀伤性武器不仅仅是对美国的威胁，也是“对我们的盟国和朋友以及更广泛的国际社会的威胁。因此，在我们全面防扩散战略的所有各个方面同与我们有共同或类似目的的国家紧密合作是至关重要的”[③]。2006 年的四年防务评估报告也强调国际合作和促进伙伴能力的重要性。2006 年的与大规模杀伤性武器战斗的国家战略把“安全合作和伙伴行动”作为 8 个军事使命之一，强调安全

① Department of Defense, Chemical, Biological, Radiological, and Nuclear Defense Program, Annual Report to Congress, May 2004, p. ii.

② National Security Council, National Strategy for Countering Biological Threats, 23 November 2009.

③ National Strategy to Combat Weapons of Mass Destruction, December 2002, p. 6.

伙伴在防扩散行动中的军事作用和反对大规模杀伤性武器扩散中的重要性。[①] 在防扩散方面，奥巴马政府表示要与小布什政府过分的单边主义划清界限，而且也明确表示，降低蓄意的或意外的生物武器风险需要国内各部门之间的协调和国际社会的良好合作。[②] 正是出于上述考虑，为防止生物和化学武器扩散，美国政府开展了一系列双边和多边国际合作。

（一）双边政策和措施

冷战后，美国防止大规模杀伤性武器扩散中一个非常突出的特点就是加强或扩大了与有关国家的双边合作。作为冷战后唯一超级大国，在防止大规模杀伤性武器扩散方面，美国倾向于不理睬那些美国认为可能会阻碍或不利于防扩散的组织或机制，而创立新的、被认为是最有效的机制或组织，在防止生物武器和化学武器扩散的努力中，这一特点得到了很好的表现。

冷战后，美国在防止生物武器和化学武器扩散方面的双边合作主要是与苏联/俄罗斯之间的合作。

1989 年 9 月 23 日，美国和苏联在怀俄明州签订怀俄明谅解备忘录，规定在两个阶段内进行化学武器数据和查证经验交换。这个倡议的目的是建立化学武器领域内的信任，促进全面实施《禁止化学武器公约》。第一阶段交换关于化学储存和生产设施的全面数据，为此要进行一系列互相参观对方化学武器设施的行动。这一阶段在 1991 年 2 月完成。第二阶段交换双方国家化学武器计划中一部分工厂设施的详细数据。文件要求在签字后 150 天内完成数据交换，在完成签字后的 180 ~ 225 天内，每一方进行试验，验证对方数据。1994 年，双方交换数据并进行磋商。在政治和专家层面，美俄继续进行磋商来解决突出的问题。[③] 同时，1992 年 7 月，根据合作减少威胁计划，美俄签订合作销毁俄罗斯储存化学武器协议。美国提供 2500 万美元帮助俄罗斯销毁化学武器设施和论证销毁化学武器的技术。1994 年 5 月，美国政府选定了一家公司帮助俄罗斯制订化学武器销毁计划。1995 年 4 月签署了 1995 年的工作计划，从合作减少威胁计划基金中拨出另外 3000 万美元帮助俄罗斯建立和装备试验分析中心，以保证

① Chairman of the Joint Chiefs of Staff, The National Military Strategy to Combat Weapons of Mass Destruction (Washington D. C.: The Joint Chiefs of Staff, 13 February 2006), pp. 26 – 27.

② National Security Council, National Strategy *for* Countering Biological Threats, November 23, 2009, p. 3.

③ ACDA Annual Report (1996).

对销毁化学武器进行有效的环境控制。

始于1991年的合作减少威胁计划（CTR）的最主要任务是削减或销毁苏联的核武器，但消除生物和化学武器也是其中一个重要部分。美国利用CTR提供的资金在俄罗斯建造了一个销毁化学武器的工厂。其意图在于帮助俄罗斯遵守化学武器协议和防止苏联化学武器流失并确保安全地销毁它们。从1992年起，在合作削减威胁框架内，美国国防部制订了削减生物武器威胁计划（BTRP），这是美国与独联体国家之间的防生物武器扩散计划，在俄罗斯、哈萨克斯坦、乌兹别克斯坦、格鲁吉亚、阿塞拜疆和乌克兰实施，是美国政府实施的、目的在于防止可用于开发生物武器的物资、技术和装备扩散的众多计划中的一个，该计划的重点是消除生物武器的基础设施、促进生物安全、支持生物研究合作，由美国国防部防务威胁削减署（DTRA）负责，国防部、农业部、卫生部、能源部参与实施。[①] 布什政府提出这个国际倡议的意图是培育更加稳固的伙伴关系，认为，没有具体的和持续的合作就不可能取得成功。在国防部，安全合作和建立伙伴地位已日益成为防务战略、反对全球恐怖主义，尤其是防止大规模杀伤性武器扩散的重要因素。由于BTRP涉及各种技术能力，为避免不同部门之间的重复行动，美国国会先后多次通过相关法令，要求加强部门之间的协调与沟通。美国政府非常重视该项目，当其他方面的防扩散预算下降时，BTRP的预算却继续增加，如2006~2007年，BTRP的预算资金分别是7970万美元和8080万美元，而国务院相应财年的防化学和生物武器扩散的预算资金分别为4880万美元和2730万美元。据美国科学院防生物武器扩散委员会估计，2008财年BTRP的预算甚至超过卫生部和农业部的预算，为充分利用各部门的优势和加强彼此协调，BTRP继续鼓励农业部和卫生部参与防扩散。[②] BTRP对于防止生物武器扩散发挥了重大作用。到2007年，销毁了哈萨克斯坦和格鲁吉亚以及咸海岛屿上的三个生物武器工厂。在生物武器设施的安全保障方面，对格鲁吉亚、阿塞拜疆、乌兹别

① National Research Council of the National Academy of Sciences, The Biological Threat Reduction Program of the Department of Defense—From Foreign Assistance to Sustainable Partnerships (Washington D. C.: The National Academy Press, 2007), 2, pp. 27 - 42.

② Committee on Prevention of Proliferation of Biological Weapons, Office for Central Europe and Eurasia, National Research Council, The Biological Threat Reduction Program of the Department of Defense: From Foreign Assistance to Sustainable Partnerships, 2007, pp. 43 - 44.

克斯坦和哈萨克斯坦的生物武器设施进行了升级改造。另外，美国还与各国进行生物合作研究，对俄罗斯、哈萨克斯坦、乌兹别克斯坦、格鲁吉亚、阿塞拜疆的生物研究实验室的升级改造制定研究方案。BTRP 取得积极成果，包括苏联以前没有对外国专家开放的 12 个具有两用能力的重要工厂的透明性前所未有地增强了，对外国专家开放了；拆卸和/或改变了 3 个生产生物武器设施和 12 个有利于开发生物武器的研究所；重新安排了以前直接从事防务计划的数百个高级生物武器专家、工程师和技术人员；安排了数百个年轻科学家在基础科学和公共健康领域以及农业领域从事研究工作；到 2007 年，参加 BTRP 计划的用于生物配制剂复合体的实验室和生产设施都开放了，并被直接用于民用目的。[①] 除俄罗斯外，在独联体其他一些国家遗留了大量苏联的生物武器设施，如阿塞拜疆和格鲁吉亚就有许多非常危险的病原体，它们被转移到美国进行进一步诊断分析。2007 年，削减生物武器威胁计划完成了销毁位于哈萨克斯坦和格鲁吉亚两个地方生物武器设施的任务。[②] 削减生物武器威胁计划在独联体国家执行情况良好，美国后来把这一计划扩大到其他国家和地区。如在印度、苏丹和巴基斯坦举行了生物安全专题讨论会；改善印度尼西亚实验室生物物资的保护状况等。又如 2007 年，东盟召开反恐怖主义会议，这为合作反生物恐怖主义提供了政治上的便利。

（二）防生物武器和化学武器扩散的多边政策和措施

从 20 世纪 60 年代美国发起防核扩散以来，美国就认识到扩散是一个全球问题，防扩散需要高水平的国际合作。美国与其他国家一起，努力阻止化学和生物武器扩散。《禁止化学武器公约》和《禁止生物武器公约》是与防止生物和化学武器扩散有关的两个最主要的条约，美国是这两个公约的成员国。防止生物武器和化学武器扩散的最主要国际多边出口控制机制是澳大利亚集团（AG），它们共同构成防止生物武器和化学武器扩散国际机制的三个支柱。冷战后，美国防止化学和生物武器扩散的多边政策和措施主要是加强上述条约和协议。

---

① Committee on Prevention of Proliferation of Biological Weapons, Office for Central Europe and Eurasia, National Research Council, The Biological Threat Reduction Program of the Department of Defense: From Foreign Assistance to Sustainable Partnerships, 2007, pp. 28 – 30.

② Counterproliferation Program Review Committee, Report on Activities and Programs for Countering Proliferation and NBC Terrorism, Volume I Executive Summary, July 2009, p. 10.

1993年9月，克林顿政府提出了防扩散政策的指导方针，宣布了美国关于防扩散的三条原则：防扩散是克林顿政府最优先考虑的问题；寻求国际合作，努力营造一种共识，推进防扩散的努力；实行“胡萝卜加大棒”的政策，对扩散者施加越来越大的压力，对遵守国际公约的基本原则、防扩散和反对扩散的国家开放贸易和技术交流。具体而言，对于防生物武器和化学武器扩散，克林顿表示：为防止违反生物武器协议，我们将采取新的措施，增加运用生物武器的透明性，我们呼吁所有国家尽快批准《禁止化学武器公约》，我们将与其他国家一起，支持根据该协议建立的国际组织所采取的禁止化学武器的行为。[①]

1. 加强《禁止化学武器公约》（CWC）的作用，防止化学武器扩散

CWC起源于1968年的政府间关于化学和生物武器的谈判，经过25年的谈判，1993年1月，CWC开放供各国签字。1997年4月29日公约生效，包括美国在内的130个国家成为创始会员国，包括中国、印度、巴基斯坦、以色列、除南斯拉夫外的所有欧洲国家、所有独联体国家、除苏里南和一些说英语的加勒比国家外的所有西半球国家。到2010年1月27日，共有188个会员国。有5个国家签署但没有批准公约，有8个国家既没有签署也没有同意加入公约（这8个国家是安哥拉、埃及、伊拉克、黎巴嫩、朝鲜、索马里、苏丹和叙利亚）。CWC禁止开发、生产、转移、储存和使用化学武器和有毒武器，要求销毁所有的化学武器生产设备并努力控制这些武器关键零部件的生产和国际转移。[②] 公约也要求各成员国制定法律，控制和监督有关两用化学物资的出口。它要求在公约生效后10年内销毁所有现存的化学武器，有5年的延长期，但必须是在CWC执行理事会向禁止化学武器组织（OPCW）提出建议并最终获得各国的批准之后才能延长销毁日期。根据公约，成员国应向禁止化学武器组织提交详细的与化学武器有关的活动或物资，以及有关的工业活动的报告。OPCW核查和监督各国的设备和与此有关的活动。CWC也禁止国际转移被认为用作生产化学武器的化学药品。大多数化学药品是两用的。CWC制定了一个清单，清单上物资的生产、使用、转移都必须向CWC组织报告，清单分

① Fact Sheet, Nonproliferation and Export Control Policy, 27 September 1993, http://www.fas.org/spp/starwars/offdocs/w930927.htm.

② Congress Research Service Report, RL31559, Mary Beth Nikitin, Paul K. Kerr, Steven A. Hildreth, Proliferation Control Regimes: Background and Status, 18 October 2010, p.27.

为Ⅰ-Ⅲ。

冷战后，化学武器扩散出现新形势。一方面，尽管国际协议禁止生物和化学武器扩散，但包括利比亚、叙利亚和伊拉克在内的许多国家拒绝在《禁止化学武器公约》上签字，一些有化学武器能力的国家，如伊朗，尽管已在公约上签字，却没有终止其化学武器计划，而是继续提升和扩大化学武器生产设施及其化学武器库。另一方面，恐怖分子表现出使用化学武器的意愿并实际使用化学武器或生物武器。如 1995 年，恐怖分子在东京拥挤的地铁中释放神经毒气沙林，造成 12 人死亡，多人受伤。人们对销毁化学和生物武器的关心增加了。为防止化学武器进一步扩散，美国在三个方向进行防化学武器扩散努力：敦促普遍遵守并有效实施 CWC；寻求全面实施与俄罗斯联邦签订的销毁化学武器的双边协议；通过澳大利亚集团，支持广泛的化学和生物武器不扩散政策合作，并协调出口许可证政策。①

为阻止化学武器扩散，美国做出许多努力，包括开发新技术，以发现化学和生物武器；制定指示清单，以在使用化学和生物武器前发出警告；更紧密地与其他国家政府和美国执法部门合作，以尽早发现生物武器和化学武器计划。② 其中，美国与国际社会的多边合作尤为重要。

1992 年 9 月，美国与英国和俄罗斯发表联合声明，宣称将全面遵守 CWC 的义务，并宣布在它们的武装力量中没有化学武器的地位。俄罗斯同意采取切实的步骤解决英美所关心的俄罗斯从苏联继承下来的进攻性化学武器问题。同时，美国与国际社会一起扩大和加强了澳大利亚集团，包括向罗马尼亚提供技术专家使它符合成员国标准；加强了对少量出口的受控制的化学物资的监督；对从事扩散的国家进行外交干预；实施 1991 年的化学和生物武器控制和战争消除法案，该法案授权对使用化学和生物武器的外国政府和个人实施制裁。美国政府有效利用该法的协商条款实现了让外国政府在阻止其公司支持第三国的化学武器计划上进行合作的目的。③

CWC 虽然有自己的核查机制，但该机制是缺乏强制力的。因此，核查成为 CWC 获得成功所面临的根本挑战。而事实上，许多有毒化学物质

---

① ACDA Annual Report（1996）.

② The Chemical and Biological Weapons Threat, March 1996, DNSA, WM00466.

③ ACDA Annual Report（1995）, http://dosfan. lib. uic. edu/acda/reports/anrpt_ 95. htm.

既可用于军事，也可用于和平目的，这增加了 CWC 查证所面临的挑战。根据 CWC 的安排，以前从未制造过用于战争物资的化学工厂所受到的检查要比曾经制造过战争物资的化学工厂的检查松得多。这就使新的制造未来用于战争毒气的化学工厂受到的监督不够。

为使查证规定在条约生效的同时生效，美国和其他签字国一起，成立了预备委员会来制定详细的实施程序，以及获得检查装备、雇佣和培训检查人员，并为 OPCW 提供基础管理。同时，成立了一个临时技术秘书处为预备委员会提供技术和管理支持。从 1993 年 2 月到 1996 年，预备委员会举行了 16 次正式会议，由专家组经过一年的讨论，最后就具体问题提出了建议[①]。这样，到 2008 年，CWC 的核查机制逐步完善，它对不同类型的化学工厂设备做出了不同的规定。公约制定了三类化学武器销毁表。一些设备需要进行系统的现场核查，一些设备只需要进行周期性的核查。签字国也可以要求核查被怀疑违反协议的工厂。被核查国有权就核查的范围进行谈判，但必须做出合理的努力以确保协议得到遵守。[②]

美国一方面努力加强 CWC 核查机制，敦促其他国家遵守 CWC 的规定，另一方面，美国又强调在核查过程中不能损害美国的经济利益。根据美国法律，总统有权拒绝核查请求，如果核查“可能造成对美国国家安全利益威胁的话”。但 CWC 并不包含拒绝核查的条款。批评者说，这样做就等于美国可以不遵守条约。他们坚持说，即使从来没有出现美国总统拒绝核查的情况，但美国的这一实质上是歧视性的要求将鼓励其他国家采取类似的行动，这就削弱了 CWC 的查证机制。

尽管在加强 CWC 方面取得很大成绩，但形势依然严峻。一方面，据美国估计，有 20 个国家已经或正在寻求获得化学武器能力，而包括伊拉克和利比亚在内的许多国家已经储存有化学武器。美国国务院 2005 年的报告说，伊朗违反了 CWC，其在“保留和实现其化学武器基本设施关键要素的现代化，包括研究和部署进攻性化学武器，并没有公布其储存的化学武器，具有生产进攻性化学武器的能力”[③]。2008 年 2 月，美国国家情

---

① ACDA Annual Report (1996).

② Mary Beth Nikitin, CRS Report RL31559, Proliferation Control Regimes: Background and Status, 31 January 2008.

③ Sharon A. Squassoni, Nuclear, Biological, and Chemical Weapons and Missiles: Status and Trends, Order Code RL30699, Updated 14 January 2005. WM00608.

报总监迈克·麦克奈尔（Michael McConnell）在美国国会参议院做证时说，伊朗“继续保有在需要的时候生产化学武器的两用设施”[①]。历史表明，在很多情况下，获得化学武器后很快就会获得生物武器。

此外，在销毁化学武器方面也遇到很多困难。根据 CWC 规定和 OPCW 要求，所有拥有化学武器的国家应在 2007 年 4 月 29 日这一最后期限前销毁所有化学武器，但事实上所有 6 个公开宣布拥有化学武器的国家中没有一个国家在规定的最后期限前销毁了自己的化学武器。禁止化学武器组织总干事罗赫略·菲尔特（Rogelio Pfirter）在 2007 年 10 月 19 日的联合国第一委员会会议上发表讲话时说，只有 30% 的化学武器储存被销毁。直到 2007 年 7 月底，阿尔巴尼亚成为第一个销毁所有化学武器的国家。2008 年 7 月 10 日，韩国成为第二个销毁化学武器的国家，2009 年 3 月 16 日，印度成为第三个宣布销毁全部化学武器的国家。[②]

美国、俄罗斯是世界上拥有化学武器最多的两个国家，但迄今为止，还没有完全销毁化学武器。美国已经销毁了第三类化学武器，并宣布说美国没有第二类化学武器，但在规定的最后日期前销毁第一类化学武器有困难。2003 年 10 月，美国承认在 2004 年 4 月 29 日的中期期限到来前不能销毁其储存的化学武器中的 45%，美国要求把中期期限延长到 2007 年 12 月。第八次 OPCW 会议同意美国把销毁 45% 库存化学武器的期限延长到 2007 年 12 月，并原则上延长最后期限[③]。2006 年 4 月，美国正式向 OPCW 总干事提出请求，要求把美国销毁化学武器的最后期限从 2007 年 4 月 29 日延期到 2012 年 4 月 29 日，但同时美国常驻 OPCW 代表又说，“我们并不认为在最后期限到来时能销毁所有化学武器”，因为华盛顿在销毁其储存方面遇到了困难。[④] 这些困难一般来自需要符合州和联邦政府的环

---

① Jonathan B. Tucker, *Trafficking Networks for Chemical Weapons Precursors: Lessons from the Iran-Iraq War of the 1980s*, James Martin Center for Nonproliferation Studies, Occasional Paper, No. 13, November 2008, p. 2.

② Congress Research Service Report, RL31559, Mary Beth Nikitin, Paul K. Kerr, Steven A. Hildreth, Proliferation Control Regimes: Background and Status, 18 October 2010, p. 32.

③ CRS Report for Congress, Order Code RL30033, Amy F. Woolf, Arms Control and Nonproliferation Activities: A Catalog of Recent Events, Updated 19 January 2006, p. 50.

④ Ambassador Eric Javits, U. S. Permanent Representative to the OPCW, Statement Concerning Request to Extend the United States' Destruction Deadline Under the Chemical Weapons Convention, 20 April 2006. Available at http: //www. state. gov/t/isn/rls/rm/64878. htm.

境要求，也来自地方和国会对销毁方式的关心。2006 年 4 月，国防部部长拉姆斯菲尔德通报国会说，在 2012 年 4 月销毁美国储存的化学武器是“有问题的，但国防部将继续争取获得更多的资源，努力在 2012 年最后期限到来时完成销毁工作”。国防部负责核武器、生物武器和化学武器防御计划的助理部长 2009 年 11 月 30 日对 OPCW 总干事说，美国已经销毁了第一类化学武器的 67%，到 2017 年，美国的 4 个化学武器销毁工厂将销毁剩余部分的 90%。[①] 另外两个在建的工厂将销毁储存在科罗拉多州普韦布洛和肯塔基州列克星敦的化学武器。2007 年，国防部说，这两个地方的化学武器分别要到 2020 年和 2023 年才能完全被销毁。[②] 但 2008 年的国防拨款法要求国防部在 2012 年的最后期限前而“绝不能在 2017 年 12 月 31 日后”“完成销毁工作”。作为回应，国防部对加速销毁在科罗拉多州和肯塔基州储存的化学武器的可能性进行了评估。在 2009 年 5 月给国会的报告中，国防部将“寻求其他资源”以便分别在 2017 年和 2021 年销毁在科罗拉多州和肯塔基州储存的化学武器。2010 年的国防拨款法案同意了国防部销毁化学武器的新时间表。[③]

俄罗斯也没有根据 CWC 的要求按期销毁化学武器。俄罗斯称，它必须得到大量外国援助来实行其销毁计划。由于俄罗斯化学武器储存规模和糟糕的安全状况以及莫斯科需要在 2012 年 CWC 规定的期限前销毁它们，销毁化学武器就成为 2002 年 G8 全球伙伴关系建立后的最优先任务。全球伙伴关系的大量资源用于建造化学武器销毁工厂，以销毁俄罗斯所储存的 4000 吨化学武器中的 1/4。[④] 根据美国国防部的合作减少威胁计划，美国为俄罗斯销毁化学武器提供了相当的财政援助。[⑤] 2004 年 11 月，一个俄罗斯高级官员宣布了建设 5 个新的化学武器销毁工厂的时间表，并计划在

① Congress Research Service Report, RL31559, Mary Beth Nikitin, Paul K. Kerr, Steven A. Hildreth, Proliferation Control Regimes: Background and Status, 18 October 2010, p. 32.

② ACWA Cost and Schedule Information. http://www.pmacwa.army.mil/ip/dl/acwa_cost_schedule.pdf.

③ Congress Research Service Report, RL31559, Mary Beth Nikitin, Paul K. Kerr, Steven A. Hildreth, Proliferation Control Regimes: Background and Status, 18 October 2010, p. 33.

④ Paul I. Bernstein, *International Partnerships to Combat Weapons of Mass Destruction*, Center for the Study of Weapons of Mass Destruction Occasional Paper 6, National Defense University Press, Washington D. C., May 2008, p. 7.

⑤ Amy Woolf, CRS Report RL31957, Nonproliferation and Threat Reduction Assistance: U. S. Programs in the Former Soviet Union.

2012 年实现销毁化学武器的目标。[①] 实际上，即使有外援，俄罗斯也几乎不可能在 CWC 规定的期限内销毁所有化学武器。到 2007 年 10 月，俄罗斯只销毁了其储存化学武器的 30% 多。它要求把期限延长到 2012 年。因此，CWC 批准了俄罗斯延长期限的建议。

销毁化学武器遇到的另外一个问题是美国的霸权主义和歧视性政策。美国国务院 2005 年的一个报告声称中国始终有一个积极的化学武器研究和开发计划，并且具有“化学武器生产动员能力”[②]。而且美国还公开谴责中国、伊朗和俄罗斯三个 CWC 成员国违反了条约义务。[③] 问题的关键是，美国在谴责其他国家的同时，却认为自己可以不遵循公约的规定。比如，美国认为“未来多边军备控制的前景是暗淡的”，因此，它一直拒绝批准 CTBT，也没有计划根据 BWC 和 CWC 制定一个切实可行的查证条款。[④] 同时，美国法律也不要求政府合同商为与 CWC 有关的规定而放弃任何宪法权利。美国法律规定：（1）如果因为 OPCW 雇员的行为而使美国公司知识产权遭受损失，它们可以通过法律规定的程序向美国政府寻求补偿；（2）为减少知识产权的损失，禁止把任何化学物资样品送到美国之外的实验室进行分析；（3）如果现场核查“可能威胁美国国家安全利益”，授权美国总统拒绝任何核查请求；（4）对于与 CWC 控制清单无关的有机化学物资和一些化学药品副产品，免于报告和核查要求。美国上述法律规定，或会损害 CWC 的常规核查机制，或会阻碍有效的核查，尤其可能促使其他国家也制定与美国类似的禁止条款，并鼓励其他国家也拒绝接受核查。美国上述规定不仅与 CWC 的要求相悖，也与美国对其他国家的要求不一致。这种“只许州官放火，不准百姓点灯”的霸权主义行径和歧视性政策是有损 CWC 的权威和不利于最终销毁所有化学武器的。

---

① Nartker, Mike, “Russian Official Outlines Detailed Schedule to Eliminate Chemical Weapons Arsenal by 2012” Global Security Newswire, 12 November 2004.

② CRS Report for Congress, Order Code RL30033, Amy F. Woolf, Arms Control and Nonproliferation Activities: A Catalog of Recent Events, Updated 19 January 2006, p. 51.

③ U. S. State Department, Adherence to and Compliance with Arms Control, Nonproliferation, and Disarmament Agreements and Commitments (Washington D. C.: State Department, August 2005), pp. 50 – 62.

④ Sharon A. Squassoni, *Nuclear, Biological, and Chemical Weapons and Missiles: Status and Trends*, Order Code RL30699, Updated 14 January 2005. WM00608.

2. 加强《禁止生物武器公约》(BWC)，防止生物武器扩散

1975年生效的BWC规定，各国不得开发、生产、储存、转移或获得微生物或其他生物武器或毒气，还要求各国销毁所有有关“机构、毒气、武器、装备和运载方式”。BWC允许从事防御性生物战研究，也允许生产和储存在数量上能证明其是用于和平目的或保护性的生物武器。到2006年，公约有171个成员，其中已经有155个成员批准了这一公约。BWC成员国要向联合国裁军事务委员会报告所有有关研制防御性生物武器的活动，同时向所有生物武器协议成员国通报。

虽然BWC是国际社会防止生物武器扩散和恐怖主义的基石，但广泛的看法是，它是一个虚弱的工具。当20世纪70年代就公约进行谈判时，美苏双方对现场核查都有重大保留，因此，当BWC缔结和生效时，没有正式的查证机制。只有根据公约第五条规定，通过双边或多边磋商查证不遵守公约的行为，或按照联合国宪章第六款规定，根据安理会的请求发起调查。实际操作中，上述规定很难查证不遵守公约的情况。BWC存在机制缺陷，没有CWC的禁止使用化学武器组织（OPCW）那样的执行机构或任何类似的负责信息交流、网络援助和共享国际程序等日常事务的组织，公约又允许成员可以为和平目的而开发某些生物武器材料，因此，执行公约规定非常困难。冷战后，为改变这一状况，阻止不遵守公约的情况出现和加强全球防生物武器扩散标准，老布什政府认为没有一定程度的信任是不可能查证的，[1] 而克林顿政府则一直支持就签署一个具有法律约束力的核查议定书进行谈判。

1991年，BWC第三次审查会议要求召集各国专家组成特别工作组，从科学和技术的角度来确认、检查和评估加强遵守BWC的措施。在1993年9月的会议上，特别工作组对21条现场和非现场核查措施进行了评估。为制止违反BWC的行为，克林顿总统宣布美国将制定新的措施，以增加可能用于生物武器的行为和设施的透明性。美国的目标是建立一个特别小组来起草具有法律约束力的核查议定书，详细说明一套相互加强现场和非现场核查的措施。美国当时计划在1996年BWC召开第四次审查会议前完成议定书的起草[2]。

---

① Jonathan B. Tucker, *Seeking Biosecurity Without Verification*: *The New U. S. Strategy on Biothreats*, Arms Control Today, Vol, 40, January/February 2010.

② 9 August 1994, Biological Weapons Convention: The Special Conference and Beyond, http://dosfan.lib.uic.edu/acda/hd.htm#f.

克林顿政府虽然对这一谈判不积极，但对于达成禁止生物武器的基本共识还是认可的。在 1992 年的联合声明中，英、美、俄政府高级官员重申遵守 BWC 义务并宣布，在它们的武器库中没有生物武器的地位。俄罗斯还同意采取切实步骤解决英美所关心的俄罗斯从苏联继承的进攻性生物武器问题。俄罗斯总统叶利钦提出了许多建议，包括相互参观非军事生物设施等措施来实施 BWC。英美代表团在 1993 年 10 月和 1994 年 1 月现场参观了俄罗斯的非军事设施。1994 年 2～3 月，俄罗斯代表团也参观了美国三个非军事设施和一个英国非军事设施。三国政府还同意举行专家工作组会议并相互参观军事生物设施。[①] 1994 年 9 月，在日内瓦召开了 BWC 特别大会，在美国的敦促下，会议通过决议，提高生产生物武器和有关设施的透明性，以帮助阻止违反 BWC 的行为并促进遵守 BWC。

1994 年，BWC 各缔约国收到专家报告，该报告评估了自 1991 年以来的查证措施。专家们说，一些措施有助于促进公约的实施。根据这一评估，各国批准了一个雄心勃勃的计划，即成立特别小组来缔结具有法律约束力的核查议定书，以加强公约。特别小组于 1995 年召开会议并开始就查证或其他具有法律约束力的条约工具进行谈判。该小组起草的议定书表示 BWC 缺乏查证程序，要求各国正式公开与条约有关的行动和设施，以避免生物武器制剂失去控制。此后，成立一个新的国际机构来查访各国公开的设施，以增加信任。

经过将近 7 年的谈判，到 20 世纪 90 年代末，各成员国已就附加的核查议定书的基本内容达成共识。2000 年 4 月，各国达成核查议定书草案。草案规定，如果其他国家对某个国家的声明有怀疑，它们有权通过新设立的国际机构进行调查。议定书详细地说明了各国就这样的问题进行咨询可以采取的步骤。这些程序远远超过了以前任何国家所同意进行查证的范围。虽然这一措施并不能确保所有国家都遵守 BWC，但它至少能阻止一些国家实施非法生物武器计划或至少会严重阻碍这样的努力。这是国际社会共同努力防止生物武器扩散的极大成果。

但是，2001 年小布什总统上台后，一改克林顿政府的做法，反对加强 BWC，强调应由各国政府自愿采取措施，在国际军备控制中更多倾向于采取单边主义立场。在 2001 年 7～8 月的特别小组会议上，布什政府宣

① ACDA Annual Report (1996).

布，美国不仅拒绝2000年4月签订的核查议定书草案，而且反对把议定书作为进一步谈判的基础。因为谈判要求所有成员一致同意，美国拒绝考虑核查议定书实际上阻碍了就此进行新的谈判。在2001年11月BWC审查会议上，美国强调需要采取更有效的方式来应对不遵守公约问题。在2001年11月BWC的第五次审查会议上，美国再次重申其反对立场，从而使国际社会近期达成核查议定书的希望彻底落空。布什政府认为："议定书草案无助于改善我们检查生物武器协议的执行情况，它也不会增强我们遵守协议的信心，也几乎无助于阻止有关国家发展生物武器。根据我们的评估，草案议定书将使国家安全和商业机密信息处于危险之中。"在BWC第五次审查会议期间，美国国务院负责军备控制和国际安全事务的副国务卿约翰·博尔顿在日内瓦发表讲话说，已被美国拒绝的议定书草案无法解决违约问题。博尔顿指责公约的议定书在三个重要方面存在缺陷：它将威胁生物战争防御计划的有效性，因为它的武器核查条款会使有攻击性生物武器计划的国家了解美国的全国性防御计划，从而能够设计出击败这些防御计划的先进的反措施；它将会削弱美国和其他西方国家的出口控制计划；它将对经营性商业知识产权构成威胁。美国驻联合国《禁止生物武器公约》执行协助机构总部的代表Donald Mahley则说，议定书没有包含足够的相关设施，它把焦点放在西方国家而不是那些试图开发生物武器的国家身上，因而议定书在阻止一些国家违反BWC方面几乎不起任何作用。美国代表Donald Mahley说，议定书无助于提高美国查证其他国家是否遵守公约的能力。另外，他还说，议定书不足以保护美国生物技术工业或美国生物防卫计划的秘密，也会削弱澳大利亚集团。有关议定书对于华盛顿查证BWC执行情况毫无帮助的说法是没有道理的。因为国际社会制定附加议定书的本来意图就是暴露开发生物武器国家的行动，进而阻止或使其非法的行动难以进行。美国认识到了这一点。在2000年9月的国会听证会上，美国代表曾对上述意图做了明确阐述，但不到一年后，当宣布美国将拒绝接受议定书时，他却没有做出同样的区分。①

在三个月后召开的特别小组第五次会议上，美国不仅继续反对核查议定书，而且还提出许多具有政治约束力却没有法律约束力的新建议。

① Arms Control Association, Seth Brugger, Briefing Paper on the Status of Biological Weapons Nonproliferation, Updated by Kerry Boyd, May 2003.

在会议的最后一天，美国甚至建议停止特别小组的工作，还建议 BWC 成员每年召开一次会议，评估有关措施的实施效果和考虑新的加强公约的措施。美国的行为遭到来自包括其最亲密盟国的批评，说美国的行为危害了未来的生物军备控制。军备控制领域的许多人都批评美国，说美国的立场“是孤立于 BWC 外交主流的自我加强”。[①] 美国是唯一不愿意附加议定书生效的国家，美国的行为使国际社会深感失望。但美国不为所动，继续反对。为避免会议完全失败，各国决定暂停工作直到 2002 年 11 月。[②] 这样特别工作组会议被迫中断一年。作为对其盟国批评的回应，美国提出了许多建议，主要是建议各成员国采取单方面措施加强防生物武器扩散，包括对违反 BWC 的行为进行惩罚并加快对违反者实行引渡程序；建议联合国成立一个有效的机构，对被怀疑为造成疾病暴发或使用生物武器的行为进行调查；成立机构，加强 BWC 的执行力度；承担义务，促进国际疾病控制并构建派送专家应对突然暴发疾病的机制；对于安全和遗传工程，建立一个合理的国际监督机制；在一个监督的框架内，生物学家制定为全世界普遍接受的伦理行动守则等。[③]

由于美国的反对，2001 年 11 月的审查会议甚至没有就最后宣言达成妥协。最终，主席提出了一个在 2002 年恢复会议的最小限度的方案。该方案强调只召开年度会议讨论加强各国法律和应对生物武器袭击的方式。美国继续反对就核查进行进一步谈判，同时呼吁国际社会采取行动反对朝鲜和伊朗违反 BWC 的行为。美国没有参加 2002 年重新召开的审查会议，但批准了这个工作计划。专家级会议讨论的中心是保持病原体的安全和提高应对生物武器袭击的能力、扩大监督机制、提高与传染病战斗的能力和制定科学家行动守则。但 2002 年 9 月，美国突然建议 BWC 召开一个“时间很短”的会议，其时间之短，除使会议做出在 2006 年召开下一次审查会议的决定外不能做出任何其他决定。美国清楚地表明，如果各国想继续

---

① Nicholas Sims, “Route-Map to OPBW: Using the Fifth Review Conference,” Chemical and Biological Weapons Convention Bulletin, No. 56, June 2002, p. 2.

② Elisa D. Harris, Chemical and Biological Weapons: Prospects and Priorities after September 11, The Brookings Review, Vol. 20, No. 3 (Summer, 2002), pp. 24 - 27.

③ CRS Report for Congress, Order Code RL30033, Amy F. Woolf, Arms Control and Nonproliferation Activities: A Catalog of Recent Events, Updated 19 January 2006, p. 52.

讨论任何其他别的事情，就应终止特别工作小组有关议定书的工作。但在特别小组复会前，美国最终松动了自己立场，各国同意在2006年审查会议前每年举行三次会议。但各国再没有讨论引起争论的加强BWC的查证措施，年度会议议程中也不包括查证措施。2004年，各国考虑的是加强调查和对使用生物武器以及可疑的疾病暴发做出反应能力的方法。2005年，各国讨论的是科学家应对危险生物制剂的标准。①

虽然各国没有消除有关查证机制方面的紧张关系，但所有各方在增强对暴发疾病的应对能力和防止非国家行为者获得生物武器方面有共同的利益。2006年4月，在为第六次审查会议召开而举行的预备会议上，相比较美国的立场，不结盟国家、欧盟、拉美国家再次重申它们的长期目标是达成并建立一个核查机制。② 拥有先进技术、报告和监督疾病体系的国家能够与那些在这方面还存在相当不足的国家共享信息。保持生物科学家的工作透明性和很好的报告体制有助于各国区分基础研究和以发展生物武器为目的的研究。在这种情况下，BWC第六次审查会仪于2006年11月20日到12月8日召开。各成员国就最后文件达成一致，扩大了位于日内瓦的执行机构总部的作用，并把阿拉伯语作为BWC的官方语言。最后文件规定，在2007~2010年，每两周召开一次会议，还决定第七次审查会议于2011年召开：审查为执行公约所采取的行动，考虑新的与公约有关的科学和技术的发展；各国在执行公约中所取得的进展；审查第六次大会建议的执行情况。BWC成员还讨论了在世界卫生组织与BWC之间实现信息/技术共享的问题，以此作为加强实施BWC的方式之一。会议通过了一个新的年度会议工作计划，以讨论信息交换等问题，包括各国执行BWC的规定、保证病原体安全和加强对潜在的两用研究的监督等。

虽然第六次审查会议取得一些进展，但由于美国与不结盟国家之间在技术转移控制上存在分歧，这次会议没有达成全面的指导方针来实施公约。由于美国的反对，也没有达成实施公约所需要的核查或执行规定。实际上，审查会议没有取得实质成果。

虽然BWC规定开发、生产、储存生物武器及其运载系统为非法，但

① Kerry Boyd, *Arms Control Association*, Briefing Paper on the Status of Biological Weapons Nonproliferation Updated May 2003.

② Richard Lennan, "Blood, Toil, Tears and Sweat: The Biological and Toxin Weapons Convention since 2001," *Disarmament Forum*, Three, 2006.

是，BWC 的条款并没有解决诸如根据公约什么样的行动属于合法或非法的问题。BWC 缺乏一个有效的执行机制。除每年一次的审查会议外，没有建立一个常设组织来监督公约的执行情况。更重要的是，美国反对建立一个严格的对生物武器的核查机制，美国声称，以合理的代价来查证 BWC 执行情况的方式还不存在。① 美国坚持应扩大建立信任措施，诸如关于在实验室现场核查的信息交换和共享与生物武器有直接关系的研究成果等。直到今天，建立信任措施还几乎没有取得什么成功，在 130 个成员中只有 30 个国家偶尔提供不完整的或模糊的信息。而且没有一个第三世界国家参加这一行动。② 与在执行 CWC 所表现的立场一样，美国一方面坚决反对就实施 BWC 的查证安排进行进一步谈判，另一方面指责其他国家违反 BWC，如 2005 年，美国说俄罗斯、中国和朝鲜等国有成熟的进攻性生物武器计划。

在防止生物武器扩散方面，奥巴马完全继承了小布什政府的做法，拒绝接受查证机制。2010 年 12 月 9 日，美国负责军备控制和国际安全事务的副国务卿艾伦·陶舍在 BWC 缔约国年度会议上说："奥巴马政府不会寻求就公约核查议定书重新开始谈判，我们已经详细审查了以前制定核查议定书的努力，并认为具有法律约束力的议定书不会获得有意义的查证或实现更大的安全。"③ 作为唯一的超级大国，美国的政策使销毁生物武器依然任重而道远。

3. 强化对生物武器和化学武器的出口控制

还在 1925 年，日内瓦议定书就禁止在战争中使用生化武器和毒气。在 20 世纪 60～70 年代，美国对防止化学武器的扩散几乎没有什么兴趣。美国官员相信现代化学战对各国的吸引力有限，这就抑制了各国使用这些武器的要求。因此，在 20 世纪 60～70 年代，关于生化武器，没有适当的出口控制政策，在阻止化学和生物武器或导弹运载系统方面，美国很少呼

① Brad Roberts, "New Challenges and New Policy Priorities for the 1990s," in Brad Roberts, ed., *Biological Weapons-Weapons of the Future?*, (Washington D. C.: Center for Strategic and International Studies, 1993), p. 90.

② Maj Michael G. Archuleta, *Proliferation Profile Assessment of Emerging Biological Weapons Threats*, A Research Paper Presented To The Directorate of Research Air Command and Staff College, April 1996, p. 42.

③ Jonathan B. Tucker, *Seeking Biosecurity Without Verification: The New U. S. Strategy on Biothreats*, Arms Control Today, Vol. 40, January/February 2010.

吁进行多边国际合作，而其他国家也没有提出这样的倡议。1987 年，美国甚至在 1969 年以来第一次开始生产化学武器。在 20 世纪 80 年代，美国和国际上对化学武器及其他两用化学物资开始进行多边控制，这在很大程度上是因为伊朗和伊拉克在战争中使用了化学武器。此后，为防止生物和化学武器扩散，美国在加强国内出口控制的同时，努力加强国际出口控制机制。在加强防止生物武器和化学武器扩散方面，美国主要是通过澳大利亚集团（AG）和联合国来进行的。2002 年的与大规模毁灭性武器战斗的国家战略规定，为防止生物武器和化学武器扩散，美国在充分发挥 CWC 和 BWC 作用外，还应努力加强澳大利亚集团。①

美国一直积极参与澳大利亚集团的行动，寻求通过不扩散政策整合和协调有关用于生化武器开发和生产的装备和物资的进出口，以阻止生化武器扩散。

1984 年，联合国调查人员证实，伊拉克在两伊战争中使用了化学武器。作为回应，联合国和其他国家开始对可用于生产化学武器的物资实行出口控制。1984 年，澳大利亚集团成立，其目标是通过协调各国关于化学武器前体和化学武器制造设施的出口控制以阻止和削弱化学武器扩散、分享有关目标国家信息和寻求其他阻止使用化学武器的方法。1985 年，澳大利亚建议对这个问题关心的国家召开会议以协调它们的出口控制并分享它们加强控制的信息。1985 年 6 月，第一次会议在澳大利亚驻巴黎大使馆举行。澳大利亚集团制定了要求实行控制的化学物资和装备清单。澳大利亚集团的指导方针并不要求禁止控制清单上的物资出口，而是建立监督和许可证程序，该清单并不禁止合法贸易。澳大利亚集团的决议需要 41 个成员的一致同意，其决定也没有约束力。1990 年，AG 把一些可用于制造生物武器的物资和研究、生产设施加入控制清单。

1990 年 12 月，AG 在巴黎召开会议，讨论海湾战争对化学武器扩散的意义。成员们同意对 AG 清单上所有 50 种化学物资的出口都实行控制，并又制定了一个产品装备清单。美国建议 AG 所有成员国都采取相当于美国的出口控制政策。1991 年 3 月，美国商务部发布一个包括有助于化学武器和生物武器扩散的 23 类两用物资在内的出口控制清单。国务院也确定向 10 个国家和 2 个地区出口这些物资需要有效出口许可证。各成员同

① National Strategy to Combat Weapons of Mass Destruction, December 2002, p. 4.

意建立一个类似美国的出口控制机制，以控制这 50 种化学物资并对向伊朗、伊拉克、叙利亚和利比亚的出口发放许可证。

在 1991 年的 AG 会议上，成员国讨论了对生产化学或生物武器的两用装备的控制。1992 年，AG 批准对生产化学武器的装备实行控制，并同意扩大控制清单，对 54 种化学物资实行控制，同时对可能用于生产生物武器的装备也实行控制。各成员进行了单方面努力，加强对化学物资的控制。如德国、澳大利亚、日本、卢森堡和荷兰等国对化学物资实施了一系列更严格的控制。AG 也同意增加对有助于生物武器扩散的信息和技术的转移实行出口控制。这些包括对不属于控制清单上的一些物资实行控制，把 8 种毒气加入控制清单中，对与两用生物技术装备有关的技术实行控制，同意对可能用于推进化学和生物武器计划的无形技术转移实行控制等。①

在实质性改革方面，AG 制定了“叫价不得低于竞争者”政策，即如果一个成员否决了一个许可证，则限制任何成员从事类似交易。在克林顿政府的支持下，各成员也寻求协调和改善对成员之间贸易出口控制的方法，各成员同意采取共同的方法控制包含有化学物资的混合物出口。1993 年 6 月，AG 成员就化学武器和有关的两用物资装备的控制达成一揽子协议。在后来的会议中，各成员重申了对《禁止生物武器公约》的义务并同意把出口控制作为采取紧急措施的方式。在 1995 年和 1996 年秋天的会议上，各成员表达了对恐怖主义分子使用生物和化学武器的担心。②

在 1996 年 1 月的巴黎非正式会议上，美国、英国等 31 个国家讨论了化学和生物武器扩散问题。与会国认为，全面遵守生物武器公约和化学武器公约是消除这些威胁的最好办法。而实行有效的出口控制是全面实现《禁止生物武器公约》和《禁止化学武器公约》必不可少的措施。与会国都欢迎即将生效的《禁止化学武器公约》，认为这将是国际社会禁止化学武器的历史性成果。AG 所有成员都是《禁止生物武器公约》的成员，它们强烈支持制定加强《禁止生物武器公约》的国际社会一致同意的程序。各国的专家讨论了生物物资和化学物资的出口许可证制度，要求成员国加强出口控制管理，以保证贸易和技术交流用于和平目的，并防止任何有助

① Richard T. Cupit: Reluctant Champions, U.S. Presidential Policy and Strategic Export Controls, Routledge, 2000, p. 152.

② Richard T. Cupit: Reluctant Champions, U.S. Presidential Policy and Strategic Export Controls, Routledge, 2000, pp. 202 – 203.

于化学和生物武器计划的行为。会议还讨论了恐怖分子可能获得化学和生物武器问题，认为这是一个严重的问题，需要继续关注。①

“9·11”恐怖袭击后，澳大利亚集团扩大了控制清单，把8种毒素和14中病原体列入生物武器控制清单。② 炭疽信件事件发生后，在采取措施、提高国内对生物武器攻击反应能力的同时，美国还与西方其他国家开展有效合作以阻止独联体国家与生物武器有关技术和专长的扩散。2002年6月，美国与澳大利亚集团其他成员一起，采取措施加强了对生物武器有关技术和物资的出口控制。③

非国家行为者开发生物武器或使用生物武器是美国也是当前国际社会面临的一个重大安全挑战。这不是任何单一国家可以应对的。作为目前世界上最大的政府间国际组织，联合国具有其他任何国际组织都不可替代的作用。因此，美国非常注重利用联合国在加强对生物武器和化学武器及其相关技术的出口控制中的作用。

在2003年9月的联大讲话中，小布什总统建议安理会通过一个决议，要求成员国宣布扩散大规模杀伤性武器为犯罪，并保证本国管辖范围内的敏感物资的安全。美国政府相关机构经过8个月的争论，起草了一份决议草案并为联合国一致通过，这就是安理会第1540号决议。④ 决议包括小布什总统提出的所有目标，决议对通过和执行法律给予同样的重视，要求“各国采取有效的措施，建立国内管制”，对生物武器和化学武器等大规模杀伤性武器的出口、转口、过境和再出口等实施国家出口控制，并建立最终用户控制，对违反出口控制法的行为以适当的刑事或民事惩罚，防范和打击非国家实体获取上述物资，并向安理会提交执行决议情况的国家报告。⑤ 根据联合国宪章第七章的规定，各成员国被要求遵守这一规定。根

① Australia Group Meeting, http://dosfan.lib.uic.edu/acda/hd.htm#f.

② Michael Lipson, Nonproliferation Export Control and World Order: Globalization, Security, and the State, Paper prepared for presentation at the annual meeting of the Midwest Political Science Association, Chicago, Illinois, April 15 - 18, 2004.

③ Arms Control Association, Seth Brugger, Briefing Paper on the Status of Biological Weapons Nonproliferation, September 2002, Updated May 2003.

④ 2004年4月，安理会一致通过第1540号决议，要求各国采取措施，加强对大规模杀伤性武器及相关材料和技术的管理和出口控制，防范和打击非国家实体获取上述物资，并向安理会提交执行决议情况的报告。

⑤ Security Council Resolution No. 1540, UN Doc No S/RES/1540, 2004.

据决议，安理会成立了由安理会全体成员组成的防扩散委员会（即1540委员会），审议各国提交的报告，任期两年。后来1540委员会任期被延至2011年。为全面实施第1540号决议，2005年6月20日，美国与欧盟发表联合声明，表示将协调努力，帮助和支持1540委员会的工作和遵守决议，对于实施第1540号决议所规定任务的国家，将积极响应其的请求并尽可能提供援助。[①] 委员会最初的工作重点是调查立法情况和提高对决议重要性的认识，后来开始侧重于各国有关法律框架的制定、执行和影响。据1540委员会专家统计，到2008年，各国制定了19125项立法和执行措施，相比2007年的17833项有明显增加。但通过了法律并不意味着会有效地执行法律。事实上，会员国有着多样化的宪法和法律制度，各国都会根据自己的宪法框架解决第1540号决议义务与其国内法律、法规之间可能存在的冲突。这势必会影响决议的执行情况。尽管实施该决议仍是一个困难的问题，但它为构建防止恐怖主义使用大规模杀伤性武器的条约提供了基础。

奥巴马政府不仅致力于建立一个无核武器世界，而且非常重视通过加强国际出口控制机制防止生物和化学武器扩散。2006年3月，奥巴马参议员提出加强国内化学工厂安全的四点建议：通过法案明确总体职责，提高储存相当化学物资的化学工厂的安全；法案应确定具有高度优先性的化学工厂；对具有高度优先性的设施进行脆弱性评估，并制订和实施相应计划；法案应该规定，如果各州制定的法律比国家标准更严厉，则它们并不能获得优先执行。[②] 奥巴马上台后，立即推动澳大利亚集团各成员为切实有效地实施安理会第1540号决议进一步完善相关法律，防止化学武器和生物武器扩散。在2009年9月的澳大利亚集团全体会议上，美国成功说服各成员把更多相关物资纳入澳大利亚集团出口控制清单。同时，奥巴马政府努力说服包括南非、哥伦比亚、墨西哥、智利和巴西在内的非澳大利亚集团成员对化学武器及相关物资、技术和设备实施出口控制。[③]

从理论上说，出口控制能大大增加在安全条件下大量生产高质量化学

---

① Joint Statement by the United States and the European Union, 20 June 2005.

② Barack Obama, *Improving Chemical Plant Security*, 29 March 2006, http: //obamaspeeches. com/017 - America - Nuclear - Non - Proliferation - Policy - Remarks - Obama - Speech. htm.

③ U. S. Department of Commerce Bureau of Industry and Security, 2010 Report on Foreign Policy-Based Export Controls, p. 76.

武器的成本和困难，有助于阻止某些国家掌握先进运载技术。但在实践中，控制不可能阻止决心生产化学武器的国家。同时，澳大利亚集团清单与 CWC 的日程安排并没有充分协调。澳大利亚集团化学物资清单上的 9 种物资在 CWC 的日程安排上没有出现。[①] 因此，尽管澳大利亚集团制定了关于开发化学武器的出口控制措施，并把这种控制扩大到生物武器物资和敏感生物武器技术。但实际上，澳大利亚集团很难真正控制化学和生物武器扩散。以生物武器为例，澳大利亚集团的出口控制措施对于 BWC 来说是非正式的，就是说，澳大利亚集团协议对于各国来说并不具有法律约束力，遵守与否取决于各国的意愿和具体环境下各国的国家利益，各国可能遵守也可能不遵守，还有可能部分遵守或者选择性遵守。而且，许多国家不是澳大利亚集团成员，因此，希望开发生物武器的国家可以很容易从非澳大利亚集团成员国获得相关物资。

总之，要真正防止生物和化学武器扩散，还需要各国更多的切实努力。

第三节　冷战后美国反生物武器和化学武器扩散政策

反扩散是冷战后美国政府尤其是小布什政府阻止大规模杀伤性武器扩散最为倚重的方式。在 2002 年与大规模杀伤性武器战斗的国家战略中，反扩散作为与使用大规模杀伤性武器进行战斗的三个支柱之一被放在第一位。这里涉及反扩散与防扩散的关系问题，有学者认为“防扩散意味着采取外交和软实力，建立在最大限度的尊敬和遵守 NPT 及有关协议的基础上。反扩散意味着，如果软实力被认为不够，将采取强制性的硬实力”[②]。众多学者同意这种看法。实际上，从冷战后美国历届政府的实际行动来看，防扩散与反扩散不是两个可以完全等同的概念，不是两个彼此

① Maj Michael G. Archuleta, *Proliferation Profile Assessment of Emerging Biological Weapons Threats*, A Research Paper Presented To The Directorate of Research Air Command and Staff College, April 1996, p. 43.

② Martin A. Smith, "To neither use them nor lose them: NATO and nuclear weapons since the Cold War," *Contemporary Security Policy* 25, No. 3, 2004, p. 538.

完全区别的不同概念，也不是美国不扩散政策史上两个前后相续的不同阶段，而是在冷战后特定的国际安全环境下为实现不扩散目标这同一政策的两个不同侧面，它们与后果管理一起，共同构成美国冷战后完整的不扩散战略。反扩散不是由布什政府首创，布什政府也并不是完全奉行反扩散政策，而是在采取反扩散政策的同时，大量采取防扩散政策；克林顿政府并不是完全奉行防扩散政策，相反，他的政府提出了反扩散这一说法，而且在实施防扩散政策的同时，大量实施反扩散政策。

具体到冷战后反生物武器和化学武器扩散，美国政府主要采取了以下政策和措施。

一、单方面或联合西方盟国发动先发制人的军事行动

冷战后唯一超级大国的地位使美国经常倾向于单方面或联合西方盟国发动军事行动以阻止大规模杀伤性武器扩散。同时，冷战后美国国家安全战略和军事战略仍建立在威慑基础上。与冷战时期超级大国之间的游戏规则不一样，美国面临包括恐怖分子和“流氓国家”在内的众多非对称敌人，冷战后的威慑政策很可能失效。因此，美国认为，它需要具有在这些大规模杀伤性武器使用之前就能侦察并摧毁它们的能力。1991 年，发现伊拉克有生产大规模杀伤性武器计划和朝鲜的核武器计划，这促使美国改变了其核武器政策和学说，把地区扩散者也纳入美国核武器打击范围。似乎在一夜之间，美国核武器的打击对象扩大到核武器、化学武器、生物武器及设施。

1998 年春，本·拉登宣布将对美国和美国在全世界的利益发动更多的袭击。1998 年 8 月 7 日，美国驻肯尼亚和坦桑尼亚大使馆同时遭到炸弹袭击。克林顿总统很快批准了对本·拉登在阿富汗的恐怖主义分子训练营和“涉嫌生产用于化学武器物资”的苏丹化学武器制造厂进行军事打击。[①] 后来，美国政府承认苏丹的这个化学工厂是制药厂，而且与恐怖活动没有直接联系。但仍坚持说苏丹与伊拉克的化学武器生产有紧密联系，它的“两用性质”使它成为合法打击目标。[②] 虽然美国宣称实施打击是出

① President, “Address to the Nation on Military Action Against Terrorist Sites in Afghanistan and Sudan,” *Weekly Compilation of Presidential Documents*, Vol. 34, No. 34, 24 August 1998, p. 1644.

② Tim Weiner and Steven Lee Myers, “U. S. Defends Attack On Sudanese Drug Plant,” *New York Times*, 3 September 1998.

于防止化学武器和生物武器扩散的考虑，但媒体认为，这实际上是对炸毁美国在肯尼亚和坦桑尼亚大使馆进行的报复。[①] 1998 年 11 月底，联合国核查人员再次进入伊拉克，因受到伊拉克政府的干扰而不能完成任务。1998 年 12 月 16 日，克林顿宣布对伊拉克发动空袭。他说："打击的目的是保护美国的国家利益，实际上，也是保护整个中东和全世界人民的利益；如果我们在他们不遵守规定面前退缩，则美国作为检查萨达姆力量的可信性将被破坏；打击意在降低萨达姆开发大规模杀伤性武器及其运载的能力，并降低他威胁其邻居的能力。"[②] 在整个打击中，美国使用了超过 450 枚巡航导弹，美英出动了超过 650 架战斗机，摧毁了伊拉克超过 100 处军事目标。这次打击暂时削弱了伊拉克发展生物武器和化学武器等大规模毁灭性武器的能力并大大降低了伊拉克威胁邻居的能力。

小布什上台后，尤其是"9·11"恐怖袭击事件后，美国政府把发动先发制人的军事行动以阻止生物和化学武器等大规模杀伤性武器扩散作为美国军事战略和国家安全战略的重要内容。就生物武器和化学武器而言，美国认为，生物和化学武器虽然威力不如核武器，却既可作为战术武器，也可作为战略武器，瞄准对方的城市或港口、机场和油田等关键经济基础设施。因此，在军事效果上可作为核武器的替代物。对于核国家来说，它们是多余的，但对于非核武器国家来说，它们是一种平衡力量。对于第三世界国家来说，它们能提供战胜具有更好装备的敌人的力量并保护自己的国家。[③] 在海湾战争中，美国警告说，如果伊拉克使用生物和化学武器，将招致美国采取极端措施，即美国将使用核武器回击生物和化学武器攻击。

以先发制人的战略为指导，"9·11"事件后，美国政府发动了一系列先发制人的军事行动。美国国防部副部长保罗·沃尔福威茨在"9·

① James Bennet, "U.S. Cruise Missiles Strike Sudan and Afghan Targets Tied To Terrorist Network," *New York Times*, 21 August 1998, p. 1.

② President, "Address to the Nation Announcing Military Strikes on Iraq," *Weekly Compilation of Presidential Documents*, Vol. 34, No. 51, 21 December 1998, p. 2494 - 6.

③ Maj Michael G. Archuleta, *Proliferation Profile Assessment of Emerging Biological Weapons Threats*, A Research Paper Presented To The Directorate of Research Air Command and Staff College, April 1996, p. 40.

11”恐怖袭击发生三天后说，在恐怖袭击中“死亡的美国人比美国内战以来的任何一天所死亡的人都多，比第一次世界大战和第二次世界大战中任何一天死亡的人都多。这个数量是巨大的。……这使你想到一种不同的方法，使你想到新的方法……人们应该想到如果使用一些其他武器，即恐怖分子今后会使用的武器，‘9·11’事件可能只是一个开始。我们应努力结束这种局面”①。“我不想做一个杞人忧天者。”白宫办公厅主任也说：“我们知道，这些恐怖主义组织，如受本·拉登控制的基地组织和其他组织，很可能已经发现了使用化学武器或生物武器的方法。”② 所以，在其后几天参议院武器小组委员会就四年防务评估报告举行的听证会上，沃尔福威茨说：“我们今天面临的挑战比赢得对恐怖主义的战争更大。今天的恐怖主义威胁是未来更大威胁的前兆。那些为恐怖分子提供庇护、金融支持的国家，同时也是正努力获得核武器、生物武器和化学武器及其运载系统的国家，这并不是巧合。”③ 基于上述认识，美国政治和军事领导人认为，已拥有或正努力开发大规模杀伤性武器的国家是引起问题的国家。为防止未来出现更大的威胁，美国应发动先发制人的攻击。所以，美国军队很快入侵阿富汗，发动了对基地组织的战斗。2003 年，小布什政府联合英国政府，以伊拉克开发大规模杀伤性武器为由发动对伊拉克的军事打击，并最终推翻了萨达姆政权。对于布什政府而言，进行全球打击的使命是非常突出的……有时候很难看出全球打击会从哪儿开始，又会在哪儿结束。④

为支持反扩散，小布什要求情报部门制订了战略计划和评估程序，包括国家对外情报计划、联合军事情报计划、战术情报与有关行动计划和计划指导方针。情报部门也扩大了与执法机关的联系，与执法机关分享有关信息和资源，以支持执法机关的反扩散行动。⑤ 国防部则把其主要精力用于化学和生物武器防御、信息管理、情报收集、战略武器销毁等领域，以便为武装部队提供核心能力。美国反扩散计划审查委员会制订了全面的生

---

① US Department of Defense news transcript, “Deputy Secretary Wolfowitz interview with PBS*NewsHour*,” 14 September 2001, http://www.defenselink.mil.

② James Dao, “Defense secretary warns of unconventional attacks,” *New York Times*, 1 October 2001, B5.

③ Paul Wolfowitz, “Building a military for the 21st century,” Testimony to the Senate Armed Services Committee, 4 October 2001, 5, http://www.senate.gov.

④ Hans M. Kristense, *Counterproliferation and US Nuclear Strategy*, International Journal, Autumn, 2008.

⑤ WM00582.

物和化学武器防御以及研究、开发计划，这样的计划包括探测开发生物武器和化学武器地点的技术。根据国防部部长的要求，美国参谋长联席会议在 2002 年开始为战斗部队制定生物武器防御行动概念，参谋长联席会议主席 2003 年初签署了防生物武器袭击路线图。行动概念是各种防生物武器袭击行动的基础。①

在单独或联合盟国发动先发制人的军事打击之外，美国还发起各种倡议，发动了众多拦截生物武器和化学武器扩散的行动。这方面，最主要的是防扩散安全倡议（PSI）。比如，根据 PSI，2005 年 5 月，捷克、波兰和其他中欧、东欧国家拦截了运往中东的化学武器船只。②

先发制人的军事行动在防止生物武器和化学武器扩散中确实发挥了一定的作用，既破坏了有关国家的生物武器和化学武器设施，如苏丹和伊拉克，也迫使有关国家终止或交出了开发生物武器或化学武器的设施或计划，如利比亚。但这一方式所引起的问题比所解决的问题更多。这也是奥巴马政府不得不表示要与小布什政府的单边主义政策划清界限的重要原因之一。

二、加大制裁和惩罚力度

制裁是美国防扩散的一个重要手段。从克林顿政府到小布什政府，美国越来越多地使用制裁措施。据小布什政府负责军备控制和国际安全的副国务卿博尔顿说，美国政府 2004 年实施的与防止大规模杀伤性武器扩散有关的制裁行动有 26 次，2003 年有 34 次。从 2002 年到 2005 年，大约每年平均 30 次。据统计，克林顿政府为防止大规模杀伤性武器扩散而采取的制裁行动每年平均 8 次。③ 对比后就能清楚地看出，小布什政府不仅非常严肃地把制裁作为一个防扩散工具，而且更喜欢采取制裁措施。在采取制裁行动中，美国越来越多地对制裁对象采取金融制裁措施。2005

① Counterproliferation Program Review Committee, Report on Activities and Programs for Countering Proliferation and NBC Terrorism, Executive Summary May 2003, pp. 7 – 9.

② Non-Proliferation: U. S. Seeks to Expand Non-Proliferation Cooperation, Foreign Policy Bulletin, Spring, 2006, pp. 109 – 114.

③ John R. Bolton, *Chicago Journal of International Law*, Bush Administration's forward Strategy for Nonproliferation, Vol. 5, Issue 2, 2005, pp. 395 – 404.

年，小布什总统发布第 13382 号行政命令，要求冻结处于美国司法管辖下的扩散者的财产并禁止扩散者使用美国的金融机构。到 2007 年，叙利亚、朝鲜和伊朗等国家共有 35 个实体被指参与了与生物武器和化学武器等大规模杀伤性武器扩散有关的行动，这 35 个实体都受到美国的金融制裁。2007 年 10 月，美国扩大了这个制裁清单，把许多伊朗个人和实体列入清单之中，包括两家国有银行，伊朗伊斯兰革命卫队、国防和武装力量后勤部。[①] 由于美元的中心地位和美国在国际金融体系中的作用，美国的行为具有全球影响。

美国不仅单方面采取制裁，而且利用各种平台，推动实施多边制裁措施。2006 ~ 2008 年，根据美国的倡议，联合国通过四个决议，要求对参与大规模杀伤性武器扩散的实体或个人实行制裁，这为确定朝鲜和伊朗与大规模杀伤性武器扩散有关的实体和个人并冻结他们的财产提供了基础。欧盟也扩大了制裁的实体和个人清单，并采取更有意义的限制武器销售措施和禁止伊朗官员旅行。另外，美国努力与其他国家协调，成功地加强了国际社会对伊朗领导人的金融和经济压力。国际社会采取联合行动扩大了国际社会的金融制裁。例如，2007 年 10 月，创办了有 34 个国家参加的金融行动特别工作组，与洗钱和为恐怖主义及扩散提供金融支持的行为进行战斗，要求其成员国金融机构考虑与伊朗进行交易的风险，并为其成员国实施联合国安理会第 1737 号决议制定了指导原则。[②]

三、加强地区和全球多边合作

地区和全球多边合作在冷战后的美国反扩散行动中占有重要地位

布什政府于 2003 年 5 月提出的防扩散安全倡议是其在全球范围内反扩散的主要政策之一，在海上、陆地和空中阻截可疑货物，其意图在于综合运用情报、外交、法律和其他工具，防止与大规模杀伤性武器有关的物

---

① U. S. Department of State Fact Sheet, "Designation of Iranian Entities and Individuals for Proliferation Activities and Support for Terrorism," 25 October 2007, http://www.state.gov/r/pa/prs/ps/2007/oct/94193.htm.

② Paul I. Bernstein, *International Partnerships to Combat Weapons of Mass Destruction*, Center for the Study of Weapons of Mass Destruction Occasional Paper 6, National Defense University Press, Washington D. C., May 2008.

资转移到有关国家和实体。到2010年，PSI成员国已实施多次拦截被怀疑为生物武器和化学武器转移的行动，[①] 如实施该倡议所获得的一个重大成功就是拦截了从朝鲜驶向利比亚的货船，这可能最终促使卡扎菲决定放弃发展大规模杀伤性武器计划。

全球多边合作防生物武器和化学武器扩散的又一重要努力是G8全球伙伴关系。2002年6月，G8在加拿大召开峰会，同意建立全球伙伴关系，以阻止大规模杀伤性武器和有关材料及其技术的扩散。俄罗斯化学武器储存规模和糟糕的安全状况以及莫斯科需要在2012年CWC规定的期限前销毁它们，这成为2002年全球伙伴关系建立后的最优先任务。G8同意在10年里募集200亿美元帮助俄罗斯防化学武器等大规模杀伤性武器扩散，其中美国承担100亿美元。虽然全球伙伴关系的最初焦点是俄罗斯，但倡议对其他国家是开放的。[②] 在2004年6月的峰会上，全球伙伴国同意把合作减小威胁援助计划扩大到独联体以外的国家、如阿尔巴尼亚。2006年的G8峰会上，八国的首脑专门讨论了跨国疾病和潜在生物恐怖主义问题，美俄共同发表了与恐怖主义战斗的全球倡议。到2007年12月，有64个国家同意倡议的原则并加入了全球伙伴倡议，其范围和规模明显超过G8全球伙伴关系。它是各国交换有关化学武器和生物武器扩散信息以及在防止恐怖主义方面开展行动的平台。

在地区安全合作方面，美国欧洲司令部建立了一个防止大规模杀伤性武器扩散的多边论坛，作为交流、协调的工具。其目标是在次地区水平上，用有限的资源实现最大限度的合作。为此，建立了三个情报交换中心。东南欧情报交换中心包括阿尔巴尼亚、克罗地亚、马其顿、波斯尼亚和黑塞哥维那、塞尔维亚和黑山共和国。南高加索情报交换中心还作为一个论坛，协调与亚美尼亚、阿塞拜疆和格鲁吉亚的安全合作。非洲情报交换中心包括13个非洲国家、美国欧洲司令部、北约、欧盟和联合国。上述情报交换中心的建立和投入运作，在相当程度上实现了有关生物武器和化学武器扩散的情报共享，强化和提高了防生物和化学武器扩散的能力和效果。美国与北约合作，提出防止化学武器、生物武器、放射性物质和核武器扩散倡

① CRS Report, RL34327, Mary Beth Nikitin, Proliferation Security Initiative, 8 January 2010.

② Fact Sheet on G－8 Summit, Preventing the Proliferation of Weapons of Mass destruction, 27 June 2002, Office of the Press Secretary, The White House, http://usinfo. state. gov.

议，2007 年 11 月，化学武器、生物武器、放射性物质和核武器防御计划（CBRN）联合防务中心在捷克正式成立，为教育、培训、概念设计、标准等提供多边资源。有 8 个国家参加了这个中心，其 2002 年承诺提高与诸如恐怖主义和大规模杀伤性武器等新威胁战斗的能力。2003 年 12 月，为防止恐怖分子发动化学武器袭击，美国与北约建立了新的防扩散反应机制，北约 15 个国家成立了反击化学、生物武器、放射性物质和核武器战斗营，该战斗营的作用就是在任何地方都能快速地部署支持北约使命的处于高度戒备状态的战斗单位。有 13 个国家为战斗营提供了力量。战斗营在 2004 年 6 月形成战斗力，具有搜索、侦察、取样、清除污染等行动能力。①

在亚太地区，美国太平洋司令部制定了参与战略，该战略强调制定合作机制，直接加强伙伴国家在该领域内禁止、消除大规模杀伤性武器、实施联合国第 1540 号决议后果管理和提高与大规模杀伤性武器恐怖主义作战的能力。成立双边工作组是该战略的重点之一。美国太平洋司令部和国防部长办公室与日本建立了化学武器、生物武器、放射性物质和核武器防务工作组，其目标是提高美国和日本武装力量在发生大规模杀伤性武器袭击事件时展开持续行动和协同工作的能力。它开展的工作包括清除污染、防大规模杀伤性武器袭击药物准备、合作研究等。美国也与韩国建立了一个反扩散工作组，其工作焦点是增强消除大规模杀伤性武器的能力。美国太平洋司令部正与菲律宾合作，建立阻止恐怖主义分子获得大规模杀伤性武器的能力，这是地区反恐战争战略的一部分。太平洋司令部还参加了多边和扩大团队计划（MPAT），亚太地区 33 个关心这一问题的国家的军事计划人员参加了这一组织。MPAT 促进了多国联合特别力量司令部的建立和扩大。

在西南亚，美国中央司令部努力加强合作伙伴的能力，使用许多双边行动鼓励该地区国家发展完整的军－民反应能力。司令部在战略、战术和行动层面采取了许多行动，如美国中央司令部司令访问了各国的高级军事官员和文职官员，包括国防部部长；展开国际军事教育和培训等。②

① Paul I. Bernstein, *International Partnerships to Combat Weapons of Mass Destruction*, Center for the Study of Weapons of Mass Destruction Occasional Paper 6, National Defense University Press, Washington D. C., May 2008, p. 29.

② Paul I. Bernstein, *International Partnerships to Combat Weapons of Mass Destruction*, Center for the Study of Weapons of Mass Destruction Occasional Paper 6, National Defense University Press, Washington D. C., May 2008, p. 30.

四、加强积极和消极防御

反生物武器和化学武器扩散，不仅是发动先发制人的军事行动和单方面或双边或多边拦截或阻截行动，根据美国反扩散计划审查委员会的见解，还包括开展积极防御和消极防御措施以及加强监督和检测系统的能力。①

实施积极防御的目的在于阻止运载工具扩散。对生物武器和化学武器威胁的积极防御包括阻截和在生物武器袭击目标过程中摧毁它，这主要是通过发展导弹防御能力来实现。从2007年到2009年上半年，导弹防御局在守备、部署和支持一体化的导弹防御能力方面取得极大进展。导弹防御局部署了14个陆基拦截器，完成了在阿拉斯加格里利堡的导弹防卫，交付了41套标准-3导弹拦截器和17套具有弹道导弹防御能力的船只，在日本、范登堡美国空军基地和以色列布置了X波段雷达和命令、控制、战斗管理与通信装备，对位于加利福尼亚的比尔基地和英国菲林戴尔基地的早期预警雷达进行了升级，使之具有对弹道导弹的早期预警能力；为远程防御升级了开火控制软件；向空军交付了一套用于天基红外线系统、具有高分辨率高椭圆轨道卫星的传感器。② 上述系统的部署和投入使用，使美国增强了应对生物武器和化学武器威胁的能力，大大提高了用生物武器和化学武器对美国发动袭击的成本，从而在一定程度上抑制了相关国家开发生物和化学武器的冲动。

实施消极防御的目的在于提供侦察、医疗对策、个别和集体保护，包括医学和非医学措施。医学措施包括提前种痘和对生物武器造成的伤亡进行治疗。非医学消极防御主要包括侦察和确认生物武器的使用、保护装备和排除污染行动。③ 医学措施方面，2008年，食品和药品管理局批准了根

① Counterproliferation Program Review Committee, Report on Activities and Programs for Countering Proliferation and NBC Terrorism, Executive Summary May 2003, pp. 5-6.

② Counterproliferation Program Review Committee, Report on Activities and Programs for Countering Proliferation and NBC Terrorism, Volume I Executive Summary, July 2009.

③ Maj Michael G. Archuleta, *Proliferation Profile Assessment of Emerging Biological Weapons Threats*, A Research Paper Presented To The Directorate of Research Air Command and Staff College, April 1996, p. 44.

据国防部生物武器和化学武器防御计划进行的两种联合生物制剂认证和诊断系统分析报告。此后，国防部生物和化学武器防御计划有关制剂的储量大大增加，如天花疫苗的国家战略储备增加了 44 万剂，炭疽疫苗的国家战略储备增加了 130 万剂。2008 财年，国防部与卫生部门达成协议，实施单一的一体化的炭疽和天花疫苗储存计划，以满足总统第 21 号国土安全指令中有关增加国家战略储备的要求。[①] 在反击生物武器攻击的医学措施方面，奥巴马于 2009 年 12 月 30 日发布第 13527 号行政命令，提出了最新政策。主要包括：为防止发生对美国本土的生物武器袭击，美国制订预防计划并为美国人民提供及时的医学反击措施，其途径是美国联邦政府与州政府、地方政府和各地区紧密合作，做出快速反应，以缓和病情和防止死亡、保护关键的基础医疗设施等。[②]

非医学措施方面，2002 年发布与大规模杀伤性武器战斗的国家战略以来，美国政府一直在进行联合生物制剂识别和诊断系统模块 I 的研究和推广工作。到 2008 年，空军和陆军分别有 103 套和 91 套联合生物制剂识别和诊断系统模块，全部具有作战能力，海军陆战队有 16 套这样的系统，海军在 2008 年 12 月也开始装备这样的系统。同时，联合服务轻型防区外化学剂探测器将部署在防止核武器、生物武器和化学武器的斯瑞克侦察车上。2007 年以来，根据化学武器、生物武器和核武器设施保护计划，加强了 89 个军事设施对化学武器、生物武器、放射性物质和核武器的保护和反应能力。国防部还制订了生物武器、化学武器、放射性物质和核武器设施保护计划，向武装部队人员及其家属提供生物武器、化学武器、放射性物质和核武器注意信息，向紧急管理人员提供有关世界范围内军事基地的国家倡议信息。非医学方面的另一重要举措是配备生物武器监测系统。2007 年 4 月 1 日，国土安全部的健康事务办公室配备了第一代和第二代生物武器监测系统（Bio Watch System），这是一个早期预警系统，能快速检测大气中生物物资成分，不论它们是有意释放的数量较大的还是自然环境中挥发的数量极少的生物物资。这一系统有助于公共健康专家发出可能存在生物武器袭击的早期预警，从而使联邦政府、州政府和地方政

① Counterproliferation Program Review Committee, Report on Activities and Programs for Countering Proliferation and NBC Terrorism, Volume I Executive Summary, July 2009.

② Presidential Documents, Federal Register, Vol. 75, No. 3, 6 January 2010, pp. 737 – 738.

府能更快地做出紧急反应、做好医疗处理的准备和进行后果管理。同时，这一系统在与疾病控制中心、美国环保署、FBI、州和地方政府以及有伙伴关系的30多个城市中运行。该系统将与其他联邦生物武器监督措施一起，成为一体化的国家生物武器监督体系的一部分。2007年9月以后，国土安全部的健康事务办公室也装备了快速部署化学武器检测系统，这是一个化学武器监督系统，用于与国家安全特别有关的事务和其他具有高度优先性的事务。①

第四节　冷战后美国对生物武器和化学武器扩散的后果管理

作为大规模杀伤性武器，生物武器和化学武器的作用非常明显，在某些有利于袭击者的情况下，它们的毁灭性与核武器无异。因此作为针对人口稠密的中心区的恐怖武器，它们是极端危险的。但它们的使用效果受地形、地貌、温度、湿度、风向等天气状况的影响，而且，与核武器相比，其效果很难控制或预测。因为每个人对化学和生物制剂的敏感程度完全不一样；使用生物和化学武器所产生的致命区域完全依赖风和其他天气状况，很难预测；生物和化学制剂在整个弥散过程中必须保持活跃性，而且其时间应足够长，这样才能使个体目标感染。② 上述特点使它们特别难以在战场上使用，除了某些毒气外，生物和化学武器，尤其是生物武器要发挥作用会比核武器慢得多，要几天或几周后才会充分发挥作用。因此，与核武器不一样，如果能够及时发觉，通过戴面罩、穿防护服和躲在庇护所，化学和生物武器威胁在相当程度上是能够防护的。虽然它们也会污染领土，但不会毁灭基础设施。这样，后果管理对于应对生物武器和化学武器袭击就显得非常重要。如果及时采取防护措施，能够极大地减少伤亡，降低袭击所产生的军事和政治意义。

① Counterproliferation Program Review Committee, Report on Activities and Programs for Countering Proliferation and NBC Terrorism, Volume I Executive Summary, July 2009, pp. 10 - 11.

② OTA - ISC - 559, Proliferation of Weapons of Mass Destruction: Assessing the Risks, August 1993.

后果管理是冷战后美国政府，尤其是小布什政府防止大规模杀伤性武器扩散政策和措施中最重要的组成部分之一。2002 年的与大规模杀伤性武器战斗的国家战略明确指出，防大规模杀伤性武器扩散有三个支柱，即与使用大规模杀伤性武器进行战斗的反扩散；与大规模杀伤性武器战斗的防扩散和对使用大规模杀伤性武器做出反应的后果管理。2006 年的与大规模杀伤性武器战斗的国家战略也强调指出，国家战略的主要目的之一，是对敌人在战场或对美国战略利益使用大规模杀伤性武器做出反应，即后果管理。后果管理包括采取行动削减大规模杀伤性武器攻击或发生有毒化学工业和有毒工业物资事件的效果，为在国内外恢复行动和服务提供帮助等。[①] 根据克林顿政府的定义，后果管理是指采取行动，对在美国国内或国外蓄意或意外使用化学武器、生物武器、放射性物质、核物质或高当量的常规爆炸性武器做出反应，并帮助降低损害和相关危险。[②] 从美国政府所采取的措施来看，所谓后果管理是指当敌对国家和恐怖分子对美国领土、武装力量和海外基地发动大规模杀伤性武器攻击后，美国迅速采取各种预备措施，对攻击的后果做出反应，以降低大规模杀伤性武器袭击所造成的灾难性后果。与反扩散一样，后果管理的中心是国防部根据有关指导在国内外展开行动。

一、克林顿政府时期的后果管理措施

1995 年 3 月 20 日东京地铁沙林毒气恐怖袭击事件造成 12 人死亡，有超过 5000 人受伤。它引起整个世界的关注并成为国际事务中最重要议程之一。防止生物武器和化学武器扩散也成为美国政府和世界其他相关国家最优先事务之一。在一定程度上说，这一恐怖袭击事件达到了其目的，相对小的行动造成极大的混乱。更重要的是，它可能鼓励其他恐怖分子或极端主义组织也发动生物武器和化学武器袭击。

在后果管理方面，为应对生物武器和化学武器袭击事件，美国政府首先加强机构建设，国防部部长专门任命了一个助理国防部长负责协调国防部内

① Chairman of the Joint Chiefs of Staff, National Military Strategy to Combat Weapons of Mass Destruction, 13 February 2006, pp. 17 – 27.

② Office of the Secretary of Defense, *Proliferation: Threat and Response* (Washington D. C.: Department of Defense, January 2001), p. 104.

部为向民用部门提供支持做好准备。① 克林顿政府时期，在后果管理方面，美国主要是在医疗方面采取了一些措施。到1997年，根据美国食品和医药管理局的指导和批准，美国一直致力于开发药品、疫苗、医疗装置、各种治疗方法和诊断技术以及治疗受伤人员的办法，同时，提出了基于科学和技术的倡议，其关注中心是具体疫苗、药品和装置。还提出了生物医学防御中期和长期计划。中期计划是开发各种疫苗，包括化合价肉毒杆菌疫苗、野兔病疫苗、委内瑞拉马脑炎重组疫苗，改良瘟疫疫苗、蓖麻毒素疫苗、天花疫苗等；长期计划主要是为新的生物武器威胁研发确定的诊断方法。为推进上述计划的实施，美国政府制定了生物医学防御科学和技术方案，并提供充足的资金支持。为加强应对生物武器和化学武器袭击的能力，美国国防部还制订了生物医学防御训练计划，对野战医院进行训练，对核武器、生物武器和化学武器的威胁进行联合医学评估和训练，其目的是提高医疗服务人员的技术和装备水平，以更好应对对美国武装力量进行的生物武器袭击。②

二、小布什政府时期的后果管理措施

"9·11"事件后不久所发生的炭疽信件事件使美国政府认识到，生物武器和化学武器恐怖袭击的威胁迫在眉睫，必须采取紧急而适当的应对措施。对此，布什政府对使用化学武器和生物武器的回应是采取全方位的应对措施，提出各种防御和后果管理的建议。相比克林顿政府，小布什政府时期，美国防生物和化学武器袭击的后果管理措施全面而系统。后果管理包括清除污染、个人和集体保护以及各种行动计划。

1. 个人和集体保护

国防部的化学和生物武器防御项目制订了为在核生化环境下作战的士兵提供化学和生物武器防护服的计划，包括使手、脚、头等部位免于受各种生物武器、化学武器和放射性物质的伤害。2007年底，空军开始实施反化学武器战行动概念。2009年，空军参谋长正式批准了反放射性物质

① Office of the Secretary of Defense, *Proliferation: Threat and Response* (Washington D. C.: Department of Defense, January 2001), p. 105.

② Department of Defense, New Biological Warfare Agents Through Advances in Biotechnology, 9 September 1997, pp. 8 – 11.

战的行动构想，它把防放射性物质防御技术与信息资源整合起来，为在放射性污染环境中开展行动提供指导方针。2008 年，为海军装备了新的生物和化学武器防护服。这种服装是为海军空勤人员完成各种使命准备的，同时，海军还为完成航行和特殊战斗任务的人员提供了防止生物和化学武器的一体化脚部装置。

2. 清除污染和制订各种行动计划

清除污染计划是后果管理的重要内容之一，它既包括个人清除污染计划，也包括各种装备的清除污染计划。“9·11”事件后到 2004 年，美国个人清除污染计划主要是开发一系列个人去污用品，包括 M291 皮肤去污用品、M295 个人装备去污用品、M100 吸附剂去污系统和溶液去污剂、CB. 44 氧化配方、联合服务个人/皮肤去污系统；装备去污用品包括为战斗装备、车辆和飞机去污的 M17A2/A3 轻型去污系统、M17MCHF 轻型去污系统、联合服务敏感装备去污系统、联合平台内部去污系统、联合服务家庭去污系统、联合服务便携式去污系统、联合服务固定式去污系统等。① 以 M100 吸附剂去污系统为例，这种活性吸附剂去污系统能简单、快速、有效地去除装备上的污染物。它在所有环境下都很有效，而且腐蚀性较小，它的保存期限长，对后勤服务压力小。避免污染计划，为避免生物武器和化学武器污染，美国研究开发出探测器和监视器，包括 M22 化学武器制剂探测报警装置、MK27 船舶化学武器制剂探测报警装置、联合化学生物武器制剂水源监视器、联合化学武器制剂监视器、生物武器制剂监视器等。②

各种实施后果管理的行动计划既包括应对单一的生物武器或化学武器袭击的计划，也包括全面应对生物武器和化学武器袭击的计划。2002 年 9 月 13 日，布什总统宣布了保护美国公民不受恐怖分子用天花病毒袭击的计划。根据要求，美国卫生部与各州和地方政府紧密合作，建立了一支天花反应志愿者队伍，在发生天花病毒恐怖袭击事件的时候，志愿者队伍能提供关键服务。为确保这支队伍在发生紧急情况时能快速动员起来，卫生工作人员和其他有关人员被要求自愿注射天花疫苗。同时，国防部也为一

---

① Department of Defense, Chemical, Biological, Radiological, and Nuclear Defense Program, Annual Report to Congress, May 2004. Appendix D.

② Department of Defense, Chemical, Biological, Radiological, and Nuclear Defense Program, Annual Report to Congress, May 2004. Appendix A.

些可能会被安排到高危地区工作的士兵和民事工作人员注射了天花疫苗。[①] 美国政府为上述计划提供了充足的资金。在 2003 年的预算中就有 45 亿美元用于加强州和地方的健康系统，加强联邦政府与州政府和地方当局在遭到生物和化学武器袭击情况下的协调处置，并开发新的药物和进行新的诊断试验。[②]

为加强对生物武器和化学武器袭击的全面后果管理，国防部制订了生物和化学武器防御计划。2008 年，美国国防部开始用活性皮肤去污乳液实施联合服务人员清除污染行动。活性皮肤去污乳液使士兵在遭受化学和生物武器污染后能够迅速和全面地去除皮肤污染，比以前的去除污染药品要好得多，它还能用于去除个人装备、武器和受伤人员所受的污染。2008 年以来，生物武器和化学武器防御计划一直在训练用活性皮肤去污乳液去除装备所受的污染。2009 年，国防部的生物武器和化学武器防御计划中的可移动净化系统联合办公室已经完成所有试验并准备大量生产去污乳液。用于清除遭受化学和生物武器污染的战术和非战术运载工具、舰船表面、飞机、飞机辅助设备、建筑或设备表面和暴露的地表。[③]

另外，根据国防部的要求，美国陆军临床医学中心、陆军化学防御医学研究所、美国陆军传染病医学研究所、美国陆军保健和预防医学中心、武装部队放射性研究所制订了一个高级临床医学防核生化武器袭击训练计划。训练课程根据各单位的要求，通过远程教学或最能满足各单位需要的方式进行。[④]

3. 建立各种应对生物和化学武器袭击的组织

国防部是参与大规模杀伤性武器后果管理的主要力量。联邦法典第 50 款第 2034 节要求，国防部应建立并维持至少一个能够帮助联邦政府、州政府和地方政府官员对生物武器、化学武器、放射性物质、核武器和高性能爆炸物的意外事件做出反应的反恐怖主义队伍。据此，国防部建立了

① U. S. Department of Health and Human Services National Institutes of Health, NIAID Biodefense Research Agenda for CDC Category a Agents, August 2003, p. 13.

② Elisa D. Harris, Chemical and Biological Weapons: Prospects and Priorities after September 11, The Brookings Review, Vol. 20, No. 3, Summer, 2002, pp. 24 - 27.

③ Counterproliferation Program Review Committee, Report on Activities and Programs for Countering Proliferation and NBC Terrorism, Volume I Executive Summary, July 2009.

④ Counterproliferation Program Review Committee, Report on Activities and Programs for Countering Proliferation and NBC Terrorism, Executive Summary, May 2003, p. 10.

三个应对生物武器、化学武器、放射性物质、核武器和高性能爆炸物的后果管理反应组，并对其进行了训练。每组大约有成员 4700 人。反应组的人员由受过应对化学武器、生物武器、放射性物质和核武器训练的人组成，他们有能力在化学武器、生物武器、放射性物质和核武器环境下展开行动。他们能够随时对来自民事当局的要求做出回应。该组织的使命是根据国防部部长或总统的直接命令对蓄意或意外的生物武器、化学武器、放射性物质、核武器和高性能炸药事件的后果管理提供支持。当化学武器、生物武器、放射性物质和核武器的影响超出州和地方当局的处理能力时，反应组将根据国土安全部的要求或负责部门的指派进行布置。上述三个化学武器、生物武器、放射性物质和核武器后果管理反应组能对多种连环化学武器、生物武器、放射性物质和核武器事件做出反应。后果管理反应第一组于 2008 年 10 月 1 日投入运作（美国陆军第三步兵师的第一旅战斗队和第一医疗旅是该组的核心组成部分），第二组和第三组分别于 2009 年 10 月 1 日和 2010 年 10 月 1 日投入运作。① 三个小组的建成并投入运作，使美国应对生物武器和化学武器等大规模杀伤性武器袭击后果的能力大为提高。

除三个生物武器、化学武器、放射性物质、核武器和高性能爆炸物的后果管理反应组外，2009 年 6 月 1 日，美国国防部成立了另外两个应对大规模性武器民事支援组，即维尔京群岛第 23 大规模杀伤性武器民事支援组和关岛第 94 大规模杀伤性武器民事支援小组，使大规模杀伤性武器民事支援组增加到 55 个。大规模杀伤性武器民事支援组的任务是为地方政府和州政府官员提供专家援助、进行化学武器和生物武器侦察、可移动的生物武器和化学武器实验室分析以及提供能协同工作的通信设备。2007 ~ 2009 年，大规模杀伤性武器民事支援组配备了 62 个分析实验室系统、36 台高级交通工具。2008 年，国防部为 55 个民事支援组升级了通信装置。航空兵地面特别工作组为海军陆战队准备了后果管理装置。这些对于应对化学武器、生物武器、放射性物质和核武器的威胁，保护自己和完成任务是非常关键的，这些装置提高了部队在化学武器、生物武器、放射性物质和核武器环境下应对危险的能力。②

① Counterproliferation Program Review Committee, Report on Activities and Programs for Countering Proliferation and NBC Terrorism, Volume I Executive Summary, July 2009.

② Counterproliferation Program Review Committee, Report on Activities and Programs for Countering Proliferation and NBC Terrorism, Volume I Executive Summary, July 2009.

国土安全部在后果管理中也发挥了重要作用。在应对生物武器袭击的后果管理方面，国土安全部开发了生物武器预警和意外事件界定系统，并在三个生物物资监督城市投入使用。该系统有助于地方负责公众健康和处理紧急事务的官员更快和更有效地评估生物武器对公众健康的影响。在应对化学武器袭击的后果管理方面，国土安全部装备了便携式高流量集成实验室鉴定系统，这是一个可快速部署的移动化学实验室系统，它能对可能包含工业化学有毒物质和化学战制剂的样品进行高流量分析。这种系统效果良好，因此，2008 年 3 月，环保署也装备了这一系统。这使它能在现场对环境样品进行高流量分析，从而有助于降低化学武器袭击带来的风险。①

虽然国际社会为禁止生物武器和化学武器做了诸多努力并缔结了《禁止生物武器公约》和《禁止化学武器公约》，但冷战结束后科学技术的巨大发展和国际格局的变化以及经济全球化的进一步发展，使全球防止生物武器和化学武器威胁面临更多新的挑战。虽然有众多国际组织参与了化学武器和生物武器安全方面的工作，但在任何意义上，它们的努力都远远不够。冷战后的经验表明，国际组织应对复杂事件的能力是有限的。

要有效应对生物和化学武器扩散的挑战，国际社会在努力建立合作关系实现最大限度利用有限资源的同时，首先必须加强防止、侦测和对化学和生物武器袭击做出反应的能力；其次，政府和国际组织应紧密合作，建立实际合作模式和弄清楚国家政策可能与国际组织建议相冲突的部分；再次，国际组织之间应加强协调，制定协调不同领域问题的完整方法，有效利用可获得的资源；最后，在加强制度建设的同时，着重培育全球化学和生物武器安全文化，鼓励学术界、知识界就生物和化学武器安全进行科学研究和宣传，反对个别科学家和从业者把从生命科学中获得的有关信息、物资或技术用来支持开发武器项目。

---

① Counterproliferation Program Review Committee, Report on Activities and Programs for Countering Proliferation and NBC Terrorism, Volume I Executive Summary, July 2009.

第四章 冷战后美国防导弹扩散政策

冷战后在美国防止大规模杀伤性武器扩散的努力中，防止导弹及其相关技术的扩散占有非常重要的地位。核武器、生物武器和化学武器等大规模杀伤性武器虽然具有很强的毁灭性或破坏性，但如果缺乏弹道导弹，尤其是中程和洲际弹道导弹这一有效的投送工具，其破坏性至多局限在地区范围内，而不能在全球挑战美国的军事霸权和优势，也不大可能发动对美国本土的攻击。实际上，几乎所有拥有大规模杀伤性武器的国家在获得核武器、生物武器和化学武器的同时或以后，都会积极开发弹道导弹。与冷战时期主要是防止核武器扩散不同，冷战后，美国政府把扩散的定义扩大到包括导弹。① 因此，冷战后，美国在努力防止核武器、生物武器和化学武器等大规模杀伤性武器扩散的同时，也非常注重防止导弹及相关技术和物资的扩散。

第一节 美国政府对导弹扩散威胁的评估

20 世纪 80 年代末以来，防扩散在美国政府日常事务中的地位提高了。美国政府开始重视导弹扩散问题。

在 1989 年 6 月 15 日举行的美国防扩散政策审查会议上，布什总统表示，他的政府赋予防导弹及其运载系统的扩散和使用极大的重要性，并要

① DNSA, U. S. Nuclear Non-Proliferation Policy, 1945 – 1991, Nuclear Nonproliferation Legislation and Policy, NP02636.

求对导弹及其运载系统扩散进行评估，包括：美国的合作计划直接或间接帮助盟国或友好国家开发弹道导弹的能力如何？哪些国家有开发导弹的计划？其推进状况怎样？哪些计划涉及多边国际合作？导弹扩散对美国利益所产生的具体威胁是什么？对盟国和友好国家安全环境的影响如何？美国最关心的应是对地区稳定的威胁吗？它们会被恐怖分子使用吗？它们是否会对美国领土或武装力量产生直接威胁？哪个国家或地区应是目前美国最关心的？美国防导弹扩散的目标是什么？美国如何协调行动才能防止使用导弹或阻止或减缓其他国家获得导弹？美国努力的焦点应该放在什么地方？导弹及其技术控制机制运行状态如何？它的缺陷是什么？美国及其伙伴是如何建立导弹及其技术控制机制的？美国与其他国家在太空方面展开合作的利益与导弹及其技术控制机制的关系如何？作为实施防导弹扩散政策的工具，美国与其他国家在收集情报方面展开合作的效果如何？应如何改善这种合作？① 这为其后美国历届政府评估导弹威胁提供了框架。据此，从克林顿政府开始，美国政府对俄罗斯、中国等被美国视作其潜在敌国的国家，即未来战略对手以及所谓“流氓国家”的导弹能力及其对美国和西方盟国的威胁进行了持续评估。

冷战后，许多国家没有参加相关防扩散协议，一些参加的国家也没有严格执行协议或根本不打算认真履行协议；同时，全球化在广度和深度上都进一步向前发展，国际贸易稳定增长，各国之间的人员和信息交流更加频繁，因此，获得与导弹和与大规模杀伤性武器有关的技术、信息和技术人员的渠道更多了。这样，获得弹道导弹和相关技术也变得越来越容易了。弹道导弹系统和导弹生产技术扩散成为一个日益显著的全球现象。随着导弹及其相关技术扩散势头的加剧，美国政府对导弹扩散给美国及其西方盟国所造成的威胁的评估也日益严峻。

1993 年，美国中央情报局对美国北约盟国之外的潜在敌国或实际对手的弹道导弹威胁进行了详细评估。评估认为，许多非北约国家有动机或有能力生产洲际弹道导弹（ICBM），但只有伊朗、伊拉克、朝鲜和利比亚四个国家在实施 ICBM 计划或有打击美国的政治动机，除利比亚外，另外三国在未来 15 年内可能开发本国的 ICBM，但是，经济和政治等原因，上述四国中的任何一国在该段时间内完成开发的可能性是较低的。中央情报

① DNSA, President Directives, Part II, PR01792.

局的结论是，在未来 15 年内，只有中国和俄罗斯有能力对美国大陆发动陆基弹道导弹攻击，任何其他国家获得这种能力的可能性很低。[①] 这一评估的结论为其后的许多报告所接受。

1994 年，朝核危机后，美国对弹道导弹扩散威胁的认识越来越重视。1995 年 3 月，美国防扩散中心在向国会提交的报告或证词中说："至少有 20 个国家——将近一半在南亚和中东——已经或正在开发大规模杀伤性武器及其运载系统。朝鲜、伊朗、伊拉克、利比亚和叙利亚五个国家的威胁最大，这五个国家都已经或正在开发能威胁美国利益的弹道导弹。"[②] 实际上，弹道导弹及其生产技术的扩散在 20 世纪 90 年代已成为一个全球性问题。中东、南亚、东亚、拉美发展中国家或者拥有或者有意开发弹道导弹。其中最值得关注的地区是中东，伊朗、伊拉克、以色列、叙利亚、埃及、沙特阿拉伯和利比亚都拥有弹道导弹。美国认为，虽然目前只有中国和俄罗斯拥有能攻击美国的陆基洲际弹道导弹，但有许多国家正努力开发拥有足够射程，并能威胁欧洲、日本和美国其他盟国以及美国海外驻军的运载核弹头、生物弹头或化学弹头的导弹。"如果潜在敌国拥有射程涵盖美国领土的弹道导弹，将使美国的地区安全关切日益复杂。"具体而言，美国防扩散中心认为，朝鲜在 20 世纪 80 年代就开发了射程为 300 公里的飞毛腿 B 型导弹和射程 500 公里的飞毛腿 C 型导弹。1993 年试射射程 1000 公里的劳动导弹，如果利比亚拥有这种导弹，就能袭击罗马和雅典。朝鲜正在试验两种新型的射程为数千公里的大浦洞－1 和大浦洞－2 导弹。朝鲜将继续实施积极的弹道导弹计划，而过去通过销售导弹获得硬通货的成功也将促使朝鲜继续开拓其飞毛腿导弹市场。朝鲜目前的导弹从军事角度看相对不精准，但如果朝鲜开发出更先进的、关键的导航和控制技术，其威慑能力将大大提高。利比亚目前有射程 300 公里的飞毛腿导弹，并正向朝鲜购买中程导弹。叙利亚已从朝鲜购买了飞毛腿 B 型导弹和少量射程为 500 公里的飞毛腿 C 型导弹。伊朗从朝鲜购买了飞毛腿 B 型和 C 型导弹以及劳动导弹，并可能开发使用诸如装备有精确制导武器的苏 24 强击机投送这些武器的能力。[③] 在美国看来，上述敌国或潜在敌国导弹能力的增长，无疑会极大威胁

---

① CIA, Prospects for the Worldwide Development of Ballistic Missile Threats to the Continental United States, 17 November 1993.

② DNSA, WM00433.

③ DNSA, WM00433.

美国及其盟国的安全利益。

但情报部门仍坚持自己的看法，1995 年 11 月，以中央情报局为首的美国情报部门提交的国家情报评估认为，在未来 15 年内，在各核武器国家之外，没有任何一个国家将开发出或获得能威胁美国本土 48 州或加拿大的弹道导弹。[①] 这一说法在美国内部引起了激烈争论。

根据 1997 年的国防授权法，美国政府成立了弹道导弹威胁评估委员会，1998 年 7 月 15 日，该委员会提交了评估报告。委员会认为，许多公开的或潜在的敌对国家获得能携带生物或化学载荷的弹道导弹对美国、美国武装力量和盟国构成了日益增长的威胁。虽然这些国家的弹道导弹能力不能与美国导弹的精确性或可靠性相提并论，但希望开发弹道导弹和大规模杀伤性武器的国家现在能从外界获得广泛的技术援助。设计和制造核武器所需要的知识现在已广泛扩散。因此，在这些国家做出开发弹道导弹决定并获得这一能力的 5 年内仍能对美国造成重大损害。更重要的是，新开发弹道导弹的国家不再遵循美苏当年所采用的方式。另外，许多有地区霸权野心的国家并不欢迎美国作为它们所在地区的一支平衡力量。它们希望对美国投送力量的能力施加限制，获得导弹和大规模杀伤性武器技术就被看作限制美国能力的一种方式。对于那些寻求挫败美国投射能力的国家来说，把弹道导弹与核武器、生物武器和化学武器结合起来就提供了一个抵消美国常规力量和建立在信息基础上的军事优势的方式。一旦拥有这样的武器，这些国家就能对美国、对美国前方基地以及美国的朋友与盟国构成严重威胁。不论是短程导弹还是远程导弹，相比其他方式，其威胁都要大得多。对于俄罗斯，委员会认为主要问题是其未来政治上的不确定性。与冷战时期苏联所拥有的导弹数量相比，虽然俄罗斯的弹道导弹数量减少了，但俄罗斯将继续实现其弹道导弹的现代化。俄罗斯在弹道导弹方面仍是美国的极大威胁。冷战后，由于资金缺乏，俄罗斯的弹道导弹早期预警系统和核命令及控制系统也受到老化和推迟实行现代化的影响，在内部冲突危机日益增长的情况下，目前的早期预警和命令、控制系统的弱点可能导致未被批准或非故意地发射针对美国的弹道导弹。[②] 这种意外发射的危险要

① National Intelligence Estimate President's Summary, Emerging Missile Threats to North America During the Next 15 Years, NIE95 - 19, November 1995.

② Report of the Commission to Assess the Ballistic Missile Threat to the United States, 15 July 1998, DNSA, WM00532.

比冷战时期大得多。

中美关系是当今世界最重要的双边关系，中美关系的稳定与维护不仅对于亚太地区而且对于整个世界的和平与发展具有重要的意义。这需要双方的信任，并维护一种建设性的双边关系，但出于各种考虑，美国总是倾向于把中国看作美国长期的战略敌人，是美国的威胁。美国流行的观点是，假定美国及其西方盟友的霸权对世界来说是好的，很自然，包括中国在内的任何其他非西方国家的崛起就是对世界的威胁；如果中国继续发展，中国也将成为美国那样的帝国，但可能不会像美国那样友善。这种观点在评估报告中得到明显表现。与对俄罗斯的认识一样，评估委员会认为，中国的未来也具有不确定性。虽然中美正在发展一种更加合作的关系，但潜在的重大冲突仍然存在，而且中国现在并不像冷战时期惧怕苏联那样惧怕俄罗斯。报告认为，中美最可能发生冲突的地点是台湾海峡；另外，报告说，随着中国力量的进一步提升，当中国试图在亚洲和西太平洋追求更大的影响时，中美也可能产生冲突。由于中国正在实现其远程导弹和核武器的现代化，这将使中国在危机时刻对美国更具有威胁力。[①] 报告还以中国 1996 年在台湾海峡试射导弹曾引发与美国的尖锐冲突为例，说明中美存在严重的潜在冲突可能。

在美国看来，不仅中国本身的弹道导弹是对美国的潜在威胁，而且，中国向伊朗、朝鲜和巴基斯坦等国转移弹道导弹和有关技术是对美国的现实威胁。朝鲜和伊朗被美国视为敌国或“流氓国家”，其致力于开发弹道导弹，被美国认为对美国的关键利益及其盟国的安全利益最为严重的，也是迫在眉睫的威胁。其实，无论是伊朗还是朝鲜的导弹计划，其首要目的是针对地区敌人的。但美国认为，它们将不可避免地威胁到美国的关键利益。

朝鲜、伊朗等都把开发威胁美国本土的能力作为优先目标，都在努力开发可对美国本土进行直接打击的先进弹道导弹。比如，朝鲜在积极开发能打到阿拉斯加的主要城市和军事基地以及夏威夷岛链中的大部分岛屿以及美国西部从亚利桑那州到东部威斯康星州弧形区域的大浦洞－2 弹道导弹，一旦朝鲜成功试射，就会迅速部署这种导弹。此外，朝鲜已经开发并

① Report of the Commission to Assess the Ballistic Missile Threat to the United States, 15 July 1998, DNSA, WM00532.

部署了相当多的使用增强飞毛腿发动机的劳动中程弹道导弹，该导弹射程为1300公里，目前，可威胁韩国、日本和美国在韩国的基地。①

作为中东地区大国和美国在中东的主要敌人，伊朗一直以极大的精力和努力开发弹道导弹。美国弹道导弹威胁评估委员会认为，由于得到俄罗斯的长期援助和中国的重要帮助，伊朗的弹道导弹基础设施甚至比朝鲜还先进。伊朗已经开发出射程达1300公里的沙欣中程弹道导弹。而且，5年内，伊朗有技术能力和资源制造类似大浦洞－2的洲际弹道导弹。此外，伊朗已经获得并在寻求先进的、具有足够射程的、能打击美国本土的弹道导弹零部件。如伊朗已经获得为苏联SS4中程弹道导弹提供动力的发动机或RD－214发动机的设计。如果伊朗拥有射程10000公里的弹道导弹，就有能力对美国东北部从宾夕法尼亚州费城到明尼苏达州的弧形区域实施打击。至于伊拉克，弹道导弹威胁评估委员会的报告说，伊拉克仍有重建远程弹道导弹的技术和工业能力。由于联合国的监督和核查，伊拉克的工厂和设备不及朝鲜或伊朗。一旦联合国解除制裁，伊拉克必然直接或间接努力获得所需要的工厂和设备，这样，伊拉克在10年内可能拥有对美国进行洲际弹道导弹打击的能力。委员会对印度和巴基斯坦的导弹开发状况也进行了评估。委员会说，印度1983年开始开发弹道导弹，目前正开发从短程到洲际弹道导弹等各种弹道导弹，包括潜射弹道导弹和短程岸对舰导弹。印度有开发和生产这些导弹的基础设施，它也积极从其他国家，尤其是从俄罗斯寻求技术，同时，印度有许多人在美国、欧洲和其他先进国家接受教育和工作，这些人所获得的一些知识有助于印度的导弹计划。在外国技术帮助下，印度已经多次爆炸核装置并正开发适用于导弹的核弹头。印度已经开发和部署了普利特短程弹道导弹，正在开发射程更远的由液体和固体燃料推动的弹道导弹，包括烈火中程弹道导弹、海上发射的弹道导弹和潜射弹道导弹等。巴基斯坦有能力开发把整个印度都纳入打击范围的射程达2500公里的弹道导弹，它目前拥有可携带核弹头的M－11短程弹道导弹。1998年试验并部署了射程1300公里的高里中程弹道导弹。虽然印度和巴基斯坦都不是美国的敌对国家，它们与美国发生军事冲突的可能性很小。但它们进攻性地、竞争性地部署弹道导弹加剧了导弹进

① Report of the Commission to Assess the Ballistic Missile Threat to the United States, 15 July 1998, DNSA, WM00532.

一步扩散，对美国的地区和全球政策都有直接影响，同时极大影响美国在亚洲发挥稳定作用的能力。[①] 报告正确地认识到，作为当今世界上最大的发达国家和使用先进技术最多的国家，虽然美国努力限制技术转移到敌对国家，但实际上出现了众多的先进技术转移，所以美国实际上过去和现在都促进了弹道导弹和有关大规模杀伤性武器的扩散。委员会认为这种转移是通过各国在美国求学的学生、广泛的技术信息扩散、非法获得美国的设计和装备以及放松出口控制政策造成的。这种转移并非美国本意，是其他国家偷窃或美国无意造成的。[②] 上述情况确实是造成导弹扩散的重要原因，但报告完全忽视了美国有意或默许造成的扩散。

1998 年印度和巴基斯坦进行核试验后，美国国会要求情报部门从 1998 年起就弹道导弹扩散情况提交年度报告。1999 年 9 月由国家情报理事会提交的报告说，世界范围内的弹道导弹扩散继续加剧，其技术和部件扩散也在继续。具有导弹生产能力的国家寻求获得更大弹道导弹力量的要求也更迫切。中程和短程弹道导弹已经对美国的利益、美国的军事力量和盟国形成重大威胁。报告修正了中央情报局 1995 年的观点，认为未来 15 年，美国面临的威胁会增加，其中最可能面临来自俄罗斯、中国、朝鲜、可能还有伊朗和伊拉克的弹道导弹威胁。俄罗斯的威胁虽然已极大降低了，但仍是最大和最致命的，要远远大于中国的威胁，而且也比任何其他国家的威胁都大。报告首次对冷战时期和冷战后时期的导弹威胁进行了区分，认为冷战时期，威胁美国的弹道导弹具有较高的精确度和可靠性，美国与苏联战略力量威胁是建立在潜在的毁灭国家的基础之上的。而冷战后，新开发导弹能力国家的导弹精度都不高、其生存能力和可信性也都不高。导弹所产生的新威胁日益增加。[③]

进入 21 世纪，尤其是“9·11”事件后，无论是美国军事和情报领导人，还是有关机构对导弹扩散威胁的评估都更严重了。国防情报局局长、海军中将威尔逊说，他估计“在未来 15 年，射程在 500 ~ 3000 公里

---

① Report of the Commission to Assess the Ballistic Missile Threat to the United States, 15 July 1998, DNSA, WM00532.

② Report of the Commission to Assess the Ballistic Missile Threat to the United States, 15 July 1998, DNSA, WM00532.

③ National Intelligence Council, Foreign Missile Developments and the Ballistic Missile Threat to the United States Through 2015, September 1999, pp. 7 - 8.

的弹道导弹的数量会极大增加，其打击精度和破坏程度也会大幅提高。而且陆基巡航导弹广泛扩散的潜在可能也非常高……因此，主要空港和海港、后勤基地和设施、部队积聚中心和通信指挥中心都将面临越来越高的风险”①。中央情报局局长特尼特则从全球力量平衡角度出发，认为新的中程导弹“正改变中东和亚洲的战略平衡”②。美国向来认为，这种战略平衡的改变无疑将增加美国卷入该地区冲突的代价。小布什政府的国防部部长拉姆斯菲尔德在 2001 年 6 月说：“弹道导弹和拥有弹道导弹国家的数量都在增加，其威胁毫无疑问是真正的。”③ 导弹防御局局长罗纳德·卡迪什（Ronald Kadish）将军在 2004 年 3 月说：“携带任何核弹头的弹道导弹都将使我们的敌人有能力威胁我们或给我们造成灾难性损害。”④ 这是一个很有意思的现象，即美国总是认为美国拥有强大的军事力量，即使是进攻性军事力量，世界其他国家也不应感到害怕，因为美国不会威胁任何其他国家，其他国家也应该相信美国不会威胁自己。而其他国家，即使是发展符合本国安全需要的防御性力量，美国也会认为威胁了美国和世界的安全，因此，美国欲除之而后快。

进入 21 世纪，中国的国力进一步提升，尽管中国一直声明并实际上奉行和平外交政策，但美国在评估导弹扩散时，仍刻意在越来越大的程度上把中国看作潜在威胁。

2001 年 1 月初，美国国会在导弹扩散威胁评估报告中说，当美俄削减其洲际弹道导弹并销毁中程弹道导弹时，中国却正实现其导弹力量的现代化，同时，中国继续在台湾海峡增加部署近程弹道导弹，并对其新型洲际弹道导弹 DF－31 进行试验。美国认为，中国导弹能力的提高，不仅提高了中国的反介入能力，而且也增加了爆发中美冲突的可能性。关于导弹

---

① Vice Admiral Thomas R. Wilson, Director, Defense Intelligence Agency, Military Threats and Security Challenges Through 2015, Statement before the Senate Select Committee on Intelligence, 2 February 2000, p. 14.

② George Tenet, Director of Central Intelligence Agency, The Worldwide Threat in 2000: Global Realities of Our National Security, Testimony before the Senate Select Committee on Intelligence, 2 February 2000, p. 5.

③ Donald Rumsfeld, Secretary of Defense, Toward 21st Century Deterrence, Wall Street Journal, 27 June 2001.

④ General Ronald T. Kadish, testimony before the House Armed Services Committee Subcommittee on Strategic Forces, 25 March 2004.

扩散状况，报告说，目前大约有 30 个国家已经或正在开发能把 500 公斤的弹头投送到 300 公里或更远射程的导弹。这类国家的数目可能会继续增加，而且它们的导弹能力也会进一步提高。其中 15 个国家有弹道导弹计划，伊朗、以色列、印度和巴基斯坦已有或正在开发中程和远程弹道导弹，可能最终会开发洲际弹道导弹。印度、巴基斯坦和以色列都具有飞机投送核武器的能力，这三国或许已经拥有或者很快就会拥有运载核武器的导弹。其中印度和以色列可能正在开发海基导弹。至少 25 个国家有短程弹道导弹。1998 年 8 月进行试验后，朝鲜可能已具有射程达 5000 公里的弹道导弹。由于美国同意韩国开发射程 300 公里的导弹，韩国 1999 年 4 月成功地进行了射程为 300 公里或更远射程的导弹。俄罗斯也多次对其白杨 - M 洲际弹道导弹进行试验。[①] 据俄罗斯说，这种导弹能突破任何导弹防御系统。

根据国会的要求，国家情报理事会 2001 年 12 月的报告对国外导弹威胁进行了评估，评估认为短程和中程弹道导弹已经对美国海外利益、军事力量和盟国构成严重威胁。与弹道导弹有关的技术、物资和专长的扩散使正在开发导弹的国家能够加速导弹开发、获得新能力并开发具有更强大打击力和更远射程的武器系统。因此，“2015 年前，美国很可能面临来自朝鲜、伊朗，可能还有伊拉克的洲际弹道导弹的威胁，除非它们的政治发展方向出现重大变化”。最危险的还是中国，因为到 2015 年，中国的弹道导弹力量将增加好几倍，而且中国未来弹道导弹力量的部署首先是针对美国的，其数量将增加到 75 ~ 100 枚。不过，报告认为，相比美俄，中国的战略导弹力量和打击力度与精度都小得多。至于其他潜在敌国，评估认为，朝鲜可能把其大浦洞 - 1 航天发射器转变为携带较轻的生物/化学武器载荷能到达美国部分领土的洲际弹道导弹，而且朝鲜可能随时试验大浦洞 - 2导弹，该导弹能携带更大的载荷到达美国领土的任何部分。而在俄罗斯的帮助下，伊朗能够制造洲际弹道导弹，并将在 2005 ~ 2010 年进行试验，或者未来几年在朝鲜的帮助下制造大浦洞类型的洲际弹道导弹。美国尤其担心美国海外驻军和盟国受到导弹攻击。美国认为，在过去几年，拥有短程弹道导弹的国家数量增加了，飞毛腿导弹和最基本导弹的生产技

---

① RL30699, CRS Report for Congress, Nuclear, Biological, and Chemical Weapons and Missiles: The Current Situation and Trends. 5 January 2001. DNSA, WM00575.

术越来越容易获得。因此，“美国力量或利益遭受携带有大规模杀伤性武器导弹打击的可能性比冷战时期更高，随着潜在敌人力量的增长，这种可能性将继续增加”。如中国、朝鲜、伊朗、叙利亚、印度和巴基斯坦正在设计新型导弹。这些国家正在增加其导弹的射程和提高导弹的打击精度。另一个危险趋势是生产导弹技术的扩散。中俄虽然已经同意限制导弹技术出口，但它们可能没有能力很好执行。如中国和俄罗斯的各种组织帮助其他国家设计、试验和生产导弹。总之，拥有导弹的国家数量正在增加，在战斗中使用导弹或使用导弹作为威胁的国家数量也在增加。① 另外，美国认为巡航导弹对美国的威胁甚至比弹道导弹更大。而巡航导弹的生产技术扩散得越来越广泛了，目前，有 81 个国家拥有巡航导弹，其中有 19 个国家有能力生产，22 个国家正在掌握生产巡航导弹的能力。②

小布什上台后，更加奉行单边主义，在防扩散问题上实施先发制人的军事打击政策，结果使导弹扩散更严重了。美国国会在 2004 年 3 月 5 日发布关于弹道导弹和巡航导弹扩散评估报告。报告说一个明显的趋势是导弹生产和开发设施的数量日益增长，弹道导弹和巡航导弹的扩散给美国国家安全造成严重威胁。目前，大约有 16 个国家生产弹道导弹。③ 拥有弹道导弹的国家更多，大约有 36 个，其中一半在亚洲和中东，其中大约 30 个已经拥有或正在开发能把 500 公斤的弹头投送到 300 公里或更远射程的弹道导弹。对于美国来说，潜在的危险还在于：当一个国家获得大量的导弹和发射装置，它就能够发动持续攻击并压垮计划中的导弹防御系统。一旦一个国家有能力制造导弹，它就可能由于金融、政治或意识形态上的好处而考虑向更多的国家出口生产技术，如朝鲜多年来一直出口导弹和导弹生产设施，俄罗斯和中国的一些组织是导弹技术扩散的来源。目前，美国处于俄罗斯、中国，或许还有朝鲜和英国及法国的弹道导弹的射程之内，美国的海外设施和利益也处于许多其他国家的导弹射

① Sharon A. Squassoni, Nuclear, Biological, and Chemical Weapons and Missiles: Status and Trends, Order Code RL30699, Updated 14 January 2005. WM00608; National Intelligence Council, Foreign Missile Developments and the Ballistic Missile Threat to the United States Through 2015, December 2001.

② Christopher Bolkcom, Statement before the Senate Government Affairs Committee, Subcommittee on International Security, Proliferation, and Federal Services, 11 June 2002, p. 18.

③ 这 16 个国家或地区是：美国、法国、俄罗斯、中国、朝鲜、韩国、中国台湾地区、印度、巴基斯坦、伊朗、伊拉克、以色列、埃及、叙利亚、乌克兰和阿根廷。

程之内。导弹已扩散到包括美国潜在敌人在内的更多国家，19 个国家能制造巡航导弹，一些分析家认为巡航导弹扩散比弹道导弹扩散的后果更严重。至于对美国最大的威胁，与许多分析家的看法不同，报告认为俄罗斯和中国的远程导弹计划是对美国的最大威胁，因为俄罗斯和中国仍是两个有能力用携带核弹头的洲际弹道导弹对美国实施打击的国家。但随着美国与这两个国家关系的改善，在过去 10 年，这种威胁已经大大降低了。① 布什政府 2005 年 1 月的评估基本重复了上述结论，同时再次突出了中国导弹对美国的威胁。②

冷战后，尤其是小布什上台以来国际社会围绕重大政治和军事事件而展开的斗争现实使许多国家把弹道导弹和巡航导弹视为费效比很划算的武器系统，并把它们看作国家力量的象征，将此作为非对称威胁，以抗衡外部优势力量对本国的干涉和介入。因此，导弹扩散日益严重。

奥巴马历来重视防扩散。他就任总统后，立即提高防扩散在国家安全事务和外交日程中的地位，2010 年 2 月后，美国政府陆续公布的核态势评估报告、四年防务评估报告和国家安全战略报告都明确把防扩散作为最优先的任务之一。③ 有评论家说，防扩散已成为奥巴马政府“外交政策的中心”④。在这种情况下，作为最重要的大规模杀伤性武器之一的导弹及其相关技术的扩散自然成为奥巴马政府非常关注的对象。在奥巴马入主白宫半年后，美国国家大气和空间情报中心于 2009 年 6 月提交了奥巴马政府第一份关于导弹扩散情况的评估报告。报告说，弹道导弹已经广泛扩散，在数量和类型上将继续增加，弹道导弹的威胁也将极大增加。超过 20 个国家已经拥有弹道导弹系统，在未来的冲突中，导弹可能对美国构成巨大威胁。报告关注的中心是中俄，报告认为，俄罗斯是美国之外最大的战略导弹力量，部署新的弹道导弹是俄罗斯具有高度优先性的事务。目前，俄罗斯正在开发新型超音速、能突破美国导弹防御系统的弹道导

---

① Andrew Feickert, Missile Survey: Ballistic and Cruise Missiles of Foreign Countries, Updated 5 March 2004, Order Code RL30427, DNSA, WM00601.

② Sharon A. Squassoni, Nuclear, Biological, and Chemical Weapons and Missiles: Status and Trends, Order Code RL30699, Updated 14 January 2005. DNSA, WM00608.

③ Department of Defense, *Quadrennial Defense Review Report*, February 2010, p. 34, The White House, *The National Security Strategy of the United States of America*, May 2010, p. 23, U. S. Department of Defense, Nuclear Posture Review Report, April 2010, p. 11.

④ Laura Rozen, Amid Crises, Obama Builds Nonproliferation Team, *Foreign Policy*, 8 June 2009.

弹。更严重的是，俄罗斯目前正出口先进的导弹。中国有世界上最积极和最多样化的弹道导弹开发计划，正开发和试验进攻型导弹，同时正开发反弹道导弹防御的技术和努力扩大反介入力量。中国的弹道导弹在规模和种类上都在增加。报告也非常重视朝鲜、伊朗等国家的导弹威胁。①

美国为什么对导弹扩散如此关心呢？因为它们相对低廉，能够穿透对方防御系统和深入打击敌方领土，还能携带威胁敌国生存的核武器、生物武器和化学武器。这样，在许多国家尤其是被美国看作敌国的国家看来，导弹是国家力量的象征。美国常规军事优势以及美国在1991年海湾战争和在阿富汗的几次战争以及伊拉克行动中展示出的技术和军事力量，也迫使一些国家尤其是被美国视为敌国的国家和非国家组织努力避免与美国发生直接的常规军事冲突，而决定发展导弹和其他大规模杀伤性武器，因而越来越多的国家制订了远程导弹和核武器、生物武器和化学武器开发计划，作为在地区反击美国军事力量介入和恐吓的工具。不仅如此，美国的许多盟国和中立国家也正在发展导弹和开发其他大规模杀伤性武器，以促进其国家安全利益。同时，导弹也有威慑或威胁作用，即使是有限使用，导弹也能产生巨大的破坏效果。

第二节　冷战后美国单方面防导弹扩散政策

由于美国在高科技和军事领域里的特殊地位，各国都把美国作为获得各种高新技术和先进武器的最重要来源地之一。高新技术的一个重要特征就是既可用于民用生产，也可用于武器生产。冷战后，美国非常注重采取单方面措施防止因高新技术的流失而导致导弹扩散。

1993年9月，克林顿发布第13号总统决定指令（Presidential Decision Directive 13），提出了美国关于防扩散的三条原则：防扩散是美国政府最优先考虑的问题，是美国与其他国家关系的基本组成部分；促进经济增长，推进民主化和国际稳定；寻求国际合作，努力营造一种共识推进防扩

① National Air and Space Intelligence Center, Ballistic and Cruise Missile Threat, Nasic - 1031 - 0985 - 09, June 2009.

散，为此实行“胡萝卜加大棒”的政策，对扩散者施加越来越大的压力，对遵守国际公约的基本原则、防扩散和反对扩散的国家开放贸易和技术交流。对于防导弹扩散而言，克林顿表示，美国继续坚决支持导弹技术控制机制：“美国将努力使导弹及其技术控制机制的指导原则成为全球防导弹扩散的标准并寻求把导弹及其技术控制机制作为采取联合行动阻止导弹扩散的一个机制；支持谨慎地扩大导弹及其技术控制机制成员，把那些遵守国际不扩散标准、有效实施出口控制和放弃进攻性导弹计划的国家纳入进来；继续做出各种努力，以降低有关地区国家对导弹能力的要求。”同时：“美国将对与导弹有关的合作实施特别限制，对于导弹及其技术控制机制成员国，不鼓励新的太空发射计划，但美国将在逐案审查的基础上，考虑向导弹及其技术控制机制成员国和平利用太空计划出口根据导弹及其技术控制机制规则应禁止出口的物资，努力使各成员国采取如我们一样的有效政策。”① 1995 年 6 月，克林顿政府再次声明，美国在和平利用和勘探太空方面愿意与其他国家合作，但努力阻止开发运送大规模杀伤性武器的无人运载系统。在世界范围内，美国控制能用于这种开发的军用和商业两用装备和技术的出口。② 上述命令和声明实际上是冷战后美国防止导弹扩散的政策纲领和指导原则。正是根据上述原则，冷战后，美国历届政府采取了一系列措施防止导弹扩散。

一、战略上重视防止导弹及相关技术扩散

冷战后，美国一直非常重视在国家安全战略层面强调防止导弹及其相关技术扩散。1994 以来，美国国家安全战略一直把导弹扩散作为一个重要问题。

克林顿政府上台后，确立了增强安全、促进国内繁荣、推进民主的国家安全战略。根据 1994 年的美国国家安全战略，所谓增强安全就是具有“在规模和态势上满足适合于我们战略各种需要的军事能力，包括与地区盟国一起赢得在主要地区几乎同时发生冲突的能力”，美国将“继续履行

① Fact Sheet, Nonproliferation and Export Control Policy, 27 September 1993, http://www.fas.org/spp/starwars/offdocs/w930927.htm.

② Fact Sheet: U. S. Exports: Foreign Policy Controls, http://dosfan.lib.uic.edu/ERC/arms/arms_fact/950608arms_fact.html.

军备控制协议，减少核冲突的危险和促进稳定”①。1995 年美国国家安全战略明确指出，核武器、生物武器和化学武器及其运载工具的导弹扩散是美国及其西方盟国面临的主要威胁之一。美国国家安全战略的一个关键部分就是寻求防止导弹等大规模杀伤性武器的扩散，同时开发有效的能力应对这些威胁。② 作为加强国家安全的措施之一，1996 年的国家安全战略明确指出，美国正以极大的努力防止导弹等大规模杀伤性武器的扩散。③ 随着导弹扩散的加剧，防导弹等大规模杀伤性武器扩散在美国国家安全战略中的地位得到进一步提高。1997 年的国家安全战略强调冷战后国际安全环境的变化给美国造成新的不确定威胁，它们分为彼此相互联系的三类，其中最大的威胁是包括导弹在内的大规模杀伤性武器扩散。为保护美国国家利益，美国必须塑造（shape）有利于美国的国际安全环境，包括外交、国际援助、军备控制、防扩散倡议以及必要时单独开展军事行动。就防扩散而言，该战略特别强调要防止大规模杀伤性武器及其运载工具——导弹的扩散，以加强国际安全。④

1998 年的美国国家安全战略说，为营造一个美国国家、公民和美国利益不受威胁的稳定与和平的国际安全环境，美国将努力防止核武器、生物武器和化学武器扩散以及控制导弹等毁灭性技术。⑤ 1999 年美国国家安全战略说，军备控制和防扩散是美国国家安全战略的基本要素和努力保卫美国安全的关键部分。因此，美国追求可查证的军备控制和防扩散协议，“防止大规模杀伤性武器的扩散及其使用，防止用于生产大规模杀伤性武器的物资和专长的扩散，防止大规模杀伤性武器运载工具”即导弹的扩散。⑥

“9·11”事件后，小布什政府在把反恐怖主义作为美国国家安全面临的最大威胁的同时，与克林顿政府一样，非常重视导弹及其相关技术的扩散对美国及其美国的西方盟国和友好国家的威胁。布什在 2002 年的美

① The White House, *A National security strategy of Engagement and Enlargement*, July 1994, p. 3.

② The White House, *A National security strategy of Engagement and Enlargement*, February 1995, pp. 13 - 14.

③ The White House, *A National security strategy of Engagement and Enlargement*, February 1996, p. 40.

④ The White House, *A National Security Strategy for a New Century*, May 1997, p. 25.

⑤ The White House, *A National Security Strategy for a New Century*, December 1999, p. 5.

⑥ The White House, *A National Security Strategy for a New Century*, December 1999, p. 7.

国国家安全战略中说，美国目前面临的最大威胁是极端主义与技术的结合，“我们的敌人公开宣布他们正努力寻求大规模杀伤性武器，证据表明他们决心这样做……我们将开发和部署针对弹道导弹和其他运载方式的防御系统”。在发布国家安全战略前的6月1日，布什在西点军校发表演讲时说，一旦导弹等大规模杀伤性武器扩散而为弱小国家和各种组织所掌握，它们“就能获得打击大国的灾难性力量”。一旦获得，它们非常可能对美国使用这些大规模杀伤性武器，今天的安全环境实际上更加复杂和危险。为防止导弹等大规模杀伤性武器扩散，布什提出了反扩散、防扩散和后果管理三位一体的防扩散政策。[①] 不仅如此，2002年12月，布什政府还专门制定了与大规模杀伤性武器战斗的国家战略，进一步细化和深化了国家安全战略中提出的与大规模杀伤性武器进行战斗的全面战略。2006年的国家安全战略重复了上述内容。[②]。

奥巴马政府上台后，提高了防扩散在国家安全日程中的地位。奥巴马向来主张提高防扩散在国家安全战略中的地位，2005年，他就要求布什总统把美俄合作防扩散放在优先地位，并就如何应对扩散提出建议，[③] 就任总统后，他立即着手提高防扩散地位。在国家战略和政策层面，2010年2月后，美国政府陆续公布的核态势评估报告、四年防务评估报告和国家安全战略报告都明确把防扩散作为最优先的任务之一。[④]

综上所述，我们可以发现，冷战后，从克林顿到奥巴马，美国历届政府都非常重视在国家安全战略层面防止导弹等大规模杀伤性武器扩散，防扩散因此始终是冷战结束以来美国国家安全议事日程中非常重要的一个议题。这确保了冷战后美国政府始终将相当的资源投入防导弹等大规模杀伤性武器的扩散中，从而在一定程度上阻止了导弹等大规模杀伤性武器的扩散，以有利于世界和平与稳定。

---

① The White House, *The National Security Strategy of the United States of America*, September 2002. pp. 13 – 14.

② The White House, *The National Security Strategy of the United States of America*, March 2006.

③ American's Nuclear Non-Proliferation Policy, http://obamaspeeches.com/017 – America – Nuclear – Non – Proliferation – Policy – Remarks – Obama – Speech.htm.

④ Department of Defense, *Quadrennial Defense Review Report*, February 2010, p. 34, The White House, *The National Security Strategy of the United States of America*, May 2010. p. 23, U. S. Department of Defense, *Nuclear Posture Review Report*, April 2010, p. 11.

二、开发和部署导弹防御系统

美国政府认为，防扩散不仅仅是采取进攻性政策和措施，而且应采取各种防御性政策和措施。根据威慑理论，建立有效的导弹防御系统必将大大增加有关国家开发和部署导弹系统的代价，从而更好地阻止导弹扩散。美国认为，如果无法阻止一个国家开发大规模杀伤性武器，如果先发制人打击的风险太高，则有效的防御是很好的选择。开发一个积极的地区导弹防御系统将会使大规模杀伤性武器运载工具的生存能力降低，它们会被各地区国家部署而不会威胁到主要大国的战略平衡。[①] 所以，冷战后，美国国会一直积极通过立法的方式要求部署导弹防御系统，美国政府也把开发和部署导弹防御系统作为防导弹扩散的最重要举措之一。

20 世纪 80 年代和 90 年代初期，美国展开了各种各样的弹道导弹防御技术研究。1983 年，里根总统提出战略防御倡议（SDI），它寻求开发和部署全面的、针对来自苏联的大规模进攻的导弹防御系统。但随着苏联的解体，防御数千枚来自苏联的核弹头的需要降低了，因而，计划中的国家导弹防御系统（NMD）的重要性大大降低。国会技术评估办公室在 1993 年说："在未来 10 年，没有一个国家能够拥有射程足以到达美国的导弹或航行器，也没有一个潜在的敌对国家能在未来 10 年部署这样的系统。"[②] 中央情报局在 1993 年 11 月的报告中也说，未来 15 年，俄罗斯和中国之外的任何其他国家如伊朗、伊拉克、利比亚和朝鲜拥有用陆基弹道导弹攻击美国大陆能力的可能性是较低的。[③] 克林顿政府认为《反弹道导弹条约》（ABM）是战略稳定的基石，对于削减进攻性核武器发挥了关键的作用，并承诺使它继续发挥作用。1993 年，克林顿政府在全面审查国家安全问题的背景下检查 ABM，其结论是应继续保留该条约，应维持其有效性和完整性，并要求更新条约以适应苏联解体的形势。另外，为保证以遵守 ABM 的方式开发和部署战区导弹防御系统（TMD），克林顿政府

---

① Glenn C. Buchan, *U. S. Nuclear Strategy for the Post-Cold War Ear*, Santa Monica, CA: Rand, 1994, p. 71.

② OTA－ISC－559, Proliferation of Weapons of Mass Destruction: Assessing the Risks, August 1993. p. 12.

③ CIA, Prospects for the Worldwide Development of Ballistic Missile Threats to the Continental United States, 17 November 1993.

阐释了条约第六条，以把不受条约限制的 TMD 系统与受条约限制的 NMD 系统区别开来。[①] 在这种情况下，克林顿政府不仅没有把发展导弹防御系统作为维护美国国家安全最重要的任务，而且大幅削减用于导弹防御系统的预算，并强调美国应遵守《反弹道导弹条约》。

但被共和党控制的美国国会一直施加压力，要求克林顿政府大力发展导弹防御系统。有学者也为开发和布置 NMD 推波助澜，他们认为，如果无法阻止一个国家开发大规模杀伤性武器，如果先发制人打击的风险太高，则有效的防御是很好的选择。开发一个积极的地区导弹防御系统将会使大规模杀伤性武器运载工具的生存能力降低，它们会被各地区国家部署而不会威胁到主要大国的战略平衡。[②] 其实，美国政府内部也有相当多的人士赞同这种看法。因此，导弹防御的焦点变成防御来自意外事件或未经授权的发射，或来自敌对国家的有限打击。尽管来自苏联的大规模核打击的可能性降低了，但对原来由苏联统一命令和控制系统的担心增加了，这可能导致意外发射或未经授权的发射风险。美国政府一名情报官员 1997 年在国会做证时说，俄罗斯的命令和控制系统状况正继续恶化。[③]

由于对俄罗斯核力量的命令和控制系统的不确定性以及对弹道导弹和有关技术扩散感到担心，共和党控制的国会顽固坚持以意识形态画线的做法，坚持要求加速努力开发和部署 NMD，以应对弹道导弹的意外发射或未经授权的发射，进一步强化美国的军事优势。共和党控制的国会在 1995 年和 1996 年连续两年通过导弹防御法案，要求在 2003 年前在多个地方部署国家导弹防御系统，以防御有限的、未经授权的或意外的弹道导弹攻击。[④] 不过克林顿政府倾向于不部署 NMD，在 1996 年的大选中，共和党开始在法律措施之外采取政治措施，把导弹防御作为一个重大问题，虽然该问题对大选没有产生重大影响，但克林顿政府和民主党不得不严肃对待这个问题，作为对部署导弹防御系统的妥协，政府制订了一个 3 + 3 计

---

① ACDA Annual Report (1996).

② Glenn C. Buchan, *U. S. Nuclear Strategy for the Post-Cold War Ear*, Santa Monica, CA: Rand, 1994, p. 71.

③ Floyd Spence, National Security Report, Background and Perspective on Important National Security and Defense Policy Issues, Vol. 2, Issue 4, August 1998.

④ Matthew Mowthorpe, President G. W. Bush and Missile Defense in the Aftermath of 9/11, The Journal of Social, Political and Economic Studies, Vol. 29, No. 3, Fall 20.

划。根据该计划，如果美国真正感到面临来自某些国家的导弹威胁，则美国将在 3 年内研究和开发足以支持做出部署一个有限 NMD 系统决定的技术，在另一个 3 年，国会将大大增加 NMD 所需资金并完成具体部署；如果在 3 年的研究后证实美国不再面临严重的导弹威胁，则重新回到部署准备阶段。① 这其实是白宫与国会之间的妥协方案，在相当程度上满足了国会部署导弹防御系统的要求，向实际部署 NMD 迈出关键的一步。不过最终克林顿总统否决了要求部署导弹防御系统的 1996 年国防授权法。克林顿说，部署 NMD 没有正当理由，也与 ABM 精神不相符。克林顿之所以做出这一决定，与 1995 年 11 月的国家情报评估结论有很大关系。该情报评估认为："在未来 15 年内，在各核武器国家之外，没有任何一个国家将开发出能威胁美国本土 48 州或加拿大的弹道导弹。" 在评估期内，除朝鲜有能力威胁 "部分阿拉斯加和夏威夷岛链的西部部分地区外"，其他国家的弹道导弹计划不能威胁美国大陆。② 但批评者指出，国家情报评估不恰当地忽视了弹道导弹对阿拉斯加和夏威夷的威胁；集中关注这些国家的意图而不是它们的导弹能力；没有重视来自俄罗斯的意外或未经授权的发射；没有强调来自中国的弹道导弹力量；没有认识到在靠近美国领土的地方或平台发射能对美国构成威胁的短程弹道导弹。就在克林顿总统否决 1996 年国防授权法后，众议院国家安全委员会主席要求美国总审计办公室（GAO）审查情报评估。在 1996 年 8 月的审查中，GAO 说，国家情报评估 "夸大" 了结论，而且在分析上存在不足，没有明确说明其关键推断。③

上述结论为国会采取进一步行动铺平了道路。为进一步调查这个问题，国会在 1997 年的国防授权法中要求中央情报局局长任命一个由外部专家组成的小组委员会，审查 1995 年 11 月的国家情报评估的结论和推断。委员会主席由中情局前局长罗伯特·盖茨（Robert Gates）担任，其他成员包括在 1992 年担任苏联紧急人道主义援助协调员、1989 年任菲律

① Floyd Spence, National Security Report, Background and Perspective on Important National Security and Defense Policy Issues, Vol. 2, Issue 4, August 1998.

② National Intelligence Estimate President's Summary, Emerging Missile Threats to North America During the Next 15 Years, NIE95 - 19, November 1995.

③ Floyd Spence, National Security Report, Background and Perspective on Important National Security and Defense Policy Issues, Vol. 2, Issue 4, August 1998.

宾基地谈判的总统特别谈判代表和1983年担任负责国防部国际安全事务的助理国防部长理查德·阿米蒂奇（Richard Armitage），曾担任国务院负责政治事务的副国务卿及总统在国家安全委员会负责防务及军备控制政策的特别助理阿诺德·坎特（Arnold Kanter），曾在克林顿的国家安全过渡团队担任负责人的珍妮·诺兰（Janne E. Nolan），曾担任国防部负责国际安全事务的助理国防部长和国家情报委员会主席的亨利·罗文（Henry S. Rowen）等。该独立委员会一致通过并在1996年12月23日提交报告说，1995年11月的国家情报评估是“政治化的”结果，这表明情报部门的分析受到领导人或努力降低正在出现导弹威胁的个人政策偏好的强烈影响，情报评估在“政治上是天真的”，没有把夏威夷和阿拉斯加包括在内“无论从哪一方面看都是愚蠢的”。委员会的结论是，国家情报评估是“草率”完成的，产生了许多“直觉的和分析的问题”①。

根据这一审查，众议院国家安全委员会根据1997年国防授权法的规定建立了一个独立的评估弹道导弹对美国威胁的委员会。委员会被要求“对目前的和正在出现的弹道导弹对美国威胁的性质和重要性进行评估”。委员会包括前国防部部长拉姆斯菲尔德、前情报局局长詹姆斯·伍尔西（James R. Woolsey）、负责政策的国防部前副部长保罗·沃尔福威茨（Paul D. Wolfowitz）、美国战略司令部前司令乔治·李·巴特勒（George Lee Butler）将军、空军前参谋长拉里·韦尔奇（Larry D. Welch）将军等著名防务和情报专家。1998年7月15日，这个由前国防部部长唐纳德·拉姆斯菲尔德任主席的小组发表了被称为拉姆斯菲尔德报告的评估。报告说，许多公开的或潜在的敌对国家，正努力开发能携带核武器或生物武器或化学武器的弹道导弹，对美国、美国的武装力量、美国的朋友和盟国构成的威胁正日益增加。除朝鲜、伊朗和伊拉克等正在发展中的新威胁外，中国和俄罗斯也拥有大量弹道导弹，虽然它们现在没有与美国处于冲突中，但未来仍是不确定的。新开发弹道导弹的国家在导弹精确性或可靠性方面当然不能与美国相提并论，但在它们做出开发弹道导弹决定后的5年内，它们有能力对美国造成重大损害。正寻求弹道导弹能力的国家对美国的威胁“比国家情报评估中所报告的更广泛、更成熟，而且发展速度更

① Independent Panel's report on NIE 95 - 19, "Emerging Missile Threats to North America During the Next 15 Years," 23 December 1996.

快”；美国情报部门提供弹道导弹对美国威胁的及时和精确的评估能力正遭到侵蚀，情报部门在分析方法和资源上都应得到加强；美国对弹道导弹威胁的预警时间正在减少，在某些情况下，美国可能几乎没有或者只有很少的预警时间。至于导弹扩散的未来趋势，报告说，新开发弹道导弹的国家在导弹精确性或可靠性方面当然不能与美国相提并论，但在做出开发弹道导弹决定后5年内，它们有能力对美国造成重大损害。报告断言，俄罗斯和中国在导弹和有关关键技术扩散到其他国家方面发挥了关键作用，并指出这样的扩散是“不可能”减少的。报告一方面对其他国家扩散大加批评，另一方面对美国自己的扩散轻描淡写，报告说，虽然美国是弹道导弹和大规模杀伤性武器的“一个主要扩散国家”，但这主要是其他国家“非法获得美国设计及装备和放松美国出口控制政策”造成的，是“无意的”①。由美国造成的导弹扩散看似无意，但实际上是美国国家安全战略的一个合乎逻辑的结果。例如，虽然印度1998年后多次试射导弹，但美国看起来并未真正批评或谴责印度，更不用说制裁了。因为包括印度、以色列和韩国等国在内的国家是不敌视美国的友好国家。换句话说，美国并不认为这些国家有导弹是威胁，对美国有否威胁的主要依据是导弹为谁所拥有，也就是说，友好国家开发和部署导弹对美国没有威胁，而潜在敌国开发或部署导弹则是对美国的严重威胁。这份报告是“发出了导弹防御具有重要性的政治评估信号的首份文件”。1999年，美国国会通过国家导弹防御法案，授权美国政府：“尽早部署从技术上是可能的有效的国家导弹防御系统，能够保卫美国领土，抵御（不论是意外的、未经授权的、还是故意的）有限的弹道导弹攻击。”②

这一报告与1998年发生的导弹扩散事件一起，③ 对克林顿政府造成很大的政治和军事压力。共和党控制的国会通过国家导弹防御法案，在法律上要求克林顿政府部署导弹防御系统。国会在1995年的国家导弹防御法案中要求在2003年前在多个地方部署导弹防御系统，它设想在地基雷达的支持下部署100个地基拦截器。1996年，共和党控制的国会通过美国防御法案，法案宣布，美国的政策是在2003年底前部署针对有限的、

① Report of the Commission to Assess the Ballistic Missile Threat to the United States, 15 July 1998.

② National Missile Defense Act of 1999, http://thomas.loc.gov/cgi-bin/query/z?c106: S.269:

③ 1998年，朝鲜进行了“大浦洞”导弹试验，同时，就在拉姆斯菲尔德委员会公布报告一个星期后，伊朗第一次试射了中程弹道导弹。

未经授权的或意外弹道导弹攻击的高效的国家导弹防御系统。这样克林顿政府不得不开始考虑部署国家导弹防御系统。1999 年，克林顿签署了国会两院一致通过的 1999 年国家导弹防御法。法案要求，美国的政策是在技术成熟的情况下，尽快部署能防御对美国领土发动意外或蓄意的有限弹道导弹攻击的国家导弹防御系统。[①] 但 2000 年 9 月 1 日的试验失败后，克林顿宣布，在其任期内他不会批准部署国家导弹防御系统。克林顿政府一直坚持《反弹道导弹条约》是稳定的基石，并承诺努力加强条约的生存能力和有效性。[②]

小布什上台后，尤其是在“9·11”事件发生后，美国国内反对部署导弹防御体系的声音锐减，完全改变了克林顿政府的立场，积极主张部署一个能够保护美国、盟国和美国海外力量不受短程、中程和远程导弹袭击的防御系统。2001 年，布什政府上台伊始，便一再引人注目地表示美国将研制和部署国家导弹防御系统，并多次表示，如果《反弹道导弹条约》得不到修改，美国有可能退出该条约。8 月 23 日，布什总统又宣布，《反弹道导弹条约》禁止美发展导弹防御系统，阻碍了美国“维护和平”能力的发展，美国将按照自己的时间表，在认为方便的时候退出这一条约。“9·11”事件为美国部署导弹防御系统提供了良机。事件发生后，小布什政府更加强调建立国家导弹防御系统的重要性和迫切性，声称将以此保护美国及其盟国免受包括导弹袭击在内的各种形式的恐怖袭击。2001 年 12 月 13 日，小布什宣布美国将于 2002 年 6 月 13 日正式退出《反弹道导弹条约》。这是美国在现代史上首次退出一项重要国际协议。在 2002 年的美国国家安全战略中，布什宣称：“我们的敌人公开宣布他们正努力寻求大规模杀伤性武器，证据表明他们决心这样做。美国将不会允许这样的努力获得成功。我们将开发和部署针对弹道导弹和其他运载方式的防御系统。”[③]《反弹道导弹条约》本来是国际军控体系的核心支柱之一，是战略稳定的基石。美国的退出无异于动摇了这个迄今为止对维护国际安全仍然发挥关键作用的军控大厦的根基。但小布什以单边主义为指导，坚持退出 ABM 并部署导弹防御系统。2002 年 12 月 17 日，小布什总统命令部署 NMD，

① Matthew Mowthorpe, President G. W. Bush and Missile Defense in the Aftermath of 9/11, The Journal of Social, Political and Economic Studies, Vol. 29, No. 3, Fall 2005.

② The White House, *A National Security Strategy for a New Century*, December 1999, p. 7.

③ The White House, *The National Security Strategy of the United States of America*, September 2002.

根据美国政府的计划，到2004年，美国将建立有限导弹防御系统，防止来自朝鲜或中国的有限弹道导弹攻击和防止来自欧洲和中东的导弹威胁。

布什政府的行为引起了美国社会激烈争论。赞成者声称，与冷战时期确保相互摧毁和核威慑战略相比，建立反导系统不仅会使导弹所产生的威胁更小，而且会加强威慑力量并使敌对国家“不能够通过威胁发动导弹进攻敲诈美国、美国的朋友或盟国”，并削弱像伊朗和朝鲜开发、试验、生产和部署导弹的动机。[①] 甚至有人认为，如果不部署NMD，核扩散和美国的脆弱性就将极大地限制美国实现外交政策目标的能力。小布什政府的国防部部长拉姆斯菲尔德声称，如果不部署NMD，“西方国家在政策上的脆弱性会给予敌国把我们的人民当作核讹诈人质的能力”[②]。克林顿政府国防部副部长瓦尔特·斯洛科姆（Walter Slocombe）则断言：“如果不部署导弹防御系统，则潜在侵略者可能会认为威胁对美国城市进行打击能迫使美国不履行其义务。”[③] 也有学者认为，NMD将使美国在某种程度上能更自由地开展行动，并有能力使敌对国家在危机中退回去。[④]

反对者声称，导弹防御系统是挑衅性的，它是建立在对一个可疑发射在几分钟内实施打击的基础上，这在危机中会加剧紧张并可能导致误判进而发射导弹；导弹防御系统可能因为部署诱饵弹头而无用，还可能导致产生一种虚假的安全感；导弹防御系统将引起中俄的反对，这会使核裁军更加困难；部署导弹防御系统会耗费巨资，这将从合作安全计划中吸走巨额资金；导弹防御系统将引发外太空军备竞赛，刺激其他国家陆续加入；导弹防御系统不能应对来自潜在敌对国家或恐怖主义组织通过敞篷车、船只和商业飞机这些最可能的方式运载大规模杀伤性武器。还有批评者说，美

---

① Fact Sheet: U.S. State Department on U.S. Nonproliferation Efforts, 7 September 2001. http://usinfo.state.gov.

② Donald H. Rumsfeld, “Prepared Testimony to the Senate Armed Services Committee,” 21 June 2001, http://www.defenselink.mil/speeches/2001/s20010621 - secdef.html.

③ Walter Slocombe, The Administration's Approach, *Washington Quarterly*, Vol. 23, No. 3, Summer. 2000, p. 79；持同样观点的还有 Keith B. Payne, Post-Cold War Deterrence and Missile Defense, *Orbis*, Vol. 39, No. 2, Spring. 1995, pp. 201 - 223; and Paul Wolfowitz, Prepared Testimony on Ballistic Missile Defense to the Senate Armed Services Committee, 12 July, 2001, http://www.defenselink.mil/speeches/2001/s20010712 - depsecdef.html。

④ Robert Powell, *Nuclear Deterrence Theory, Nuclear Proliferation, and National Missile Defense*, International Security, Vol. 27, No. 4, Spring, 2003, p. 88.

国部署导弹防御系统会刺激核扩散，使更广泛的防扩散目标成为与恐怖主义作战短期目标的牺牲品。① 有观察家评论说，美国正在放弃对军备控制和防扩散的领导，美国寻求自由行动将促使其他国家（如俄罗斯）也同样自由行动，这将严重损害国际防扩散机制。②

毫无疑问，批评者和赞成者都能提供自己看来是令人信服的理由，赞成者更多是从加强美国及其西方盟国的安全这个角度看问题，忽视了其他国家同样合理的需求；批评者更多是从整个世界的和平与稳定这个角度看问题。批评者的立场更符合美国防止导弹等大规模杀伤性武器扩散的目的。要真正防止导弹等大规模杀伤性武器扩散，美国必须更多地从整个世界的未来而不是从美国及其西方盟国的立场出发采取政策。

奥巴马上台后，虽然一再表示要建立一个无核武器世界并在这一努力中发挥领导作用，但在部署导弹防御政策方面并没有实质性改变，仍坚持继续部署并进一步完善导弹防御系统，以应对来自敌对国家或恐怖分子的导弹袭击。2010 年 2 月，美国国防部发布的弹道导弹防御审查报告宣称：美国必须不断完善弹道导弹防御能力，以便与变化的威胁相适应。不仅如此，美国还将努力寻求扩大导弹防御的国际努力并发挥领导作用。③ 与小布什政府不同，奥巴马采取了一项分阶段、更具针对性和操作性的新反导系统方案。2011 年 4 月 15 日，美国进行了一次新的导弹防御系统试验，宙斯盾导弹防御系统首次成功地拦截了一枚射程超过 3000 公里的中程弹道导弹，这也是美国首次借助远距离地基雷达站收集到的导弹轨迹数据实施的拦截。美国国防部导弹防御局称，这是“迄今最具挑战性”的反导试验。军方正转向更为灵活的宙斯盾反导技术，以适应不断变化的威胁和“每个地区的地理特点”。如果美国继续进行反导系统试验，必将从根本上动摇世界力量平衡，这不能不引起世界其他国家，尤其是被美国看作潜在敌国的中国、俄罗斯等国的警惕。就目前而言，它们只有开发更多、更先进的战略武器来应对，果真如此，势必引起新一轮战略武器竞赛。

---

① Leonard Weiss, *The Nexus of Counterterrorism and Nonproliferation Policy*, Monitor, Winter, 2002, Vol. 8, No. 1, pp. 3 - 7.

② Jayantha Dhanapala, *Arms Control and Multilateralism: The Problem of Political Will*, presentation to Tenth Annual International Arms Control Conference-Conundrums in Arms Control: The New Millennium, Albuquerque, New Mexico, 14 - 16 April 2000.

③ Department of Defense, Ballistic Missile Defense Review Report, February 2010, pp. iii - iv.

导弹防御系统名为防御，实质上是美国发动先发制人军事打击或建立攻防兼备军事能力的基础。因此，建立和不断完善导弹防御系统，在一定程度上可能增加了进攻者的成本而有助于阻止导弹扩散，但也可能刺激其他国家更积极和更努力地寻求导弹和其他大规模杀伤性武器。因为从冷战后美国所发动的军事行动看，只有导弹等大规模杀伤性武器才可能阻止美国的军事入侵。因此，不仅是被美国称为“流氓国家”的国家会努力开发大规模杀伤性武器，而且，被美国看作潜在敌人的其他国家也将不得不开发和部署更先进的大规模杀伤性武器。其结果必然是使扩散越来越严重。

三、加强防导弹扩散出口控制机制建设

冷战时期，出口控制政策是美国遏制战略的基石。美国联合西方盟国实施出口控制，防止苏联集团获得西方的武器、技术或有助于增强社会主义国家国力的有关物资。冷战后，出口控制逐步由遏制社会主义国家的工具转变为防止大规模杀伤性武器、有关物资和技术扩散以及防止潜在敌国发展的重要工具。[①] 1994 年 11 月 14 日，克林顿总统发布第 12938 号行政命令，要求国务院、商务部、国防部及其他相关部门加强出口控制，防止大规模杀伤性武器及其运载工具的扩散危害美国国家安全、外交政策目标和经济发展。[②] 冷战后，美国极力加强防导弹扩散出口控制，这包括双边、多边和单方面行动。双边和多边行动将在第三节论述，这里只强调美国单方面行动。

1. 建立健全防扩散出口控制法律、法规和有关机构

法律、法规是有效的防扩散出口控制的基础。为防止大规模杀伤性武器扩散，冷战时期，美国就通过了一系列法律、法规。其中最重要的是武器出口控制法（AECA）和出口管理法（EAA）。

AECA 第七章要求总统对不恰当地出口受控制的导弹技术的美国人和外国人实施制裁。如果一个人不适当地转移导弹及其技术控制机制中的第

① 关于美国出口控制重点的转变，参阅崔丕：《美国的冷战战略与巴黎统筹委员会、中国委员会（1945—1994）》，中华书局 2005 年版；John Heinz, *U. S, Strategic Trade: An Export Control System for the 1990s*, West Press, 1991.

② Federal Register, Vol. 59, No. 220, 16 November1994.

二类物资或技术，在两年内，他/她将被美国政府拒绝给予与导弹装备或技术有关的合同，也将被拒绝发放导弹技术和装备的出口许可证。如果某个人不恰当地转移了第一类物资，AECA 要求至少进行为期两年的制裁，包括出口商将不能从美国政府得到任何合同，出口美国军火清单上的任何物资都将不会获得美国政府的出口许可证。该法还规定，在某些情况下，对于违反导弹出口控制规定的行为，总统可放弃制裁、实行例外条款和不采取行动。出口管理法的前身是出口控制法。1969 年，出口控制法被出口管理法取代。该法案 1979 年期满后，经修改一直沿用至今。1979 年的 EAA 要求美国控制与导弹有关的出口并对不恰当地转移导弹及其技术控制机制清单附件上两用物资或技术的外国人实施制裁。如果一个人不恰当地转移第二类物资或技术，他将在两年内不能获得导弹装备和技术出口的许可证。如果一个外国人对一个非核武器国家的导弹设计、发展或生产做出实质性的贡献，他将至少在两年内被禁止向美国出口其生产的任何物资。

冷战结束前后，适应新的安全形势的要求，美国不断完善有关导弹出口控制的法律、法规。1990 年 11 月 5 日，布什总统签署导弹技术控制法，法案把导弹及其技术控制机制禁运清单中的物资纳入美国出口控制法律。如在第 101 届国会上，导弹及其技术控制机制的第七章被加入武器出口法中，第六节（1）和 11B 被加入 1979 年出口管理法中，并要求提交年度报告，而武器出口管理法的第七章也修改过多次。2000 年，美国国会制定导弹制裁法案，明确规定对导弹扩散的行为进行制裁。同年，国会通过《伊朗防扩散法案》和 1992 年《伊朗 - 伊拉克武器防扩散法案》修正案，2006 年国会又通过《伊朗、朝鲜和叙利亚防扩散法案》。上述法律、法规是冷战后美国防止导弹扩散的基本依据。

在建立健全法律、法规的同时，美国政府还注重完善组织机构建设。导弹及其技术控制机制没有正式的执行机构，成员国只是在巴黎每个月举行一次技术专家会议和每年召开一次全体会议，所以，美国非常注重自身的组织机构建设。国务院的防务贸易控制理事会负责军火清单上物资出口的管理。根据武器出口控制法和国际武器交易条例，军火清单上与导弹有关的物资和技术都禁止出口。商务部的工业和安全局负责商品控制清单上那些既可用于民用，也可用于开发、试验或生产导弹的两用物资的出口控制。对于那些引起争议的导弹出口许可证，美国政府成立了一个由国务院官员任主席的导弹技术出口控制（MTEC）工作组负责进行审查；另外一个跨部门机构是由国务院国际安全和防扩散局局长任主席的导弹贸易分析小组（MTAG），当来自各部门的导弹技术情报出现分歧时，由该小组进行审查。国际安全和防扩散局还利用外交部门的有利地位说服各国不要开发导弹，劝说其他国家对导弹技术出口实施控制。国防部负责国际安全的助理国防部长也积极参与防导弹扩散政策的制定，此外，财政部也通过外国资产控制办公室对有关导弹物资出口实行控制。①

2. 加强执法和制裁

经济惩罚或制裁是全面的防扩散战略的一个基本工具。从理论上说，制裁不仅会增加供应者的代价，而且会鼓励外国政府实施更加负责任的防扩散措施，并确保其管辖范围内的各种实体不会帮助其他国家开发导弹等大规模杀伤性武器。冷战后，大多数希望获得导弹等大规模杀伤性武器的国家仍然严重依赖外国技术。A. Q. 汗地下核走私网络事件表明，许多国家正越来越多地采取各种办法获得导弹等大规模杀伤性武器。这也是试图获得导弹等大规模杀伤性武器的国家在技术上依赖国外的证据。美国情报机构的情报表明，各国主要是通过前线公司和非法的武器掮客获取用于开发导弹等大规模杀伤性武器的各种装备、敏感技术和两用物资。美国认为，如果加强执法和实施有效制裁，则美国能减缓甚至完全阻止这些国家开发和获得导弹。

在冷战时期，为遏制社会主义国家，美国向北约国家、以色列、韩国和中国台湾地区出口了许多导弹。20 世纪 80 年代以来，美国开始利用经济制裁或惩罚手段阻止导弹扩散。80 年代初期，美国主要是单方面对有助于外国导弹项目的两用技术和装备实施严格的控制。80 年代中期，国会议员开始关注导弹扩散。因为第三世界有明确的导弹开发计划，也因为在研究导弹防御系统时不得不考虑这个日益增长的威胁。如利比亚购买了苏联的导弹，而伊朗和伊拉克在彼此的战争中发动导弹攻击。印度 1980 年的导弹发射也促使里根政府在 1982 年对导弹技术转移采取新的多边控制。1982 年，英美非正式双边会谈开始。其他国家也先后加入谈判，1985 年，法国、德国、英国、意大利和美国达成关于导弹控制的临时协定，直到会谈达成关于导弹控制的共同方针。两年多后，即 1987 年 4 月

① Mary Beth Nikitin, Paul K. Kerr, *Proliferation Control Regimes: Background and Status*, Congressional Research Service, RL31559, 18 October 2010, p. 37.

才公布这个协定。但导弹及其技术控制机制一些成员国的许多公司和个人继续向阿根廷、巴西、伊拉克、埃及和其他国家转移物资和技术，援助它们的导弹发展计划。1987 年，美国还发现中国向沙特出口中程导弹。[1] 许多国会议员认为导弹及其技术控制机制应加强执行机制、增加成员并实施更严厉的控制。美国国会议员向第 101 届国会提出了一些法案，意在加强美国在导弹防扩散中的地位，包括对违反导弹及其技术控制机制指导方针的国家、公司和个人进行严厉的制裁，这获得国会两党议员的支持。布什政府官员坚持，总统已经有足够的权威申斥或制裁不恰当地转移导弹技术和物资的外国政府、公司和个人。虽然乔治·布什总统否决了 1990 年的出口管理法，其中包含导弹防扩散条款、化学和武器控制法，但在国会的压力下，他签署的防务授权法包含有几乎与导弹防扩散政策完全相同的内容。

冷战后，根据武器出口控制法和国际武器交易条例，美国不仅对导弹和导弹技术实行严厉的出口控制，而且对违反美国防导弹出口控制规定的行为实行严厉的制裁或惩罚。

加强防扩散出口控制执法力度。一是加强对涉及大规模杀伤性武器扩散的物资出口的许可证审查。以导弹及其相关技术和物资的出口控制情况为例，据美国商务部产业和安全局统计，2009 年美国商务部拒绝了 21 个涉及导弹和相关技术的出口许可证申请，退回的申请数为 370 个。2008 年相应数据分别为 12 个和 128 个。[2]

二是进一步加强对敌对国家和支持恐怖主义国家的出口控制。如根据《伊朗 - 伊拉克武器防扩散法案》，2004 年 4 月，美国对 13 家涉嫌扩散大规模杀伤性武器的外国实体或与伊朗进行导弹贸易的实体进行制裁，包括来自俄罗斯、白俄罗斯、中国和中国台湾、朝鲜和马其顿的实体。[3] 这表明，美国政府正努力利用美国的法律在尽可能大的程度和范围内推进防扩散目标。根据小布什政府的政策，美国国务院对出口到伊朗的几乎所有物资都实行严格审查，不仅对那些根据美国出口控制法应该进行控制的物资的出口实行审查，而且对那些潜在的能用于生产导弹等大规模杀伤性武器

---

① Richard T. Cupit, *Reluctant Champions; U. S. Presidential Policy and Strategic Export Controls*, Routledge, New York, London, 2000, p. 125.

② U. S. Department of Commerce Bureau of Industry and Security, 2010 Report on Foreign Policy-Based Export Controls, pp. 60 – 87.

③ Judith Miller, *Bush Puts Penalties on Nuclear Suppliers*, New York Times, 2 April 2004, A. 3.

的物资的出口实行审查。[①] 2009 年，美国商务部修订《出口管理条例》，加大对敌对国家的出口和再出口控制，要求向苏丹、叙利亚、索马里、朝鲜、利比亚、伊朗、伊拉克等国出口商品控制清单上的所有物资都需要许可证，同时，美国批准向上述国家出口的许可证数目非常少，2009 年向伊朗、朝鲜出口的许可证数目分别为 27 个和 23 个。[②] 奥巴马政府不断把被认为有大规模杀伤性武器扩散风险的实体纳入实体控制清单，严格禁止这些实体与美国进行任何贸易。2009～2010 年，先后有 192 个实体被美国加入实体控制清单。

三是加大对违反防扩散出口控制法律、法规行为的惩罚力度。2009 财年，美商务部对 33 个违反出口控制的个人和公司进行惩罚，罚款金额达 455409 美元，没收 150 万美元财产，对违反出口控制的人共判刑 886 个月。[③] 对于违法向支持恐怖主义国家出口敏感物资的人，则给予严厉处罚，如 2010 年 8 月 27 日，美国佛罗里达州地区法院以“向伊朗出口美国生产的导弹零部件”之罪名，判处中国台湾人凯文·陈三年半监禁。美国以中国向巴基斯坦转移导弹为由，于 1991 年和 1993 年对中国公司实施制裁，同时，以中国向伊朗转移导弹为由，于 2001 年、2003 年和 2004 年对中国公司实施制裁。以俄罗斯向印度和伊朗转移导弹为由，于 1992 年和 1999 年对俄罗斯公司实施制裁，从 1998 年到 2004 年，几乎每年都以朝鲜公司向伊朗、叙利亚和巴基斯坦转移导弹为由，对朝鲜公司实施制裁。[④]

四是加强对潜在敌国的出口控制。中国和俄罗斯被美国视作潜在对手或敌人。下面以中国为例说明美国是如何加强对中国的出口控制的。冷战后，由于苏联的崩溃和中国国力的持续快速增长，美国国家安全战略开始毫不隐讳地把中国看作未来潜在的敌人。中国成为美国出口控制关注的焦点，严格控制向中国出口高新技术产品，规定向中国的出口不得被用于发展军事力量。行政部门严格限制向中国的出口。美国国务院负责不扩散控

① John R. Bolton, *Bush Administration's forward Strategy for Nonproliferation*, Chicago Journal of International Law, Vol. 5, No. 2, 2004 – 2005.

② U. S. Department of Commerce Bureau of Industry and Security, 2010 Report on Foreign Policy-Based Export Controls, pp. 60 – 87.

③ U. S. Department of Commerce Bureau of Industry and Security Annual Report to the Congress for Fiscal Year 2009, p. 8.

④ Dinshaw Mistry, Mark Smith, Negotiating Multilateral Instruments Against Missile Proliferation, *International Negotiation* Vol. 10: 425 – 451, 2005.

制事务的代理副助理国务卿范恩·范·迪彭2002年1月在美-中委员会上说："中国是我国出口管制政策的重点，因为中国是一个日益强大的地区性军事强国，本届政府对两用品和军品实行严格的出口管制，目的是不使中国或其他国家的核武器、导弹、化学和生物武器以及其他值得关注的军事项目从中获益。"他透露，1989年以来向中国出口的军用物资极少，在政策方面，美国于2000年2月决定否决对中国的卫星许可证给予豁免，2001年9月，又禁止在两年内向中国出口任何被列入"导弹技术控制制度附件"中的物资。[①] 立法部门也采取措施，严厉限制向中国出口。1999年财年的国防授权法规定，任何对中国出口的受导弹技术控制制度管制的项目必须首先获得总统的认可，确保出口不会对美国的空间发射工业造成危害，而且不会使中国的导弹或空间发射能力获得"重大改善"。布什上台后，表示将继续执行上述规定。2005财年的国防拨款授权法案再次要求关键军事技术清单中所有物资的出口都需要申请出口许可证、限制对中国的出口。不仅如此，美国还迫使其他国家不得放松对中国的出口控制，当欧盟决定废除对中国的武器禁运法案时，布什政府和一些议员威胁说，欧盟的行为将危害美欧之间的技术分享计划。[②] 美国商务部代理副部长在第八次国家出口控制论坛上明确表示："我们将不会批准任何有助于促进中国军事现代化的出口。我们将继续支持对中国实行的武器禁运并敦促欧洲盟国也这样做。"也正是在美国的压力下以色列取消了中以军事技术合作项目。美国加强与盟国的交流和加强对潜在敌国控制的趋势将越来越强，越来越明显。

第三节 冷战后美国防导弹扩散的双边和多边行动

美国在国内加强防止导弹及相关技术扩散政策和措施的同时，也努力

① China the Focus of U.S. Export Control Policy, Official Says, http://www.usconsulate.org.hk/uscn/2002.htm. Export 17 January 2002.

② Sharon Weinberger, Industry, Government Make Renewed PushTo Change U.S. Export Control Regime. Aviation Week & Space Technology, 16 July 2006.

加强双边和多边行动，竭力促使其他国家和国际组织接受美国的导弹出口控制标准，建立美国化的国际防导弹及相关技术出口控制。

美国政府特别重视国际多边出口控制机制在防导弹扩散中的作用。1996 年 7 月，美国总统武器扩散政策咨询委员会提交报告说："美国政府的首要任务是用更多的资源继续努力争取国际社会就出口控制机制达成一致，以对那些被挑选出来的常规武器和技术的出口实行控制。国家、国际和地区安全以及军备控制的根本原则必须建立在一致同意的基础上。"报告认为："要实现防扩散的全部目标，常规武器控制和技术转移控制必须变得更加重要，要成为美国外交和国防政策的一部分。"2002 年的与大规模杀伤性武器战斗的国家战略也规定，为防导弹及其相关技术扩散，美国应加强导弹及其技术控制机制。[①] 具体而言，冷战后，美国防导弹及其技术扩散的多边措施包括以下几个方面。

一、导弹及其技术控制机制（MICR）

导弹及其技术控制机制是当今世界上唯一的防止导弹扩散的多边机制。根据美国国务院的说法，自导弹及其技术控制机制成立以来，美国一直努力支持把成员国扩大到那些同意国际防扩散标准的国家，实行有效的出口控制，促使它们放弃进攻性弹道导弹计划。[②]

20 世纪 80 年代以来，不仅导弹扩散日益严重，而且在战争中被大规模使用，如在两伊战争中，伊朗和伊拉克都用导弹袭击彼此的城市。美国开始改变以前向盟国和友好国家出口导弹的政策，[③] 转而关注导弹扩散及其对美国的威胁。经过漫长谈判，1987 年 4 月 16 日，西方 7 国——美国、加拿大、法国、西德、意大利、日本、英国创立了导弹及其技术控制机制（MTCR）。导弹及其技术控制机制成员国每个月轮流在驻巴黎大使馆举行代表会议、技术专家会议（包括信息交换），一年召开一次全体会议。作为供应方技术控制组织，导弹及其技术控制机制成员国禁止向地区强国出

① National Strategy to Combat Weapons of Mass Destruction, December 2002, p. 4.

② U. S. Department of State, Reprint of White House Press Release, Non-Proliferation and Export Control Policy, 27 September 1993.

③ 冷战时期，美国向北约国家、韩国、中国台湾和以色列出口了射程为 30 公里的鱼叉导弹和射程为 40 公里的火箭。

口导弹和导弹技术，以阻止弹道导弹、巡航导弹、火箭和能运载大规模杀伤性武器的无人飞行器的扩散。该机制建立在下述假设基础上，即如果主要生产者同意对用于生产导弹的装备和技术的出口进行控制，其他国家获得和开发导弹是能够被迟滞的，并使其的获得更困难和花费更昂贵。导弹及其技术控制机制是一个非正式机制，不是条约，各国同意遵守共同的出口政策，各伙伴国把指导原则作为国家政策并负责限制它们自己的与导弹有关的转移；另外，各国交换有关出口许可证的信息。与禁止拥有核武器的 NPT 和呼吁消除化学武器的 CWC 不同，导弹及其技术控制机制不是有法律约束力的条约，而是一个非正式的供应方出口控制机制，它关注的焦点是出口控制。根据其指导原则，成员国把本国的出口控制立法与其他成员国的法律相协调。导弹及其技术控制机制有三个基本缺点，即没有普遍性、准则没有法律约束力、没有国际机构监督实施，它既没有独立的方式核查各国是否遵守或违反条约，也没有独立的手段监督或强制执行其指导原则。因此，一些分析家指出，导弹及其技术控制机制不能控制他国获得或生产导弹，也不能阻止非成员国出口导弹和技术。而且，一些成员国有时对它们自己的弹道导弹和巡航导弹技术出口也没有施加控制。也有分析家说，与导弹有关的技术进步将对导弹及其技术控制机制未来阻止导弹扩散的能力提出挑战。尽管如此，更多的分析家认为，MTCR 成员国都加强了出口控制法和出口控制程序，导弹及其技术控制机制已很好地阻止了许多国家的导弹开发。

冷战后，导弹及其相关技术扩散对美国国家安全利益造成的威胁日益增加。美国政府认为，只要主要生产者同意对用于生产导弹的装备和技术的出口进行控制，就能够迟滞他国获得和开发导弹，并使其开发和获得导弹更困难和费用更昂贵。因此，美国寻求谨慎地扩大导弹及其技术控制机制成员。[①] 克林顿总统在 1993 年 9 月 27 日的联大讲话中说，美国将寻求加强导弹及其技术控制机制的基本原则，其途径是把它从一个 25 个国家达成的关于技术转移协议转化为一套所有国家共同遵守的规则。[②] 冷战后，美国政府不断说服或鼓励拥有导弹或生产导弹技术的关键国家成为该

① The White House, *A National Security Strategy of Engagement and Enlargement*, February 1995, pp. 13 – 14.

② U. S. Department of Energy, Los Alamos National Laboratory, The University of Georgia, U. S. -NIS Dialogue on Nonproliferation Export Controls: A Conference Report. 22 November 1993.

机制成员国。1987年，导弹及其技术控制机制的成员国仅仅是西方7国，1989～1990年，西班牙、比利时、卢森堡、荷兰、澳大利亚、丹麦、新西兰、挪威加入，成员国为15个；1991年，奥地利、瑞典和芬兰加入，成员国达18个；1992年，葡萄牙、瑞士、爱尔兰、希腊加入，有22个成员国；1993年，冰岛、阿根廷、匈牙利加入，有25个成员国；1995年，俄罗斯、南非和巴西加入，有28个成员国；1997年，土耳其加入；1998年，捷克、波兰和乌克兰加入，成员国达32个；2001年，韩国加入；2004年，保加利亚加入，成员国达34个。成员国数目至今仍维持不变。导弹及其技术控制机制已经从西方工业国家的一个小的组织转化为包含更多国家的组织。

在1994年和1998年7月（印度与巴基斯坦进行核试验后）以及2000年11月，中国先后三次重中要限制导弹转移；中国还加强了对导弹的出口控制，制定新的法律和成立新的机构监督与导弹等大规模杀伤性武器有关的技术和物资出口。2002年8月，中国公布了与导弹及其技术控制机制控制清单非常相近的导弹出口控制清单。2002年9月到2003年9月在美国担任导弹及其技术控制机制轮流主席国期间，与中国举行了两次技术会议。中国在2004年9月表示愿意正式承担导弹及其技术控制机制成员国义务。但美国政府出尔反尔，在2004年10月的导弹及其技术控制机制全体会议上，由于美国的坚决反对，中国未能加入导弹及其技术控制机制。美国的意图很清楚，就是既要中国承担全面遵守导弹及其技术控制机制的义务，又不愿意因为中国加入导弹及其技术控制机制而获得某些技术上的好处。这是典型的霸权主义，也是典型的歧视性政策，是冷战思维的具体表现，是美国在国际政治中以意识形态画线的结果。很明显，这样的防止导弹扩散政策是注定难以防止导弹扩散的。尽管由于美国的反对中国没能加入导弹及其技术控制机制，但中国仍同意单方面遵守导弹及其技术控制机制指导原则，2008年2月，中国政府再次重申承担导弹及其技术控制机制的义务。

除34个成员国外，还有许多非伙伴国，如中国、印度、以色列、罗马尼亚、斯洛伐克表示，它们将根据导弹及其技术控制机制的要求，遵守导弹及其技术控制机制的指导原则，限制自己的导弹装备和技术的转移。显然，经过20多年的努力，导弹及其技术控制机制不仅大大扩大了控制的范围，而且，毫无疑问也大大提高了控制的效率。

到21世纪初，除朝鲜外的所有导弹技术的主要供应者都加入了导弹及其技术控制机制或已经接受了导弹及其技术控制机制的指导原则。2002年，92个国家签署了控制导弹贸易国际行动法规。虽然导弹及其技术控制机制阻止了许多导弹部件、技术、生产装备转移到寻求开发导弹的国家，但还是有许多国家继续拒绝接受导弹及其技术控制机制的标准，而且它并未能防止中东、南亚和东北亚的国家拥有短程导弹，未能防止以色列、印度、巴基斯坦、伊朗和朝鲜开发中程弹道导弹。

二、推动海牙反弹道导弹扩散行动指南（HCOC）实施

许多国家没有加入导弹及其技术控制机制，而其中一些国家坚持保留它们获得、发展、部署和出口导弹的权利，同时，控制可用于民用航空、民用空间发射和一般工业的两用技术又特别困难。1998年朝鲜试射导弹凸显了导弹扩散的严重性，这进一步促使美国和国际社会开始考虑制定国际准则阻止导弹扩散。因此，从1999年开始，导弹及其技术控制机制成员国就反弹道导弹扩散的国际行动准则（ICOC）进行谈判。经过1999年10月在荷兰召开的导弹及其技术控制机制全体会议和2000年3月在德国召开的全体会议以及与非导弹及其技术控制机制成员国的会议，最终，在2000年10月赫尔辛基全体会议上，导弹及其技术控制机制成员国就反弹道导弹扩散的国际行动准则（ICOC）草案达成一致。此后，导弹及其技术控制机制成员国与非成员国经过2001年9月举行的渥太华会谈、2002年2月的巴黎会谈和2002年7月的马德里会谈，最终ICOC于2002年11月25日在海牙正式生效，行动准则包括广泛的原则、一般义务和适当的建立信任措施。由于该准则是在海牙通过的，一般又称为海牙反弹道导弹扩散行动准则（HCOC），该准则生效时，有93个签字国。2004年10月27日，联合国裁军和国际安全第一委员会批准了关于HCOC的决议草案，联大也声明，欢迎国际社会达成反弹道导弹扩散的行动准则，并邀请所有国家批准。[①] 此后，更多国家陆续加入，到2007年12月11日，有127个国家在行动准则上签字。[②] 到2008年，有128个签字国。

---

① Amy F. Woolf, *Arms Control and Nonproliferation Activities: A Catalog of Recent Events*, CRS Report for Congress, Order Code RL30033, Updated 19 January 2006, p. 57.

② Hague Code of Conduct Against Ballistic Missile Proliferation, http://www.bmeia.gv.at/fileadmin/user_upload/bmeia/media/test/List_of_HCOC_Subscribing_States_01.pdf.

HCOC 不是条约，而是一套“根本的行为准则和防止导弹扩散的合作框架”，意在“防止和阻止能运载大规模杀伤性武器的弹道导弹系统的扩散”，要求各成员国“尽最大可能限制能运送大规模杀伤性武器的开发、部署和试验”。各成员国同意不对那些被怀疑从事开发大规模杀伤性武器的国家的弹道导弹计划提供援助。它要求各成员国在援助其他国家可能用于弹道导弹项目的太空发射计划上保持必要警惕。从根本上讲，这是一个加强透明性和建立信任的机制，它呼吁各国实行更透明的导弹政策，要求各个成员国就自己的导弹和太空政策每年发表年度公告，说明其弹道导弹政策，并要求各国在它们的弹道导弹和空间探测器发射前进行通报。美国认为这样的通报是可行的，因为通报和年度报告是建立在美俄在发射前预先通报系统的基础上，该系统是根据美俄联合数据交换中心的要求建立的。[①] 但这个中心还没有建立起来，因此，美国没有在发射前发布通报，美国声称，美国的政策是当美俄联合数据交换中心建立后就这样做，俄罗斯自 2004 年以来就开始在发射前预先通报。由于美国没有采取同样的行动，俄罗斯从 2008 年 1 月 1 日起停止在导弹试验前发布通报。[②]

美国把 HCOC 看作“各国用于阻止扩散威胁的工具的重要补充”，而不是试图取代导弹及其技术控制机制。[③] 它没有正式的秘书处或实施机构，根据导弹及其技术控制机制的模式运作，在奥地利外交部设有联络处，各签字国每年在维也纳召开年会，讨论包括发射导弹前发布通告和各国每年就太空、弹道导弹政策发表年度公告等实施问题，即发射导弹前发布通告包括弹道导弹或空间发射装置的信息、计划发射窗口、发射区域和发射方向。[④] HCOC 是一个非正式组织，也缺乏有效的查证机制和惩罚措施，因此，对太空、弹道导弹政策发表年度公告的规定执行得也不好，到 2003 年 11 月，只有 20 个国家提交了年度公告。

---

① Paul Kerr, *Code of Conduct Aims to Stop Ballistic Missile Proliferation*, Arms Control Today, January/February 2003.

② Wade Boese, “Russia Halts Missile Launch Notices,” *Arms Control Today*, March 2008.

③ John R. Bolton, *Remarks at the Launching Conference for the ICOC*, The Hague, The Netherlands, 25 November 2002. http://www.state.gov/t/us/rm/15488.htm.

④ http://www.fas.org/asmp/resources/govern/ICOC-6January2004.html.

三、通过导弹及其技术控制机制推行美国式导弹出口控制政策

冷战后，美国越来越多地利用各种多边或双边国际组织防止大规模杀伤性武器扩散。在防止导弹及其相关技术扩散方面，这一点表现得非常明显。这一做法的实质是通过导弹及其技术控制机制实现在各国推行美国防导弹扩散政策的合法化。是美国霸权的表现，也是美国推行美国化的出口控制制度的表现。

推行美国化出口控制制度的表现之一，是不断更新导弹及其技术控制机制指导原则。导弹及其技术控制机制建立的基础是如果主要生产者同意对用于生产导弹的装备和技术的出口进行控制，他国获得和开发导弹是能够被迟滞的，并使其获得和开发变得更困难和费用更昂贵。在这方面，导弹及其技术控制机制不同于核武器、生物武器和化学武器防扩散机制。导弹及其技术控制机制没有条约支持，没有一个国际组织来查证。导弹及其技术控制机制只是一套由各成员国共同遵守的出口控制指导原则。因此，适应技术发展的要求，不断更新指导原则对于防止导弹扩散就显得尤其重要。根据导弹及其技术控制机制指导原则，具体的受限制的导弹技术和装备被分为两类：第一类是最敏感的物资，包括完整的火箭系统和能载荷500公斤、射程达到300公里或更远距离的无人空中运载系统（UAV），应坚决反对这样的物资出口；第二类不那么具有敏感性，能用于生产导弹和UAV的其他零部件、装备、物资和技术，以及与导弹零部件有关的两用物资等，对于第二类物资，其出口有一定程度的灵活性。分析家相信，导弹及其技术控制机制减缓了巴西和印度的导弹发展，阻止了阿根廷、埃及、伊拉克的导弹项目合作，消除了南非和匈牙利的发展导弹计划。分析家指出，导弹及其技术控制机制不能阻止朝鲜、伊朗、叙利亚、印度、巴基斯坦获得和生产导弹，也不能阻止非成员国出口导弹和技术。它也很难限制成员国出口弹道导弹和巡航导弹技术——俄罗斯向伊朗出口技术，英国向沙特出口技术。导弹及其技术控制机制1987年成立的时候，各成员国制定了指导原则，要求每个成员国对那些能提供或帮助接受国开发运载500公斤弹头、射程达到或超过300公里的导弹的装备或技术转移（包括无形转移）实施控制。为什么仅仅禁止载荷超过500公斤的导弹出口呢？

因为早期相对原始的核弹头的重量大约为500公斤。随着技术的发展，弹头重量越来越小，越来越多的国家有能力制造导弹。如除美国外，其他符合导弹及其技术控制机制门槛标准的国家有阿富汗、阿尔及利亚、亚美尼亚、白俄罗斯、保加利亚、中国、埃及、法国、伊朗、伊拉克、以色列、利比亚、朝鲜、巴基斯坦、罗马尼亚、俄罗斯、沙特阿拉伯、斯洛伐克、叙利亚、乌克兰、阿拉伯联合酋长国、英国、越南和也门等国。如果继续以500公斤的规定作为出口控制的门槛值，显然会促成导弹扩散。

导弹及其技术控制机制指导原则自1987年以来很久都没有修订过。冷战后，成员国开始考虑修改。在1991年3月的东京会议上，各成员国考虑修改，但最终没有生效。在1991年11月的华盛顿会议上导弹及其技术控制机制成员国决定修改附件和控制清单。在1992年6月的奥斯陆会议上成员国同意对能运载任何载荷的大规模杀伤性武器的导弹的生产进行监督，而不是以前规定的500公斤。但这一修订也没有生效，直到1993年1月，导弹及其技术控制机制成员国最终修改了指导方针，要求成员国限制任何导弹或技术的出口，如果该成员国判断这种导弹将被用来运载大规模杀伤性武器（核武器、生物和化学武器），而无须考虑其有效载荷是多少。这样，有效载荷低于500公斤的导弹也属于导弹及其技术控制机制的指导原则中限制出口的。这就是所谓的全面控制（catch-all）条款。在1994年10月的斯德哥尔摩全体会议上，为防止某一个国家或某几个国家遵守协议，而其他国家不遵守协议，允许相关导弹出口的现象出现，导弹技术及其控制机制成员国达成新的协议。根据这一多边协议，在收到导弹技术及其控制机制中的一个成员国拒绝出口某项物资的通知后，其他成员国有义务不批准类似的出口申请。[①] 从技术层面讲，上述两个措施不仅扩大了纳入出口控制范围的导弹，而且建立了彼此联动的导弹出口控制规则，从而非常有利于防止导弹扩散。

在20世纪90年代，导弹及其技术控制机制和美国关注的焦点是尽可能让其他国家加入机制，扩大机制成员，虽然产生了积极效果，但其副作用也随着时间的推移而逐步显现，机制很难集中关注两用技术上的发展变化。这样，到20世纪90年代末，机制技术附录上的许多物资都过时了，

---

① Weekly Compilation of Presidential Documents, 24 March 1995 (Washington D. C.: U. S. Government Printing Office, 1995), 31: 450 - 452.

需要修订。进入21世纪后，导弹及其技术控制机制全体会议关注的焦点是升级出口控制的技术附件、完善组织、开展各种行动和建立导弹信任措施。在升级出口控制的技术附件方面，2002年，导弹及其技术控制机制全体会议修改了出口控制清单；2003年，导弹及其技术控制机制全体会议重申实施全面控制，对那些不属于控制清单，但与导弹开发计划有关的物资也实行出口控制。与此前的全体会议不同的是，2002年和2003年的全体会议把防止恐怖分子获得导弹技术作为导弹及其技术控制机制的重要目标。关于组织问题，在一定意义上，导弹及其技术控制机制为情报、海关政策和技术附录这三个问题确立了更重要的地位，强调就这三个问题展开行动时保持一致性。2004年10月，导弹及其技术控制机制在韩国召开第19次全体会议，会议对南亚、中东和东北亚的导弹扩散表示严重关切，各国重申阻止导弹扩散的决心。①

推行美国化出口控制制度的表现之二是加强导弹及其技术控制机制供应方出口控制。从20世纪90年代中期以来，美国一直试图通过阻止导弹技术转移来加强导弹及其技术控制机制成员国的出口控制。在1996年10月的爱丁堡导弹及其技术控制机制全体会议和1996~1998年的导弹及其技术控制机制工作组会议上，都讨论了导弹技术转移问题，各国同意继续就与导弹有关的地区紧张问题交换看法，各国还认识到控制导弹技术转移而不损害合法贸易的重要性，并承认需要通过与机制外国家的合作来加强机制。美国当时还制订了未来通过导弹及其技术控制机制进一步防止导弹扩散的计划，包括继续与导弹及其技术控制机制其他成员国共同努力，使导弹及其技术控制机制在与扩散威胁进行的战斗中更有效；把重点放在地区导弹不扩散方面；增加机制对非成员国的透明性。② 1997年，导弹及其技术控制机制在东京召开全体会议，会议强调导弹出口问题，讨论了机制伙伴国未来的政策和加强出口控制清单的建议，并决定建立一个信息共享平台。③ 在1998年的导弹技术及其控制机制技术专家会议上，美国说服成员国"原则上"就导弹技术及其控制装备和技术附件达成协议并尽可能快地

---

① CRS Report for Congress, Order Code RL30033, Amy F. Woolf, Arms Control and Nonproliferation Activities: A Catalog of Recent Events, Updated 19 January 2006, p. 56.

② ACDA Annual Report (1996).

③ Gennady Khromoy, *The Threat Of Cruise Missile Proliferation Requires Urgent Coordinated Actions*, The Monitor, Vol. 3/4. No. 4/1, Fall 1997/Winter 1998, p. 3.

加以实施的决定，这使导弹技术控制更透明，以确保所有成员国公正执行多边协议。[①] 同时，美国也使导弹技术及其控制机制同意对能够播撒生物武器和化学武器的无人驾驶飞行器进行控制，而在此前，导弹技术及其控制机制只是集中关注有效载荷超过500公斤的远程导弹。朝鲜和伊朗1998年发射导弹表明了国际防导弹扩散机制的欠缺，因此，在1999年的导弹及其技术控制机制全体会议上，美国支持制定全球防导弹扩散行动准则。[②]

"9·11"事件极大影响了美国国家安全战略，更直接影响了美国防导弹扩散政策。"9·11"事件后，美国大大提高了防止导弹等大规模杀伤性武器扩散在国家安全战略中的地位，赋予其极大优先性。"9·11"事件后，美国要求各国实施紧急控制，防止导弹扩散，尤其要防止便携式防空导弹落入恐怖分子之手。2001年9月，导弹及其技术控制机制在加拿大渥太华举行第16次全体会议，审查过去的行动并加强防导弹扩散努力。会议指出，"9·11"恐怖袭击事件进一步突出了导弹及其技术控制机制防止导弹扩散的重要性。会议重申了出口控制在防止导弹扩散中的重要作用，指出需要进一步加强出口控制，更需要严厉实施出口控制，同时，应努力使出口控制与技术发展状况相适应。成员国认真讨论了指导原则、全面措施、彼此合作和建立信任等，各国同意由导弹及其技术控制机制起草防导弹扩散国际行动准则，为使该准则未来能为所有国家接受，会议建议在平等基础上，所有国家都参与透明的和全面的谈判。[③] 该准则包括一套广泛的原则、全面的义务和适当的建立信任的措施。为防止更多国家加入后干扰导弹及其技术控制机制的运行和美国作用的发挥，美国国务院官员在2002年2月8日的例行记者招待会上重申了导弹及其技术控制机制的性质，该官员说，准则是一个自愿性质的政治义务，而不是条约，它将对所有国家开放。[④] 为阻止利比亚开发导弹和核武器，2004年，导弹及其技术控制机制负责人就利比亚放弃大规模杀伤性武器

---

① U. S. Department of Commerce, Export Administration Annual Report Fiscal Year 1998, p. 35.

② Speech by Acting Under Secretary Peter Lichtenbaum 8th National Forum on Export Controls, 28 April 2005, http://www.bis.doc.gov/news/2005/USNationalForum.htm.

③ Fact Sheet, Bureau of Nonproliferation, Washington DC, 25 September 2001, http://www.state.gov/t/isn/rls/fs/2001/5310.htm.

④ Taken Question for February 8, 2002 Daily Press Briefing, http://www.state.gov/r/pa/prs/ps/2002/7928.htm.

和弹道导弹计划进行了讨论，导弹及其技术控制机制的核查人员获准进入与开发导弹有关的地点进行现场核查，同时就利比亚建立出口控制程序进行了讨论。①

奥巴马上台后，也非常重视充分发挥导弹及其技术控制机制在防止导弹及其技术扩散方面的作用。根据美国倡议，在 2009 年的年度大会上，导弹及其技术控制机制讨论了与伊朗和朝鲜开发导弹直接相联系的出口控制问题，强调采取全面和有效的出口控制措施以及实施安理会关于防止伊朗和朝鲜开发导弹决议的重要性。同时，导弹及其技术控制机制召开技术专家会议，把有关用于制造导弹的物资纳入出口控制清单。②

除充分利用导弹及其技术控制机制外，美国也注意利用其他国际多边组织防止导弹扩散。适应美国把战略重点转移到打击恐怖主义和防止恐怖分子利用导弹等大规模杀伤性武器发动恐怖袭击的转变，美国把防止恐怖分子获得武器和两用物资作为目的之一，特别强调防止恐怖分子获得和使用便携式防空导弹。③ G8 自成立伊始，就在防止导弹等大规模杀伤性武器扩散方面发挥重要作用。在 2002 年 6 月峰会上，G8 通过了阻止恐怖主义分子获得大规模杀伤性武器及相关材料的基本原则：对那些能用于开发和制造大规模杀伤性武器和导弹的物资继续实行出口控制。④

四、发起新的多边行动，防止导弹扩散

2001 年“9·11”事件深刻地影响了美国的防扩散政策。2002 年 9 月的美国国家安全战略要求采取“先发制人的反扩散措施”和“加强防扩散措施”⑤。2002 年 12 月的与大规模杀伤性武器扩散战斗的国家战

① CRS Report for Congress, Order Code RL30033, Amy F. Woolf, Arms Control and Nonproliferation Activities: A Catalog of Recent Events, Updated 19 January 2006, p. 56.

② U. S. Department of Commerce Bureau of Industry and Security, Fiscal Year 2009 Annual Report, pp. 12 - 13.

③ Michael Lipson, *Nonproliferation Export Control and World Order: Globalization, Security, and the State*, Paper prepared for presentation at the annual meeting of the Midwest Political Science Association, Chicago, Illinois, 15 - 18 April 2004.

④ Amy F. Woolf, Paul K. Kerr, and Mary Beth Nikitin, *CRS Report for Congress*, *Arms Control and Nonproliferation: A Catalog of Treaties and Agreements*, RL33865, 9 April 2008.

⑤ National Security Strategy of the United States of America, September 2002, p. 14.

略就应对导弹等大规模杀伤性武器扩散提出了更详细的措施。该战略明确指出："美国、我们的盟国和广大国际社会必须采取有效措施防止各国和恐怖分子获得大规模杀伤性武器和导弹。"为有效防止导弹及其相关技术扩散，该战略在要求"加强导弹及其技术控制机制"的同时，也要求实施双边和多边协议来阻止导弹扩散。① 这样，冷战后，尤其是小布什上台以来，美国政府在通过既有国际双边或多边组织，尤其是导弹及其技术控制机制防止导弹扩散的同时，也发起一系列行动和倡议或经常利用其他多边机制或论坛来防止导弹等大规模杀伤性武器扩散。

为防止大规模杀伤性武器扩散，2003 年 5 月 13 日，在美国入侵伊拉克后，美国提出了防扩散安全倡议（PSI），它表明美国对与大规模杀伤性武器扩散进行战斗的政治支持将转化为行动，以便在不创设正式组织或机构的情况下获得具体的安全利益。其主旨是拦截大规模杀伤性武器及其运载系统和技术的转移。所谓拦截行动就是使敌对国家和恐怖主义组织不能获得大规模杀伤性武器及其相关物资和技术，这是反扩散战略的一个关键组成部分，目前反扩散战略扩大到包括采取先发制人的打击，以阻止、破坏、延迟或摧毁扩散能力。② 各国同意采取包括在经过各国陆地、领海和领空时查封并扣押相关物资的措施。PSI 的原则是"全面遵守各国法律、有关国际法和制度框架"。2003 年底，PSI 参与国在巴黎召开会议，通过并决定遵循上述原则。③ 美国副国务卿表示："PSI 的原则是加强政治意愿、合作和法律框架……阻止扩散者扩散能力的增强。该原则承认，每个主权国家都有国家权力和能力广泛使用它们，包括与国际合法当局联合以及具有相同目的或意向的国家进行合作，以对扩散贸易施加有效的压力。"④ 安理会第 1540 号决议批准了 PSI 的目标。

为有效防止导弹及其相关技术扩散，PSI 经常举行联合拦截行动，检

---

① National Strategy to Combat Weapons of Mass Destruction, December 2002, pp. 10 – 15.

② Craig H. Allen, *PSI Report*, *Maritime Counterproliferation Operations and the Rule of Law*, PSI Report, Praeger Security International, 2007, p. 28.

③ Andrew Feickert, *Missile Survey*: *Ballistic and Cruise Missiles of Foreign Countries*, Updated 5 March 2004, Order Code RL30427, DNSA, WM00601.

④ Paul I. Bernstein, *International Partnerships to Combat Weapons of Mass Destruction*, Center for the Study of Weapons of Mass Destruction Occasional Paper 6, National Defense University Press, Washington D. C., May 2008, p. 4.

查或拦截可疑的运载导弹或相关物资的船只。2003 年 9 月，根据美国的倡议，在太平洋进行了一系列名为“太平洋保护者”（Pacific Protector）的海上拦截演习。美国宣称 PSI 并不针对某一特定国家。但实际上，它是对朝鲜日益增加的导弹出口和对相关国家的技术援助做出的反应。① 2004 年 9 月到 2005 年 5 月，美国与 PSI 中的 11 个国家合作，多次拦截与涉嫌开发弹道导弹有关的物资和装备的交易，其中就包括拦截准备运到伊朗的与其开发导弹有关的物资。② PSI 伙伴国还与其他国家合作，防止伊朗获得与开发导弹和其他大规模杀伤性武器有关的物资和技术。③

PSI 及其实施遇到很多法律问题，PSI 成员国经常召开全体会议、专家会议讨论演习和实际拦截过程中遇到的问题。专家会议不仅有成员国的代表参加，而且经常有来自非成员国的代表参加。2003 年 6 月在马德里召开的第一次会议上，美国代表敦促各成员国共同努力，防止大规模杀伤性武器和导弹运载系统的进口或出口。④

第四节　美国反导弹扩散的后果及其原因

一、冷战后美国防导弹扩散的后果

冷战后，在美国和国际社会的共同努力下，防导弹扩散确实阻止了一些导弹扩散，取得了很大成绩。对此，美国国家情报委员会说，到 2001 年克林顿离开白宫前，俄罗斯的战略导弹已经削减到大约 1000 枚，所携带的核弹头大约为 4500 枚，远低于苏联时代，也提前实现了第一

① Andrew Feickert, *Missile Survey*: *Ballistic and Cruise Missiles of Foreign Countries*, Updated 5 March 2004, Order Code RL30427, DNSA, WM00601.

② Kerry Boyd, *Arms Control Association*, Briefing Paper on the Status of Biological Weapons Nonproliferation Updated May 2003.

③ Non-Proliferation: U. S. Seeks to Expand Non-Proliferation Cooperation, Foreign Policy Bulletin, Spring, 2006, pp. 109 - 114.

④ Craig H. Allen, *Maritime Counterproliferation Operations and the Rule of Law*, PSI Report, Praeger Security International, 2007, p. 52.

阶段《削减战略武器条约》的要求。[①] 美俄于 2010 年 4 月 18 日签订新的《削减战略武器条约》，进一步削减了双方的战略导弹力量。该条约把两国的战略核弹头限制在 1550 枚，部署的洲际弹道导弹限制在 700 枚，部署与库存的洲际弹道导弹和潜射弹道导弹发射器、部署的和未部署的能携带核武器的重型轰炸机总数不超过 800 具。在第一阶段《削减战略武器条约》的水平上，把洲际弹道导弹、潜射弹道导弹和能携带核武器的重型轰炸机削减大约50%。[②] 美俄国会批准后，该条约已于 2011 年 2 月 5 日生效。非常重要的是，冷战后，作为美俄之外拥有最大战略力量的乌克兰已经销毁了战略导弹和核武器，白俄罗斯、哈萨克斯坦也同样销毁了各自的战略导弹和核武器。这样，苏联解体时一夜之间增加的三个核人国都销毁了战略导弹。此外，到导弹及其技术控制机制建立 10 周年的时候，阿根廷、巴西、埃及、伊拉克、利比亚、南非、韩国、叙利亚和中国台湾地区或放弃开发导弹，或在开发导弹方面遇到重大挫折。

一方面，冷战后防导弹扩散确实取得了不错成绩；另一方面，与 50 年的冷战时期相比，冷战后短短 10 多年内，导弹扩散越来越严重，表现为越来越多的国家拥有导弹，越来越多的国家拥有生产导弹的技术和能力，其性能也越来越先进。

关于战略导弹扩散，美国中央情报局 1993 年评估说，除已经拥有战略力量的中俄外，未来 15 年，任何其他国家获得用陆基弹道导弹攻击美国大陆能力的可能性是较低的。中央情报局 1995 年的评估重复了上述看法。[③] 进入 21 世纪后，大多数美国情报机构认为，在 2015 年前，美国很可能面临来自朝鲜、伊朗，还有伊拉克的洲际弹道导弹的威胁。[④] 2009 年，美国国家空间情报中心再次肯定了上述

---

① National Intelligence Council, Foreign Missile Developments and the Ballistic Missile Threat to the United States through 2015, September 1999, p. 9

② Amy F. Woolf, *The New START Treaty: Central Limits and Key Provisions*, 21 April 2011, Congressional Research Service, R41219, p. 2.

③ CIA, Prospects for the Worldwide Development of Ballistic Missile Threats to the Continental United States, 17 November 1993; National Intelligence Estimate President's Summary, Emerging Missile Threats to North America During the Next 15 Years, NIE95 - 19, November 1995.

④ National Intelligence Council, Foreign Missile Developments and the Ballistic Missile Threat to the United States Through 2015, December 2001, p. 3.

评估。[1] 这实际上承认，洲际弹道导弹的扩散态势加剧了。

关于洲际或潜射弹道导弹扩散状况，美国国会2004年的研究说，冷战后拥有洲际或潜射弹道导弹能力的国家有6个，即安理会5个常任理事国和朝鲜，而朝鲜是在冷战后获得这一能力的；拥有中程弹道导弹的国家有以色列、朝鲜、沙特阿拉伯、中国、印度、巴基斯坦、伊朗和朝鲜8个，除中国外，另外7个都是在冷战后才获得这一能力的。大约有36个国家公开承认有弹道导弹，有16个国家和地区有能力生产弹道导弹，这些国家和地区是：美国、法国、俄罗斯、中国、朝鲜、韩国、中国台湾地区、印度、巴基斯坦、伊朗、伊拉克、以色列、埃及、叙利亚、乌克兰和阿根廷。拥有短程弹道导弹的国家则多达32个。[2] 而2001年美国国会的报告说：大约有30个国家已经或正在开发能把500公斤的弹头投送到300公里或更远距离的导弹，15个国家有弹道导弹计划，至少25个国家有短程弹道导弹。[3] 短短3年时间，拥有短程弹道导弹或拥有生产短程弹道导弹能力或技术的国家就增加了许多。美国国务院和国防部对冷战后导弹扩散的评估与上述数字稍有不同，如在2007年的报告中，国务院和国防部说，冷战后，弹道导弹的扩散加速了。1972年，只有9个国家拥有弹道导弹，1990年，有16个国家拥有各种射程的弹道导弹，到2006年，这一数字增加到25个[4]。

冷战后巡航导弹的扩散受到的注意更少，但其扩散同样严重。在2002年美国参议院举行的听证会上，美国官员说，有18个国家有能力生产巡航导弹，22个国家正在掌握生产巡航导弹的能力。[5] 美国国会2004

---

① National Air and Space Intelligence Center, Ballistic and Cruise Missile Threat, Nasic – 1031 – 0985 – 09, June 2009, p. 19.

② Andrew Feickert, *Missile Survey: Ballistic and Cruise Missiles of Foreign Countries*, Updated 5 March 2004, Order Code RL30427, DNSA, WM00601. 拥有短程弹道导弹的32个国家和地区是：阿富汗、阿尔及利亚、阿根廷、亚美尼亚、白俄罗斯、保加利亚、中国、捷克、埃及、希腊、印度、伊朗、伊拉克、以色列、哈萨克斯坦、利比亚、荷兰、朝鲜、巴基斯坦、罗马尼亚、俄罗斯、塞尔维亚、斯洛伐克、韩国、叙利亚、中国台湾地区、土耳其、土库曼斯坦、乌克兰、阿拉伯联合酋长国、越南和也门。

③ RL30699, CRS Report for Congress, Nuclear, Biological, and Chemical Weapons and Missiles: The Current Situation and Trends. 5 January 2001. DNSA, WM00575.

④ Department of State and Department of Defense, Proposed U. S. Missile Defense Assets in Europe, June 2007, p. 1.

⑤ Christopher Bolkcom, *Statement before the Senate Government Affairs Committee, Subcommittee on International Security, Proliferation, and Federal Services*, 11 June 2002, p. 18.

年估计说，有19个国家能制造巡航导弹。① 2005年1月，布什政府认为超过80个国家有巡航导弹。② 据美国情报部门2009年估计，在未来10年，至少有9个国家会生产陆基巡航导弹，许多这样的导弹将会出口。至于未来导弹的扩散趋势，美国情报机构评估说，弹道导弹已经广泛扩散，在数量和类型上将继续增加。③

二、冷战后导弹扩散进一步加剧的原因

应该承认，防止导弹及其相关技术的扩散是有利于世界和平、安全与稳定的，是符合世界绝大多数国家和人民要求和希望的。因此，防止导弹及其相关技术扩散这一目标是正确的。遗憾的是，美国冷战后防导弹及其相关技术扩散的结果是使导弹扩散的范围更广了，更多的国家拥有了导弹或生产导弹的技术，已经拥有导弹的国家的导弹技术更先进了。既然这一目标有利于世界和平与安全并符合世界绝大多数国家的希望，何以会产生这种目标与结果背离的局面？无外乎两种可能，即要么目标被歪曲、要么手段不正确。我们考察冷战后美国防导弹及其相关技术扩散的历史就可以清楚地发现，在美国的防导弹扩散政策和行动中，上述两种现象竟然同时存在，即在防止导弹扩散过程中，美国以防止导弹扩散到实际或潜在敌国、以维护并加强美国或西方联盟军事优势的目标取代了整个国际社会防止导弹扩散以维护世界、安全与稳定的目标；与此相适应，在手段上美国以集团政治为基础，以军事介入甚至是先发制人的军事打击为主要手段。如果仅仅是手段的背离，在目标正确的情况下还有可能校正其结果，而手段和目标的双双背离，其结果必然是相关国家的反弹，非相关国家也非常可能出现反弹，最终必然使导弹扩散越来越严重。因此，我们看到，冷战后，不仅朝鲜、伊朗等一直致力于开发自己的弹道导弹，即使印度等所谓民主国家也加紧开发弹道导弹。毫无疑问，美国以防导弹扩散为借口限制

---

① Andrew Feickert, *Missile Survey: Ballistic and Cruise Missiles of Foreign Countries*, Updated March 5, 2004, Order Code RL30427, DNSA, WM00601.

② Sharon A. Squassoni, *Nuclear, Biological, and Chemical Weapons and Missiles: Status and Trends*, Order Code RL30699, Updated 14 January 2005. WM00608.

③ National Air and Space Intelligence Center, Ballistic and Cruise Missile Threat, Nasic - 1031 - 0985 - 09, June 2009, pp. 19, 30.

他国开发以维持自己的军事优势和肆无忌惮地对没有威慑力量的国家发动军事打击，对印度的行为产生了重大影响。因此，冷战后导弹扩散更加严重，虽然这其中有技术发展本身的作用和国际社会在无政府状态下安全困境的刺激等因素的影响，但美国在防止导弹扩散过程中的所作所为和国际防导弹扩散机制固有的缺陷也促使了导弹在冷战后的进一步扩散。具体而言，主要有以下几点。

1. 防导弹扩散机制的歧视性

与核不扩散机制（《不扩散核武器条约》）把各国区分为核武器国家和非核武器国家一样。在美国主导下形成的因而具有鲜明美国特色或美国化的防导弹及相关技术机制把各国分为“有能力制造导弹的国家”和“没有能力制造导弹的国家”，这加剧了导弹扩散问题。因为国际防导弹扩散机制对于那些没有能力制造导弹的国家没有任何补偿。对于防止导弹扩散，国际行动准则强调了“胡萝卜加大棒”手段，但缺少具体的激励措施。因此，一方面，有人认为这太有限而不能防止导弹扩散；另一方面，一些分析家则认为为阻止导弹扩散所付的代价太昂贵。另外，虽然指导方针要求不得向任何国家出口第一类导弹和技术，但非常矛盾的是，根据导弹及其技术控制机制的规定，导弹及其技术控制机制成员之间却可以共享技术。其直接后果是，刺激那些还没有技术或不完全具备这些技术的国家努力开发导弹技术，一旦技术储备充足，就可用以制造导弹。与核不扩散机制一样，虽然可以通过国际制裁阻止依靠国际援助的国家开发导弹，但国际机制无法阻止决心依靠自己的力量开发导弹的国家获得导弹。

2. 美国防导弹扩散政策的歧视性

美国在防导弹扩散中表现出明显的歧视性。美国一方面坚决反对其他国家开发和部署导弹；另一方面，美国却以消除盟国的安全关切为由向有关盟国提供安全援助或进行国防合作或向有关盟国转移武器，如决定适当出售射程为250公里的导弹给土耳其、希腊、韩国、英国、法国和德国，虽然美国禁止出口射程为300公里的导弹。从短期看，美国缔结军事联盟和向盟国提供军事援助诚然有助于防止导弹扩散。但从长期看，这无异于饮鸩止渴。美国的这一做法与其说是阻止了其他国家开发导弹，不如说进一步刺激了其他国家开发导弹。因为，美国的这一做法只是阻止了美国有关盟国开发导弹，这无疑是值得欢迎的；但另一方面，美国在加强盟国安全的时候是以削弱或损害其他国家的安全为代价。因此，向盟国提供武器或进行防务合作，无疑将刺激非盟国或被美国看作敌国的国家获得大规模杀伤性武器，美国的盟国正是在因为安全担心而努力获得大规模杀伤性武器的情况下才获得美国的合作和武器转移的，与美国的盟国对安全的担心一样，这些美国的非盟国或被看作敌国的国家的安全担心也应是合情合理的。而且，美国的敌视和向盟国提供武器及防务合作，使非盟国国家的安全担心更大，因此，获得大规模杀伤性武器的想法无疑也更强烈。其结果必然会出现导弹和相关技术的进一步扩散。

为防导弹扩散，美国采取两种根本不同的政策，即奖励和制裁措施。奖励包括贸易信贷、发展援助、军事援助、技术转移、获得空间和卫星发射能力或安全保证；制裁是对违反导弹及其技术控制机制指导方针进行导弹贸易的公司实施经济、政治制裁。但是实行奖励或制裁的标准并不是看是否遵守或违反导弹出口控制规定，而是看究竟是哪些国家在开发或部署导弹。美国在防导弹扩散上的歧视性表现在两个方面。

其一，允许甚至帮助盟国或友好国家开发和部署导弹，同时坚决反对甚至发动先发制人的军事打击以阻止潜在敌国开发或部署导弹。如美国一方面宣称要采取包括军事打击在内的一切手段竭力阻止朝鲜、伊朗等开发导弹；另一方面，以消除盟国的安全关切为由向土耳其、希腊、韩国、英国、法国和德国出售射程 250 公里的导弹，还以加强防御合作为由向英国转让三叉戟 II 导弹及技术，帮助以色列加强应对远程导弹和大规模杀伤性武器袭击，提高以色列的防御和威慑能力，增加双边军事技术合作。[①] 从国家安全角度讲，每个国家都有自己的安全关切，这是合理的，任何一个国家的安全都不比另外一些国家的安全更重要。如果美国的盟国或友好国家因为自己的安全关切而需要不断提高或改善自己的导弹防御或攻击能力，则朝鲜、伊朗等国因为自己的安全关切而不断提高或改善自己的导弹防御或攻击能力同样也是合理的。因此，美国上述歧视性做法，与其说是在防止导弹扩散，还不如说进一步刺激了导弹扩散，它使另一些国家进一步认识到导弹在维护国家安全中的地位和作用。

其二，美国自己可以向盟国或友好国家出口相关物资或技术，但坚决反对其他国家出口类似的物资或技术。如美国在向法国转让对于开发洲际

---

① CRS Report for Congress, RL30699, Nuclear, Biological, and Chemical Weapons and Missiles: The Current Situation and Trends. 5 January 2001; DNSA, WM00575.

弹道导弹具有重要作用的低温火箭发动机技术和允许法国帮助德国建立液氧发动机试验设施的同时，坚决反对和阻止俄罗斯向印度提供低温火箭发动机技术。“9·11”事件后，印度和巴基斯坦等国在美国地缘政治战略中的地位上升，2002 年和 2003 年美国的对外拨款法允许在对导弹及其技术控制机制和出口管理法进行制裁方面有更大的灵活性，美国对印度、巴基斯坦和中亚等国出口武器或提供军事援助的限制被取消，[①] 可又多次以中国向巴基斯坦出口导弹及相关技术为由，对中国诸多实体实施制裁。

这一歧视性政策非常不利于防止导弹及相关技术扩散。

3. *冷战后美国在战争中使用导弹及其效果极大刺激许多国家努力开发导弹*

冷战后，美国外交政策的军事化倾向越来越明显，军事行动在解决各种矛盾和冲突中的作用也被赋予越来越大的作用。在众多局部战争、冲突和美国发动的一系列反恐怖主义军事行动中，美国更是大量使用各种导弹。美国在海湾战争中发射了 288 枚战斧式巡航导弹并取得了“极大成功”。这导致美国军方及其西方盟国此后越来越多地订购和使用巡航导弹，如在 1993 年 1 月和 6 月对伊拉克的袭击中，美国发射了 68 枚战斧式巡航导弹，在 1998 年 12 月的沙漠之狐行动中，美国使用了 415 枚巡航导弹，摧毁了伊拉克超过 100 处军事目标。克林顿声称：“打击的目的是保护美国的国家利益，实际上，也是保护整个中东和全世界人民的利益；如果我们在他们不遵守规定时退缩，则美国作为检查萨达姆的力量的可信性将被破坏；打击意在降低萨达姆开发大规模杀伤性武器及其运载能力，并降低他威胁其邻居的能力。”[②] 同年对苏丹和阿富汗发动的行动中，美国使用了 100 枚战斧式巡航导弹，在 1999 年的科索沃冲突中，使用了 238 枚巡航导弹。同时，美国进一步改进巡航导弹，改进后的战斧式巡航导弹在重量上减轻了 1/3，由于使用 GPS 技术，其打击精准度更高。2003 年，新式战斧式巡航导弹进入美国海军服役。[③] 小布什上台后，更是确立了先

---

① Vago Muradian, “DSCA Forms ‘War Room’ To Speed Allied Arms Requests,” *Defense Daily International*, September 28, 2001; Tamar Gabelnick, “Security Assistance After September 11,” *Foreign Policy in Focus*, Vol. 7, No. 4, 2002.

② President, “Address to the Nation Announcing Military Strikes on Iraq,” *Weekly Compilation of Presidential Documents*, Vol. 34, No. 51 (21 December 1998): 2494 - 6.

③ Alaa Issa, The Drivers Behind Missile Proliferation. In Occasional Paper No. 7, Missile Proliferation and Defense: Problems and Prospects. Special Joint Series on Missile Issues with the Mountbatten Center for International Studies, University of Southampton, U. K, May 2001, p. 6.

发制人的军事战略和国家安全战略。

美国和西方盟国在众多冲突中使用导弹及其产生的巨大效果引起了众多没有导弹或没有导弹生产能力的国家对导弹的强烈关注，许多国家感觉到，在未来的冲突中，美国及其西方盟国可能对它们使用导弹。更重要的是，各国认识到，一旦拥有导弹这种打击力量，在未来可能的与任何第三国的冲突中便拥有了对方根本无法做出反应的力量。而美国和盟国在阿富汗对本·拉登躲藏处的导弹攻击进一步加强了这一认识。因此，开发和部署导弹对于任何关心未来国家安全的国家而言，无疑是非常有吸引力的和理性的选择。很明显，美国在战争中使用导弹及其获得成功的经验可能直接刺激和加速了导弹的扩散，促使还不具备导弹能力的国家大力开发或购买导弹。

4. 美国努力开发和部署导弹防御系统刺激了导弹技术的进一步扩散

美国一方面努力要求其他国家防止导弹及其相关技术扩散，另一方面却努力打造自己的导弹防御系统，试图建立攻防兼备的军事体系。为此，美国政府于 2002 年宣布退出《反弹道导弹条约》。《反弹道导弹条约》是美国和俄罗斯承担不再进行核军备竞赛的一个重要象征，很明显，退出《反弹道导弹条约》是美国在裁军政策上的巨大倒退。但美国坚持说，美国退出该条约对包括中国在内的其他国家的核力量态势几乎没有什么影响。① 这不仅表现出美国在防导弹扩散上的歧视性，也表现出美国防导弹扩散政策的随意性。奥巴马政府继续通过一系列试验来完善导弹防御系统。据美国国家核安全管理局负责军事运用的局长首席助理 Sandra Finan 将军说，美国国防部和国家核安全管理局在 2011 年 6 月分别进行了两次试验，即在犹他州盐湖城附近的训练场为 W－80 核弹头进行了一次导弹试验，另外，在范登堡空军基地进行了一次民兵－Ⅲ洲际弹道导弹试验。其目的是确保所有武器系统能达到设计标准。②

美国的逻辑是，其他国家开发核武器或其他大规模杀伤性武器威胁了美国的安全，所以美国应该加强、提高和改善自己的防御能力；美国退出作为国际和平基石之一的国际条约是不应该受谴责的，美国开发和部署针

① Sharon Squassoni. Nuclear, Biological, and Chemical Weapons and Missiles: Status and Trends, RL30699.

② "US Tests Cruise Missiles with Mock Warheads," *Global Security Newswire*, 27 June 2011.

对其他国家，主要是所谓潜在对手国家打击力量的武器系统根本不会影响现有力量平衡；而如果别国，尤其是被看作潜在敌国的国家开发和部署大规模杀伤性武器能使美国攻击性力量的效果大大降低，甚至发挥不了作用，这将会从根本上改变既有力量平衡。美国的逻辑是一种典型的霸权主义逻辑。美国似乎丝毫也没有想到，美国拥有世界上最强大的核武器和常规武器能力，其他国家，尤其是被美国看作潜在敌国的国家应该有与美国一样的担心。相反，美国非常有理由地认为，其他国家不应该担心美国超级强大的武力。美国从来就没有也根本不可能说明为什么其他国家不应该害怕美国超级强大的武力，而美国也无法说明，美国为什么应该担心其他国家小得不成比例的威胁，为什么其他国家发展军备就破坏了稳定与和平，而美国进一步提高和加强原本已经强大无比的武力却是在维持稳定与和平。

与冷战后美国防止核武器、生物武器和化学武器扩散的方式不同，美国冷战后防导弹及其相关技术扩散更多采取的是进攻性态势，虽然美国口口声声强调是防御。冷战后，美国对导弹防御系统的立场发生了极大转变，从不积极到非常积极并最终投入部署。众所周知，当前，世界上只有中国和俄罗斯两个被美国认定为潜在敌对国家拥有攻击美国本土的弹道导弹能力，其他国家或组织在可预见的未来根本没有用弹道导弹威胁美国本土的能力。不仅国际社会认识到这一点，而且美国众多官方或非官方报告和评估也承认这一点。退一步讲，即使美国部署导弹防御系统确实是针对恐怖分子的，但根据美国流行的理论，即恐怖分子是非理性的，他们根本不接受任何方式的威慑。因此，即使美国部署导弹防御系统，也不能阻止恐怖分子使用弹道导弹。既然不能阻止他们使用，那么，花费巨大的资金开发导弹防御系统的真正目的是什么呢？又是针对谁的呢？毫无疑问，是针对中俄两个国家的，美国此举的目的是试图使中俄弹道导弹力量的威胁程度降到最低，从而使美国在拥有进攻优势的同时也拥有防御优势，最终为美国在国际社会为所欲为提供保障。这实际上打破了冷战以来在导弹力量方面脆弱的国际平衡，把其他相关国家，尤其是中俄拖入一场开发更先进弹道导弹的竞赛中。在相当程度上，俄罗斯部署新型的能突破导弹防御系统的白杨系列导弹和中国努力实现导弹力量的现代化就是美国发展和部署导弹防御系统的结果。从上述意义讲，正是美国防导弹扩散政策造成了导弹及其相关技术的进一步扩散。要真止防止导弹及其相关技术扩散，美国必须回到正确轨道上来，即真正依靠多边参与，既保证本国的安全，也保证国际社会其他国家的安全，既保证美国及西方盟国的安全，也保证所谓潜在敌国对安全的合理需求。

美国部署导弹防御系统，不仅会极大改变现有国际力量平衡，而且必然引起有关国家的反弹。如俄罗斯一再表明反对美国部署导弹防御系统。一方面，冷战结束后，随着俄常规军备的急剧衰退，俄罗斯在安全战略上对核武器的依赖加强，而美国执意部署导弹防御系统则使俄罗斯不得不进一步增加战略和战术核力量。据估计，俄罗斯目前的战术核弹头多达8000枚,[①] 其意图在于把在数量上占巨大优势的战术核武器看作抵消其与美国在常规武器尤其是导弹防御系统方面巨大差距的有效工具。[②] 俄罗斯坚决反对美国部署导弹防御系统。2009年3月31日，俄罗斯总统梅德韦杰夫在《华盛顿邮报》发文说："美国政府在东欧部署全球导弹防御系统、努力推动北约东扩和拒绝批准欧洲常规武装力量条约等行为损害了俄罗斯发展与美国关系的兴趣，如果实施，俄罗斯不可避免地会做出自己的反应。"他警告："希望实现单方面的绝对安全是危险的幻想……我们应通过建立平等的和互利的关系并考虑到彼此的利益以克服我们之间的消极遗产。"[③] 同年5月12日，俄罗斯总理普京把美国在中欧部署导弹防御系统与新的核裁军联系起来，他说，导弹防御系统是对俄罗斯国家安全的威胁。[④] 为应对美国的导弹防御系统，俄罗斯将大力开发更先进的、能突破导弹防御系统的新型弹道导弹，如俄罗斯已经开发并部署了据说能突破美国导弹防御系统的白杨-M导弹。另外，由于美国公开把中国看作最主要的潜在对手，美国大力开发和部署导弹防御系统的行为也不能不引起中国的警觉，并做出相应的反应。

5. 美国防导弹扩散往往与其他政策目标，如外交政策目标和经济目标相矛盾

防止导弹及其相关技术扩散需要加强出口控制，但经济发展和繁荣需

① Daryl G. Kimball, Taking the Bang Out of Nuclear Weapons, *The Moscow Times*, 13 April 2009.

② Ellen Barry, U. S. Negotiator Signals Flexibility Toward Moscow Over New Round of Arms Talks, *The New York Times*, 4 May 2009.

③ Dmitry A. Medvedev, Building Russian—U. S. Bonds, *The Washington Post*, 31 March 2009.

④ Russia to link missile defense in Europe with nuclear arms treaty, http://en.rian.ru/russia/20090510/121530185.html.

要放松出口控制。虽然防止导弹扩散和实现外交政策目标以及促进经济发展从根本上说都有利于美国国家安全和国家利益，但在实际操作中很难协调。是为防导弹扩散加强出口控制还是为促进经济发展和维持经济繁荣而放松出口控制，取决于某一时期美国政府对国家安全和经济发展孰轻孰重的权衡。如果在某一时期内经济发展状况良好，加强国家安全的诉求就可能增强，出口控制就会越来越严厉；相反，如果某一时期经济发展状况不那么让人满意，甚至陷于衰退之中，则放松控制、促进经济复苏的诉求可能更大。除促进出口外，其他国家安全目标和外交政策目标也与美国政府的导弹防扩散行动相竞争。例如，美国领导人希望鼓励中国和俄国成为地区和国际社会稳定和负责任的行为者，实施政治和经济改革，尊重国际社会公认的人权。美国努力与这两个国家和其他许多国家合作以阻止扩散、恐怖主义和毒品交易以及有组织的犯罪。虽然防导弹扩散仍是一个重要问题，但其他目标不时也被给予更大程度的强调。但是，当政治领导人暂时把防导弹扩散放在一边而突出其他目标时，美国的导弹政策和导弹及其技术控制机制的可信性就遭到损害。当美国在有选择的基础上执行这些标准时，美国就更难说服其他国家遵守这一套标准。

第五章　冷战后美国防扩散政策的手段、特点及本质

与冷战时期相比，美国冷战后的防大规模杀伤性武器扩散表现出鲜明的新方式、新手段和新特点。

第一节　冷战后美国防大规模杀伤性武器扩散的新方式和新手段

以冷战结束为界，为阻止大规模杀伤性武器扩散，美国采取了不同于冷战时期的新方式和新手段。

一、冷战后美国防大规模杀伤性武器扩散的新方式：反扩散

传统上，为阻止大规模杀伤性武器扩散，美国采取了防扩散。根据美国政府的定义，所谓防扩散（Nonproliferation）是指在双边和多边框架内采取外交和经济手段，诸如制裁、出口控制、国际军备控制等手段，阻止大规模杀伤性武器扩散到更多国家或地区。冷战后，扩散趋势加剧，到1990年代初期，大规模杀伤性武器扩散已经成为事实。为适应这一新的扩散形势，同时，也由于苏联的解体和两极格局的终结，美国无与伦比的超强军事实力几乎不受任何约束；海湾战争后在伊拉克发现的获得核武器计划使美国和其他国家领导人意识到核武器扩散到激进和不友好国家的极端危险性。这使布什总统要求国防部“发展新的能力防止扩散，包括发

动先发制人的军事行动的能力”[①]。美国提出并实施了一种新的阻止大规模杀伤性武器扩散的方式，即反扩散。[②]

1993 年 9 月 27 日，美国白宫新闻办公厅在其发布的《不扩散和出口控制政策》中说：“我们将在情报收集和分析以及防务计划中给予扩散问题更高度的重视，以保证我国武装力量的结构和军事计划能应付世界各地大规模杀伤性武器和导弹扩散的潜在威胁。”[③] 这是美国政府首次提出以武力对付大规模杀伤性武器扩散的思想。

根据白宫的设想，1993 年 12 月 7 日，国防部部长莱斯·阿斯平在国家科学院的讲话中第一次提出了“反扩散倡议”（Counterproliferation Initiative）。反扩散倡议的一个关键部分是在未来的战场上准备与核武器、生物武器和化学武器战斗，途径是采取措施阻止针对美国的开发大规模杀伤性武器的计划和设施，加强美国防务与情报工作之间的合作。[④] 倡议的核心是“发展应对新威胁的新军事能力”，强调只有“将预防和防护相结合才能圆满地攻克（扩散）难题”[⑤]。其他措施包括创立国防部反扩散理事会和制定反扩散概念。[⑥] 反扩散倡议的提出标志着美国反扩散战略的正式出台。

从美国官员的上述讲话看，与防扩散不同，反扩散增加了军事选择作为与扩散进行战斗的工具。关于反扩散定义和反扩散措施，克林顿政府最初认为，反扩散就是“国防部采取全面行动与扩散进行战斗，包括外交、军备控制、出口控制、情报收集和分析”[⑦]。但随着美国面临的扩

---

① Heather Wilson（1993/94），Missed Opportunities：Washington Politics and Nuclear Proliferation，The National Interest 34：26 – 36.

② Peter A. Clausen，*Nonproliferation and the National Interest*，Harper Collins College Publishers，1993，p. xiii.

③ The White House Office of the Press Secretary，Fact Sheet on Nonproliferation and Export Control Policy，http：//www. rertr. anl. gov/REFDOCS/PRES93NP. html.

④ Barry R. Schneider，Radical Responses to Radical Regimes：Evaluating Preemptive Counter-Proliferation. Institute for National Strategic Studies，National Defense University，Washington，D. C.，McNair Paper 41. May 1994.，p. 1.

⑤ Les Aspin，Speech to the National Academy of Science on Counterproliferation，7 December，1993.

⑥ David S. McDonough，The 2002 nuclear Posture Review：The New Triad，Counterproliferation，and U. S. Grand Strategy. Working Paper No. 38，August 2003，p. 16.

⑦ Institute for National Strategic Studies，*Strategic Assessment 1996*：*Instruments of U. S. Power*，Washington D. C.，1996，p. 121.

散形势越来越严峻，反扩散定义和措施都发生了一定变化。2001 年 1 月 8 日，在克林顿即将离开白宫之际，美国国防部再次提出新的反扩散定义，即反扩散是“进行全面的军事准备，积极行动减少和预防核武器、生物武器和化学武器及其运载工具所产生的威胁”。反扩散的主要措施包括：“维持强有力的威慑，支持外交行动、军备控制、出口控制，开发辨识，以及确认、摧毁、阻断生产的能力，开发积极防御；为我们的武装部队提供训练和装备，以使其能在核生化武器污染环境中有效地展开行动；开发对使用核生化武器进行后果管理的能力，鼓励盟国和伙伴把反扩散作为它们军事计划的一部分。”① 显然，“全面行动”与“全面军事准备”是有差异的，后者更强调军事准备的一面。从其措施看，2001 年的定义中包含的内容更广泛，军事行动的一面也更加突出。但不管怎么突出军事行动，这一定义看起来与防扩散在许多方面重合，尽管它的中心是国防部采取行动。反扩散不是布什政府的首创，布什政府并不是完全奉行反扩散政策，而是在采取反扩散政策的同时，大量采取防扩散政策；克林顿政府并不是完全奉行防扩散政策，相反，他的政府提出了反扩散这一说法，而且在实施防扩散政策的同时，大量实施反扩散政策。只能这样说，克林顿政府提出了反扩散（counter-proliferation），但将其作为国家军事战略和具体的阻止大规模杀伤性武器扩散方式的是小布什政府。②

二、冷战后防大规模杀伤性武器扩散的新手段：先发制人的军事打击

冷战时期，美国致力于通过建立国际防扩散机制来防止核武器等大规模杀伤性武器扩散，如《不扩散核武器条约》、导弹及其技术控制机制、核供应集团和《反弹道导弹条约》等。冷战后，与反扩散的出现相联系，美国提出并实施了先发制人的军事打击，以阻止大规模杀伤性武器扩散。

从冷战结束前后到克林顿任期届满，布什政府和克林顿政府在使用

---

① Office of the Secretary of Defense, *Proliferation: Threat and Response* (Washington D. C.: Department of Defense, January 2001), p. 78.

② 关于反扩散的起源和演变，参阅 Harald Müller and Mitchell Reiss, “Counterproliferation: Putting New Wine in Old Bottles,” *The Washington Quarterly* 18, No. 2 (Spring 1996): 145 – 149。

军事力量时是比较小心谨慎的，强调不仅“依靠军事力量，而且利用经济、外交、媒体等其他政策工具。军事力量被视为一种最后手段，即只有在其他手段都不能实现有关目标的情况下，才考虑军事力量的使用”①。“9·11”事件改变了美国政策的方向，美国开始提出并实施先发制人的战略，并将其作为国家安全战略和军事战略。2002年1月，布什总统在其国情咨文中指责朝鲜、伊朗和伊拉克构成一个支持恐怖活动和输出大规模杀伤性武器的“邪恶轴心”，宣布对这样的威胁发动“先发制人”的打击符合美国的利益，免得美国再遭受“9·11”恐怖袭击那样没有预警的袭击。同年6月，布什在西点军校发表讲话，论证“先发制人”战略的必要性。2002年9月，在“9·11”事件一年后，小布什政府的第一个国家安全战略出笼，第一次对“先发制人”进行了全面和系统阐述，把单方面行动作为与大规模杀伤性武器扩散进行战斗的一个关键工具，把先发制人的军事打击作为美国外交政策的核心，要求把反扩散与军事学说结合起来，以便美国及其盟国能击败拥有生物武器、化学武器甚至核武器的敌人。它宣布：“如果需要，我们将会毫不犹疑地单独行动，通过对诸如恐怖分子采取先发制人的行动，来行使我们的自卫权利，防止他们伤害我们的人民和我们的国家。”② 小布什政府还强调美国必须有备无患，必须“在无赖国家和受其庇护的恐怖分子有能力对美国及其盟国和友邦进行威胁或使用大规模杀伤性武器之前制止它们”。“如果必要，美国将发动先发制人的行动”，以“阻止或预防我们敌人的敌对行动”。③ 布什政府高级官员在就2002年美国国家安全战略举行的听证会上也说，总统“清楚地表明，如果我们不能通过联合国开展行动，我们不会袖手旁观而让危险不断增加”④。紧接其后发表的2002年的与大规模杀伤性武器战斗的国家战略进一步强调了“先发制人”的思想，表明现在要把反扩散与预期

---

① 朱明权：《领导世界还是支配世界？——冷战后美国国家安全战略》，天津人民出版社2005年版，第180页。

② The White House, *The National Security Strategy of the United States of American*, fSeptember 2002, p. 6.

③ *The National Security Strategy of the United States of America* (Washington, D. C.: U. S. Government Printing Office, September 2002), pp. 13 – 15; Christine Kucia, "Counterproliferation at Core of New Security Strategy", *Arms Control Today*, October 2002; John Steinbruner, "Confusing Ends and Means: The Doctrine of Coercive Pre-emption", *Arms Control Today*, January/February, 2003.

④ Christine Kucia, "Counterproliferation at Core of New Security Strategy", *Arms Control Today*, October 2002.

的自我防御或先发制人的打击结合起来。① 至此，“先发制人”不但成为美国的国家安全战略和军事战略，也成为其反扩散政策的基本指导思想。相比较而言，克林顿政府还是把军备控制和防扩散作为美国阻止大规模杀伤性武器扩散的轴心。② 尽管奥巴马上台后一再表示要与小布什的政策划清界限，并公开宣布将尽快从伊拉克和阿富汗撤军，但实际上，美国发动的军事行动不仅没有减少，似乎还有增加的趋势。

对敌人或潜在敌人进行先发制人的军事打击并非冷战后才出现的现象，世界历史上早就出现过。如以色列为防止伊拉克开发核武器而摧毁了伊拉克的核反应堆。正如布什政府高级官员在就 2002 年美国国家安全战略所举行的听证会上所说“先发制人并不是一个新概念”③。但把先发制人作为军事战略和国家安全战略的只有冷战后的美国。冷战后唯一超级大国的地位和无与伦比的军事优势使美国经常倾向于发动先发制人的军事行动以阻止大规模杀伤性武器扩散。与冷战时期超级大国之间的游戏规则不一样，美苏核恐怖平衡确保双方都不敢轻易发动先发制人的军事攻击。但冷战后，美国面临的主要威胁是所谓的“流氓国家”或恐怖主义组织等非国家行为体。美国主流观点认为，所谓“流氓国家”或恐怖组织等非国家行为体的领导人是非理性的，传统威慑可能不会对他们发挥作用。这些非对称敌人不仅努力发展或寻求核武器，而且一旦获得就会毫不犹疑地将其投入使用。美国不再能像冷战时期威慑苏联那样以可预测的方式对新的对手产生可信的威慑。④ 美国政府也认为，美国潜在的敌人并不把大规模杀伤性武器看作最后诉诸的武器，而是看作在战术或战略上都可以使用的武器，而通过威慑阻止它们使用大规模杀伤性武器比冷战时期阻止苏联

---

① Christine Kucia, “Counterproliferation at Core of New Security Strategy,” *Arms Control Today* (October 2002) and John Steinbruner, “Confusing Ends and Means: The Doctrine of Coercive Pre-emption,” *Arms Control Today* (January-February 2003).

② *A National Security Strategy for a Global Age* (Washington D. C.: U. S. Government Printing Office, December 2000), pp. 16 – 18.

③ Christine Kucia, “Counterproliferation at Core of New Security Strategy”, *Arms Control Today*, October 2002.

④ George Lewis, Lisbeth Gronland, and David Wright, “National Missile Defense: An Indefensible System,” *Foreign Policy*, No. 117, Winter, 1999 – 2000; Kenneth N. Waltz, “More May Be Better,” in *The Spread of Nuclear Weapons: A Debate Renewed*, eds. Scott D. Sagan and Kenneth N. Waltz, W. W. Norton, 2003, p. 14; Lawrence Freedman, *Deterrence*, Polity Press, 2004, p. 29.

使用大规模杀伤性武器要困难得多。[①] 小布什总统也认为恐怖分子是非理性的。他说，冷战时期，美国虽然生活在大规模杀伤性武器威胁之下，但美国相信威慑使这些武器只会在最后关头才可能被使用。这种情况在21世纪已经发生变化，恐怖分子掌握这些武器后将在开始的时候就将其投入使用。而且，这些可怕的武器正变得越来越容易获得、制造、隐藏和运输。一小群狂热者或国家仅仅拥有很少的生物武器或核武器，就能获得对强大国家的巨大威胁能力，威胁世界和平。[②] 不管上述认识是否合理，[③] 但它确实在相当程度上使美国政府坚信必须在这些大规模杀伤性武器被使用之前就发觉并摧毁它们，这是美国冷战后在防扩散上奉行先发制人打击的重要原因之一。

第二节　冷战后美国防大规模杀伤性武器扩散的特点和实质

一、冷战后美国防扩散特点

冷战后美国采取了与冷战时期不同的防扩散的新方式和新手段，也表

---

① John F. Reichart, *Adversary Use of NBC Weapons: A Neglected Challenge*, *Straategy*, Forum No. 187, December 2001.

② Remarks by President George W. Bush on 大规模毁灭性武器 Proliferation National Defense University, Washington D. C., 11 February 2004.

③ 也有许多学者认为所谓“流氓国家”领导人并非总是非理性的，相反可能是非常理性的。他们指出，有迹象表明，核威慑对“流氓国家”使用大规模毁灭性武器仍是有效的。与狂热的恐怖主义组织不一样，“流氓国家”也有关键的财产可以作为大规模报复的人质，还没有一个“流氓国家”对拥有这样的报复能力的敌对国家使用大规模毁灭性武器。但又认为理性并不是可预测和可靠的威慑的唯一必须前提，包括对手是否消息灵通、决策是否建立在广泛的成本——效益分析之上、是不是相互熟悉、彼此谅解以及是否存在很好的沟通渠道等。参见 Robert G. Joseph, “Nuclear Deterrence and Regional Proliferators,” *The Washington Quarterly* 20, No. 3, Summer, 1997, pp. 167 – 175; Colin S. Gray, *Maintaining Effective Deterrence*, Strategic Studies Institute, U. S. Army War College, August 2003; Jeffrey Record, *Nuclear Deterrence*, *Preventive War*, *and Counterproliferation*, Policy Analysis, No. 519, 8 July 2004。

现出若干新的特点。

1. 防扩散目标与具体政策之间的矛盾性

冷战后，美国防扩散具体政策与防扩散的目标之间一直存在这样或那样的矛盾。具体而言，主要存在以下几个方面的矛盾。

其一，防扩散目标与其他外交政策目标相矛盾。防扩散是冷战后美国重要的国家安全目标和外交政策目标，但这一目标常常因为外交政策目标，如向盟国转移大规模杀伤性武器或提供保护伞和反恐怖主义战争以及维持与个别国家的特殊关系等遭到削弱。为防止有关盟国开发核武器，美国一直向德国、北约其他国家、日本和韩国等盟国提供安全保障。美国未来仍将单独或与其他核武器国家一起，可能会继续向一些国家提供常规或核威慑保护伞，说服它们放弃发展核武器。这实际上与防扩散目标相悖。维持与有关国家的特殊关系也与美国的防扩散政策相矛盾，如自 20 世纪 60 年代中后期以来，在开发核武器上，美国一直把以色列作为一个例外。美国此举一直遭到中东地区阿拉伯国家的批判，如面对美国要求埃及加入《不扩散核武器条约》，埃及坚持说，除非以色列也加入，否则它不可能加入。很明显，美国在可预见的未来都不太可能牺牲与以色列的关系，不可能向以色列施压要其放弃被认为对其安全是基本保障的核武器。美国的这一立场也使美国在相当程度上丧失了在防扩散问题上的公正性。另外，冷战结束后，尤其是“9・11”事件以来，反恐战争在美国国家安全战略和外交议事日程中得到最优先强调，其结果是常常为反恐而牺牲了防扩散目标。因此，一些批评家批评美国使更广泛的防扩散目标成为与恐怖主义作战这一短期目标的牺牲品。①

其二，出口控制与促进出口之间的矛盾。一方面，为防止大规模杀伤性武器扩散，防止大规模杀伤性武器或相关技术或物资出口到敌对国家或潜在敌对国家或为恐怖组织所掌握，美国不仅不断加强国家安全出口控制，而且不断要求盟国或友好国家和其他有关国家实行严厉的美国式的出口控制；但另一方面，为维持经济的繁荣和健康发展，美国冷战后一再发布国家出口战略，努力促进出口。与这种形势相适应，冷战后美国一直改

① Leonard Weiss, *The Nexus of Counterterrorism and Nonproliferation Policy*, Monitor, Winter, 2002, Vol. 8, No. 1, pp. 3 - 7.

革出口控制。[1] 从根本上说，促进出口以发展经济和保持经济的繁荣有利于国家安全，但问题的关键在于，有些物资或技术，即所谓的两用物资（Dual-Use Item）既可用于发展或增强对手或敌国的军事力量，也可用于发展民用事业。而随着技术的进步，这样的物资或技术越来越多，一旦涉及这类物资或技术出口，美国就面临是加强出口控制还是放松出口控制的两难选择。放松出口控制，尤其是高技术出口控制，固然有利于美国经济繁荣，但可能不利于美国国家安全；加强对两用物资的出口控制固然有利于国家安全，但可能不利于美国经济发展和维持美国经济繁荣。如在向中国出口卫星上美国就面临这样的选择。近年来，美国在出口方面面临这样的选择日益增多。而且，这类两用物资并非美国一家独有，一旦美国拒绝出口，其他国家很可能愿意出口，如此，美国物资所占的市场份额就可能会减小。加强国家安全出口控制的另一个副作用是使世界各国可能不愿意与美国进行贸易，从而使美国经济遭受更大损失。因为美国出口控制严厉，其他国家或公司认为美国非常可能拒绝批准有关两用物资的出口许可证。

其三，监督其他国家与避免被其他国家监督之间的矛盾。在防扩散国际机制上，美国尤其强调有效的国际监督是防止大规模杀伤性武器扩散的必要条件。但在涉及自己的切身利益时，美国却以各种理由反对国际社会达成的核查机制，逃避被其他国家监督。美国认为关于化学武器协议中的现场核查规定将损害美国利益，因此，美国法律专门做出规定，即如果现场核查“可能威胁美国国家安全利益”，则美国总统可以拒绝任何核查请求；对于与化学武器协议控制清单无关的有机化学物资和一些化学药品副产品，美国法律规定可免于报告和核查要求。美国上述逃避国际社会监督的法律规定，损害了《禁止化学武器公约》（CWC）的常规核查机制，也阻碍有效的核查。同样，对于国际社会经过长期谈判达成的《禁止生物武器公约》（BWC）附加议定书，美国拒绝接受，其理由之一就是将对美国经营性商业知识产权构成威胁，也不足以保护美国生物技术工业或美国生物防卫计划的秘密。

其四，核不扩散与坚持核威慑之间的矛盾。一方面，美国要求实现核不扩散；另一方面，美国始终坚持核威慑，不断更新或改进自己的核力量，确保美国核力量的安全、有效和可靠。从逻辑上说，防核扩散要求不

---

① 刘子奎：《冷战后美国出口管制的改革与调整》，《美国研究》2008 年第 3 期。

断降低核武器在国家安全战略中的地位和作用。但美国实际上是反其道而行之。冷战后，美国一直认为强大和可靠的美国威慑力量会削弱一些敌对国家获得或使用大规模杀伤性武器。① 因此，从1994年以来，美国的核态势审查报告都无一例外地强调，要采取核反击来应对对美国、盟国或友好国家的各种形式的大规模杀伤性武器袭击。美国政府把“核威慑”当作美国国家安全政策的主要组成部分。奥巴马虽然宣布要采取措施实现无核武器世界，但仍坚持核威慑。他明确表示：“美国不会单方面裁军，只要仍有其他国家拥有核武器，美国就将保持具有威慑力的、强大的、安全的和可信的核力量。”

这些矛盾的存在直接影响了美国冷战后防扩散目标的实现。

2. 美国与国际社会的双边和多边合作表现出明显的不对称性，全球防扩散体系打上了鲜明的美国烙印

冷战后，美国在防扩散与国际社会在双边和多边合作的不对称性主要体现在以下几个方面。

其一，美国更多采取单方面行动。单方面采取行动是冷战后美国防大规模杀伤性武器扩散的突出特征。“9·11”事件一年后，小布什政府在其2002年9月的国家安全战略中把单方面行动作为与迫在眉睫的与大规模杀伤性武器扩散威胁进行战斗的一个关键工具，该战略宣布：“如果需要，我们将会毫不犹疑单独行动，通过发动对诸如恐怖分子的先发制人的行动行使我们的自卫权利，防止他们伤害我们的人民和我们的国家。”② 此后的核态势评估报告和四年防务评估报告也都强调要采取单方面行动。以此为指导，美国政府发起了一系列单方面行动防止大规模杀伤性武器扩散。如发动对伊拉克的战争和在阿富汗的反恐战争等。对于美国在防扩散上的单方面行为，国际社会一般选择支持或追随。作为反扩散的主要努力，布什政府于2003年5月提出了防扩散安全倡议，其意图在于综合运用情报、外交、法律和其他工具，防止与大规模杀伤性武器有关的物资转移到有关国家和实体。自提出以来，参加该倡议的国家越来越多。又如安理会第1540号决议，包含广泛的强制措施防止转移大规模杀伤性武器，要求各国

① Sharon A. Squassoni, *Nuclear, Biological, and Chemical Weapons and Missiles: Status and Trends*, Order Code RL30699, Updated 14 January 2005. Digital National Security Archive (DNSA), Weapons of Mass Destruction, WM00608.

② The White House, *The National Security Strategy of the United States of American*, September 2002, p. 6.

“不得以任何方式支持非国家行为者开发、获得、使用核武器、生物武器和化学武器及其运载系统”。它名义上是安理会决议，得到了5个常任理事国的一致同意，但实际上是美国意志的体现，是美国通过联合国把美国单方面意志转化为联合国成员国的共同意志。虽然实施该决议仍是一个困难的问题，但它为构建防大规模杀伤性武器恐怖主义条约提供了基础。

其二，选择反扩散平台的自由性。虽然美国更多倾向于采取单方面行动，但美国并不排除或反对采取双边行动和多边行动，相反，只要可能，美国乐意采取双边或多边行动。只有在采取多边、双边行动不符合美国利益或无法通过双边、多边行动实现或阻碍美国的利益诉求时，美国才会毫不犹疑地采取单方面行动，即使单方面行动遭到国际社会的强烈反对，美国也在所不惜。

自由选择反扩散平台首先体现在破坏有关多边防扩散机制。众所周知，《全面禁止核试验条约》（CTBT）是国际核不扩散机制的基石，尽管克林顿政府始终表示会争取国会批准，但美国国会还是于1999年10月拒绝批准国际社会经过漫长而艰苦谈判达成的CTBT；小布什上台后，在保守主义指导下，他一方面要求参议院“无限期”推迟审批CTBT；另一方面，宣布不再为国际现场核查提供资金，同时，重申不支持CTBT，并拒绝派美国代表参加联合国第二次促进CTBT生效大会。① 美国此举严重损害了国际核不扩散机制；又如，禁止生物武器是国际社会的共同愿望，而《禁止生物武器公约》核查议定书是禁止生物武器的重要保证，但在2001年，美国以议定书将威胁美国生物战争防御计划的有效性、削弱美国和其他西方国家的出口控制计划以及对经营性商业知识产权构成威胁为由，坚决反对国际社会经过7年谈判达成的核查议定书。② 其实，美国政府内部一直存在反对建立一个严格的生物武器查证机制的力量，美国声称，以合理的代价来查证BWC执行情况的方式还不存在。③ 即使是联合国，美国也表现出如果可能就获得其授权以便为其行动披上合法外衣，如不能为其

① Daryl Kimball, “The International Security Value of the Nuclear Test Ban Treaty,” *Arms Control Association Fact Sheet*, November 2002, http://www. arms control. org.

② Kerry Boyd, *Arms Control Association*, *Seth Brugger*, *Briefing Paper on the Status of Biological Weapons Nonproliferation*, Updated May 2003.

③ Brad Roberts, “New Challenges and New Policy Priorities for the 1990s,” in Brad Roberts, ed., *Biological Weapons-Weapons of the Future?*, Center for Strategic and International Studies, 1993, p. 90.

所用时就绕开甚至对联合国决议不予理睬而擅自行动的偏好，如2003年发动对伊拉克的战争就是如此。

自由选择反扩散平台也体现在美国破坏一些双边防扩散机制上。《反弹道导弹条约》（ABM）是美苏/俄双边防扩散的重要基础，它有助于维持美苏/俄战略力量的平衡和国际社会的稳定，但从20世纪90年代中期以来，美国国内展开了是否应部署导弹防御系统的讨论。尽管克林顿在去职前没有做出部署导弹防御系统的决定，但ABM面临的严峻挑战并未减小，相反，随着奉行保守主义的小布什的上台，ABM面临的挑战日益严峻。小布什在2000年大选中就明确表示，一旦自己当选总统，将研发并部署导弹防御系统，如果俄罗斯拒绝修改ABM，美国将退出该条约。就任总统后，他立即履行这一诺言，在2001年5月1日的讲话中说，美国必须摆脱ABM的限制。[①] 由于俄罗斯不愿意妥协，2001年12月，布什总统宣布退出ABM。

自由选择反扩散平台更体现在若干多边防扩散机制不断得到加强和创设新的防扩散多边机制方面。加强原有多边机制的主要表现是中国在美国的支持下加入了主要多边防扩散机制或加强了与多边防扩散机制的对话与磋商。中国继1992年加入NPT和1997年加入桑戈委员会后，又于2005年加入核供应国集团（NSG）；至于导弹及其技术控制机制，美国一方面要求中国遵守导弹及其技术控制机制规则；另一方面，又不同意中国作为正式成员加入。

冷战后，美国积极主导成立新的双边和多边防扩散机制。“合作降低威胁”计划是冷战后美国主导的最重要的双边防扩散机制之一。该计划的主要目的是向苏联/俄罗斯提供援助，帮助销毁核武器等大规模杀伤性武器，防止苏联/俄罗斯的大规模杀伤性武器扩散。该计划在克林顿政府时期稳步发展，在小布什政府时期进一步调整和扩大。[②] 由于该计划执行情况良好，后来美国把该计划扩大到独联体和其他地区的国家。美国还积极创设新的多边防扩散机制。2002年1月，美国政府提出了集装箱安全倡议，防止恐怖分子利用海运集装箱袭击美国，到2009年6月，世界上

---

① Remarks by the President to Students and Faculty at National Defense University, Fort Lesley J. Mcnair, 1 May 2001, http://www.whitehouse.gov/news.

② 关于该计划的执行情况，参阅全克林《美国的“合作降低威胁”项目析评》，《美国研究》2008年第2期。

有58个主要港口加入。2003年5月31日，小布什总统提出防扩散安全倡议，这是美国创设新的多边机制的一个重要举措，该倡议要求参加国“利用各自的能力发展广泛的法律、外交、经济、军事等其他手段，禁止大规模杀伤性武器和导弹的相关设备和技术通过海、陆、空渠道进入‘有扩散嫌疑’的国家”①。到2009年，随着韩国宣布加入，已有95个国家或地区相继批准该倡议，根据该倡议，美国与各成员国举行了多次海上拦截演习。不过，由于该倡议存在众多争议，② 为解决实施倡议面临的法律问题，2004年4月，美国推动联合国通过了由美国起草的第1540号决议，呼吁各国采取各种措施，防止大规模杀伤性武器扩散。2006年7月由布什和普京共同发起的打击核恐怖主义全球倡议是另一个非常重要的多边机制，其目标是建立一个“防止、侦察和对全球核恐怖主义威胁做出反应”的框架。③ 目前有75个国家参加，它寻求把防扩散和反扩散结合起来，以建立一个全球信息共享和与核恐怖主义战斗的体系。此外，美国也积极利用G8防止大规模杀伤性武器扩散。2002年宣布的G8反对大规模杀伤性武器扩散的全球伙伴关系，其目标是“防止恐怖分子或国家获得或开发大规模杀伤性武器”。伙伴关系有广泛的使命，包括不扩散、裁军、反恐怖主义、核安全等。

其三，具体政策或行动上的主导性，即主导制定国际防扩散日程和具体政策或行动。冷战结束以来，国际社会的众多反扩散行动、计划或倡议基本上是由美国发起的，是采取多边、双边，还是单方面行动，基本上由美国决定，一切以是否有利于美国保持美国的行动自由、领导地位和确保美国军事优势为标准。

因此，冷战后在防扩散行动方面，美国与国际社会的双边和多边合作表现出明显的“不对称性”，即美国主导，其他国家追随。即使是双边和多边行动，也是美国为行动制定原则和方针，均带有浓厚的美国色彩，全球反扩散努力或机制打上了明显的美国烙印。

---

① Wade Boese, U. S. Pushes Initiative to Black Shipments of 大规模毁灭性武器, Missiles, *Arms Control Today*, July/August 2003, p. 13.

② 关于该倡议面临的争议，参阅赵青海《“防扩散安全倡议”评析》，《国际问题研究》2004年第6期。

③ Robert G. Joseph, “The global initiative to combat nuclear terrorism: A comprehensive approach to today's most serious national security threat,” US Department of State, 18 July 2006, http: // www. state. gov.

3. 军事、经济、外交手段并用，但更多强调军事力量和军事行动

冷战时期，美国更多采用经济和外交手段防止大规模杀伤性武器扩散。冷战后，美国虽然强调军事、经济和外交手段并用，但与先发制人的打击和更多采取单方面行动相联系，美国更多强调以军事力量和军事行动防止大规模杀伤性武器扩散。

冷战后，在防止大规模杀伤性武器扩散的手段中，经济和外交手段仍得到相当重视。但“9·11”事件后，美国开始越来越强调军事手段或军事行动，表现出明显的军事化倾向。国防部在反扩散行动中具有突出的地位，执行各种倡议的主角更多时候是国防部而不是国务院或能源部或其他相关部门和机构，以战争形式体现出来的防扩散则更不用说了。通过国家安全战略和与大规模杀伤性武器战斗的国家战略在理论上确立先发制人的打击方针后，美国开始在实践中频繁采取军事行动。2003 年春，美国以伊拉克开发大规模杀伤性武器和支持恐怖组织为借口，发动伊拉克战争，推翻了萨达姆政权。这虽然有推进民主的外交战略考虑，但美国最主要的理由是萨达姆政权有开发大规模杀伤性武器发展计划。这意味着军事行动或与军事行动有关的措施在反扩散实践中居于突出地位。另外，为进一步推行以军事行动反扩散，小布什政府宣布退出 ABM，反对《禁止生物武器公约》附加核查议定书，拒不批准 CTBT，拨款研究用于攻击地下坚硬目标的小型核武器，在 2004～2009 年的防务预算规划中要求拨款用于开发和部署导弹防御系统。美国还通过依靠自愿的、非正式的“志愿者联盟”，谋求以武力阻止扩散，如 2003 年 5 月的防扩散安全倡议和 2004 年 3 月的地区海上安全倡议等。

4. 逐步完善并最终形成反扩散、防扩散和后果管理三位一体的防扩散模式

前面已经提到，冷战时期，美国更多强调防扩散，即主要依靠经济和外交手段阻止扩散。在新的反大规模杀伤性武器扩散战略中，这些仍得到相当重视。2002 年的与大规模杀伤性武器战斗的国家战略正式规定，为防止大规模杀伤性武器扩散，美国应该与使用大规模杀伤性武器进行战斗，实施反扩散；与大规模杀伤性武器扩散进行战斗，加强防扩散；对使用大规模杀伤性武器做出反应，实施后果管理。从而确立了防扩散、反扩散和后果管理三位一体的防止大规模杀伤性武器扩散模式。

有学者认为反扩散一般指采取先发制人的行动，防止大规模杀伤性武器物资、技术和专长从不遵守防扩散准则的国家转移到敌对国家和恐怖主

义组织。甚至可以说：“防扩散政策的军事行动部分通常被称为反扩散。”① 更多学者认为：“不扩散意味着采取外交和软实力，建立在最大限度尊敬和遵守 NPT 及有关协议的基础上。反扩散意味着，如果软实力被认为不够，将采取强制性的硬实力。”② 众多学者同意这种看法。如美国国防大学反扩散研究中心的高级研究人员认为，反扩散具有中心重要性，而且这两者之间的区别是根本性的。③ 这种区分，把防扩散与反扩散对立起来，认为是两种不同的阻止大规模杀伤性武器扩散的方式。从概念和美国冷战后防扩散的实践来看，上述理解是错误的。

小布什政府的第一个国家安全战略也说，作为与大规模杀伤性武器扩散进行战斗的全面战略的一部分，美国将“进一步加强防扩散努力以阻止‘流氓国家’和恐怖主义者获得发展大规模杀伤性武器所必需的材料、技术和专长。我们将加强外交、军备控制和多边出口控制”④。这里甚至没有提到军事行动。美国国会认为，反扩散的措施包括外交、制裁（允许/反对援助、金融制裁、政府/军事合同资格和贸易）以及在某些情况下实行拦截。⑤ 从美国政府对反扩散的定义看，1994 年 2 月，美国国家安全委员会提出的反扩散定义是：“如果面对一个拥有大规模杀伤性武器或导弹的敌人，国防部采取美国所能采取的全面措施与扩散进行战斗，包括外交、军备控制、出口控制、情报收集和分析，以确保美国武装部队和利益得到保护。”⑥ 但国防部不满意这一定义，国防部于是寻求自己的定义，1994 年 4 月，助理国防部长在美国参议院武器装备委员会做证时以列举方式说，反扩散是采取诸如“外交、军备控制、出口控制、情报收集和分析，以确保美国武装

① Craig H. Allen, *PSI Report*, *Maritime Counterproliferation Operations and the Rule of Law*, PSI Report, Praeger Security International, 2007, p. 28.

② Martin A. Smith, “To neither use them nor lose them: NATO and nuclear weapons since the Cold War,” *Contemporary Security Policy* 25, No. 3 (2004): 538.

③ Jason D. Ellis, The Best Defense: Counterproliferation and U. S. National Security, *The Washington Quarterly* 26: 2, p. 116.

④ George W. Bush, *The National Security Strategy of the United States of America* (Washington D. C.: The White House, September 2002), p. 14.

⑤ Congressional Research Service, Nuclear, Biological, Chemical and Missile Proliferation Sanctions: Selected Current Law, CRS Rep. RL31502, updated 21 October; 2005.

⑥ Vicente Garrido Rebolledo, NATO and Counterproliferation: A New Role for the Alliance, NATO Individual Research Fellowship 1995 – 1997, Final Report, Madrid 22 June 1997.

部队和利益得到保护”[①]。这一定义的行动主体不清楚，国防部进行新的定义，即反扩散是“国防部采取全面行动与扩散进行战斗，包括外交、军备控制、出口控制、情报收集和分析”[②]。这一定义特别强调是国防部采取行动。在克林顿即将任期届满之际，美国国防部给出新的定义，即“采取全面的军事准备和行动以降低和抵御核武器、生物武器和化学武器及其运载工具的威胁”。其主要因素包括：维持强大的威慑力量；发展识别，描述，摧毁和阻止 NBC 的生产储存和武器化；开发积极防御力量；训练和装备武装部队，使其能在 NBC 环境下开展有效行动；开发管理使用 NBC 后果的能力；鼓励盟国和友好国家将反扩散作为其军事战略的一部分；通过军备控制和出口控制支持外交活动。[③] 无论上述定义引起怎样的混淆，但反扩散的手段并不仅仅是军事打击却是共识。可见，从理论上说，反扩散并非就是军事手段，相反，经常采取非军事手段。从实践上看，反扩散也并非仅仅采取军事手段。布什政府于 2003 年 5 月提出不扩散安全倡议，这是反扩散的主要努力之一，其意图在于综合运用情报、外交、法律和其他工具，防止与大规模毁灭性武器有关的物资转移到有关国家和实体。对此，美国反扩散研究中心说，虽然我们提出了反扩散，但“我们对于传统的防扩散目标所承担的义务并没有减少，而只是认识到这些努力必须加强，如果它们要有助于美国和国际社会的安全的话。这包括积极的反扩散外交、多边条约和机制、国际合作、控制核材料、出口控制和制裁。美国主张采取多种形式，包括扩大防扩散和削减对独联体国家的援助、授权对其他国家提供新的削减威胁援助、G8 为全球防扩散提供 200 亿美元资金、更多的资源用于国际原子能机构加强核查的附加议定书”[④]。从上面论述可以看出，反扩散既包括进攻性军事行动，也包括采取防御性和政治、经济、外交等方面措施。反扩散和防扩散不是两个具有本质区别的不同概念。一个全面的反扩散战略措施必须支持而不是削弱传统的防扩散，它不是建立在反扩散或

① Statement by Asthon Carter, Assistant Secretary for Defense (International Security Policy), before the Committee on Armed Services of the United States Senate, April 28, 1994.

② Institute for National Strategic Studies, *Strategic Assessment 1996*: *Instruments of U. S. Power*, Washington D. C., 1996, p. 121.

③ Office of the Secretary of Defense, *Proliferation*: *Threat and Response* , Government Printing Office, January 2001, p. 78.

④ A Report of the Center for Counterproliferation Research, At the Crossroads: Counterproliferation and National Security Strategy. National Defense University Press Washington D. C., April 2004.

防扩散优先性的基础上，而是建立在互补的基础上。正如冷战时期每个美国总统在任期内都会提出以自己的名字命名的主义一样，如杜鲁门主义、艾森豪威尔主义、尼克松主义、卡特主义、里根主义等，虽名称各殊，但实质并未脱出杜鲁门主义所提出的遏制的窠臼。反扩散与防扩散如果有区别的话，其区别也恰如上述各种主义之间的区别。

从冷战后美国政府的实际运作看，反扩散也包括政治和外交手段，防扩散也包括军事手段。美国在阻止大规模杀伤性武器扩散方面实际上一直采取反扩散和防扩散两种措施，只不过各个阶段的侧重点不同，如克林顿政府时期，更多采取防扩散措施，但没有放弃反扩散手段；而小布什政府时期，更多侧重使用反扩散手段，但绝对没有放弃或忽视过防扩散措施。因此，可以说，反扩散并非完全是军事手段，防扩散也并非没有军事手段，反扩散与防扩散的分野并非如许多学者所说的是军事打击与外交和经济措施之间的不同。从美国政府冷战后阻止大规模杀伤性武器扩散的理论和实践看，我们可以发现，反扩散和防扩散不是美国政府阻止大规模杀伤性武器扩散的两个不同阶段，也不是两个彼此对立的阻止大规模杀伤性武器扩散的措施，而是在新的国际安全环境下美国三位一体阻止大规模杀伤性武器扩散的两个支柱，它们是互补的和并存的，而不是对立的和冲突的。

二、冷战后美国防扩散政策的实质

冷战后，美国防扩散政策的实质是防威胁，往往借防扩散之名，行防威胁之实。突出表现在以下两个方面。

第一，容忍并事实上承认所谓的民主国家开发核武器，成为核国家，而对潜在敌国，则采取各种措施，甚至不惜发动先发制人的军事打击或入侵来阻止它们开发大规模杀伤性武器。

面对冷战后日益严峻的扩散形势，美国在 20 世纪 90 年代初期认为：那些正在出现的有意对美国进行导弹打击的国家（伊朗、伊拉克、朝鲜和叙利亚）在未来 10 年没有能力生产远程导弹或洲际弹道导弹，而那些可能具有这种能力的国家（以色列等）又没有这种意图。[①] 即使在 1998

① Proliferation of Weapons of Mass Destruction: Assessing the Risks, August 1993, OTA - ISC - 559, NTIS order #PB94 - 107612, GPO stock #052 - 003 - 01335 - 5, p. 66.

年印度进行核爆炸后，美国仍坚持认为："印度和巴基斯坦都不是美国的敌对国家，美国与印度或巴基斯坦发生军事冲突的前景是很小的。"① 正因为如此，所以在印度进行核爆炸后，一向坚决反对核扩散的美国对印度和巴基斯坦无论是开发、部署导弹还是开发、部署核武器，都采取了实质上认可的政策，虽然口头上也大声指责与批评。对于这种扩散与防扩散之间的根本对立，2002 年美国国家安全战略轻描淡写地说："对印度开发核武器和导弹计划及其经济改革步伐，（美国与印度之间）仍然存在不同看法。"② 不仅如此，布什总统还亲自出马为印度发展核武器寻求借口，他说印度是一个"负责任"的国家。③ 言下之意，美国认为，"负责任"的国家是可以开发或获得核武器的，而"不负责任"的国家则是不允许开发或获得核武器的。其实，真正的理由是："今天，我们开始把印度看作世界上一个力量正日益增长的国家，而且与我们有共同战略利益"。④ 而对伊朗、伊拉克和朝鲜等，美国则采取了完全不同的立场和政策。

美国不仅事实上承认了印度的核武器国家地位，而且还不顾国际防核扩散机制的规定，于 2006 年 3 月布什访问印度期间，两国达成了美印民用核能合作协议。当美国政府在核能利用问题上对印度和伊朗采取截然不同的态度遭到强烈质疑时。时任美国常驻联合国代表的约翰·博尔顿辩解说，印度和巴基斯坦都是通过"合法途径"成为拥有核武器的国家，而伊朗则试图通过"非法途径"制造核武器。⑤ 也就是说，通过合法途径是可以开发核武器等大规模杀伤性武器的，而通过非法途径是不允许开发核武器等大规模杀伤性武器的。这一选择性防扩散不可能不引起疑问，即美国政府是否把不扩散看作一个全球通用的标准？其政策的实施是否依政权的类型而定？

---

① Report of the Commission to Assess the Ballistic Missile Threat to the United States, 15 July 1998, DNSA, WM00532.

② The White House, *The National Security Strategy of the United States of American*, September 2002, p. 27.

③ The White House, Press Release, 18 July 2005, "Joint Statement between President George W. Bush and Prime Minister Manmohan Singh," http://www.whitehouse.gov/news/releases/2005/07/20050718-6.html.

④ The White House, *The National Security Strategy of the United States of American*, September 2002, p. 27.

⑤ 《美印核能合作签约，美国不掩饰双重标准》，新华每日电讯，2006 年 3 月 3 日。

第二，向西方盟国提供核保护伞。冷战后，美国继续向日本、德国等西方盟国提供核保护伞。美国为这一行为进行辩护的理由是，如果美国不向日本、德国等西方盟国提供核保护伞，则日本、德国等就会开发核武器来保卫自己。如果向西方盟国提供核保护伞的唯一目的是防止它们开发核武器等大规模杀伤性武器的话，则同样的道理，为什么美国不向朝鲜、伊朗等国提供核保护伞以防止这些国家开发和部署核武器等大规模杀伤性武器呢？相反，美国不仅不向这些国家提供核保护伞，而且美国不断对这些国家采取经济封锁、制裁，甚至威胁进行军事打击和入侵来阻止这些国家开发核武器等大规模杀伤性武器。人们可以问，为什么美国不能以同样的方式来阻止西方盟国中有能力开发核武器等大规模杀伤性武器的国家开发核武器呢？因为纯粹从扩散的角度讲，相比较朝鲜、伊朗等经济、技术远没有西方国家发达，美国的西方盟国是扩散面临的更大威胁。因此，美国向西方盟国提供核保护伞的实质是，核武器可以扩散到所谓民主国家，但不能扩散到潜在敌国。上述结论的前提是民主和平论。即使我们接受这一说法，也会产生一个问题，即如果世界上所有的国家都是民主国家，核武器是不是会消灭？或者反过来问，如果美国所谓潜在敌国拥有核武器等大规模杀伤性武器后，它们是否比民主国家更容易使用这些武器？实际上，即使从美国国内的讨论看，上述两种情况都不是肯定的。唯一肯定的是，如果被美国视为敌对的国家拥有大规模杀伤性武器后，美国不再可能像以前那样随心所欲地对这些国家威胁进行打击或入侵了。

正是从上述两个方面，我们说美国冷战后防扩散的实质是防威胁，在防扩散的名义下努力行其防威胁之实。

第三节　冷战后美国防大规模杀伤性武器扩散的后果及其原因

一、冷战后美国防扩散的后果

冷战后，在国际社会的共同努力下，防扩散取得了一些成果。

在阻止核扩散方面，布什政府所推行的核不扩散政策一定程度上起到防止核武器和核材料扩散到恐怖主义和某些有核野心国家手中的作用，也有助于防止某些地区核军备竞赛的出现，同时，美国还通过防扩散加强了大国合作，改善与中俄的关系，避免了一些地区核问题的进一步升级，如朝核问题。具体而言，阿根廷、巴西、南非、瑞典、韩国都最终放弃了开发核武器计划并作为非核武器国家加入 NPT。乌克兰、哈萨克斯坦和白俄罗斯作为苏联的加盟共和国继承了在其领土上的核武器，它们也放弃了核武器并作为非核武器国家加入 NPT。正如 Leonard Spector 所说，不扩散在 20 世纪 90 年代初期取得了极大成功，“历史上第一次一个核武器国家——南非——销毁了自己的核武器。白俄罗斯、乌克兰和哈萨克斯坦已经同意把苏联时期部署在它们领土上的核武器移交给俄罗斯，同意加入 NPT 并正式放弃未来开发核武器的权力。在经过多年的抵制全面核控制之后，阿根廷和巴西已经接受了……罗马尼亚也已经停止了开始于 1992 年的开发核武器的努力。在 80 年代秘密建设可疑的大量的研究反应堆多年后，阿尔及利亚于 1995 年 1 月加入 NPT”①。以乌克兰而言，如果乌克兰不放弃核武器，则作为世界第三大核武器国家，仅仅乌克兰就能对美国造成重大威胁。② 20 世纪 90 年代防核扩散的一个重大成就是，经过美国与其他 4 个核国家的通力合作以及无核国家的共同努力，1995 年，世界各国同意无限期延长 NPT。进入 21 世纪后，在防核扩散上继续取得新的成就，在美国军事打击的威胁下，利比亚在 2003 年放弃了秘密核武器计划。更重要的是，美俄于 2010 年 4 月 18 日签订了新的《削减战略武器条约》，进一步把两国的战略核弹头限制在 1550 枚、部署的洲际弹道导弹限制在 700 枚。该条约已于 2011 年 2 月 5 日生效。

在阻止导弹扩散方面，到导弹及其技术控制机制建立 10 周年的时候，阿根廷、巴西、埃及、伊拉克、利比亚、南非、韩国、叙利亚或放弃开发导弹，或在开发导弹方面遇到重大挫折。③ 根据合作减少威胁计划，到

---

① Leonard S. Spector, “Neo-nonproliferation,” *Survival*, vol. 37, No. 1 (Spring, 1995), p. 69.

② Dunn, Lewis A. (1994) Rethinking the Nuclear Equation: The United States and the New Nuclear Powers. The Washington Quarterly 1: 5 – 25.

③ Office of the Secretary of Defense, *Proliferation*: *Threat and Response* (Washington D. C.: Department of Defense, January 2001), p. 74.

2001 年 6 月 1 日，仅在俄罗斯、乌克兰、白俄罗斯和哈萨克斯坦等原苏联加盟共和国就使 5014 枚核导弹失去作用，同时，销毁了 394 枚洲际弹道导弹、摧毁 365 座洲际弹道导弹发射井和发射控制中心、256 艘发射弹道导弹的潜艇、123 枚潜射弹道导弹和 65 架重型轰炸机。

在防止化学武器和生物武器扩散方面：1997 年，国际社会通过了《禁止化学武器公约》（CWC），它以禁止所有化学武器为目标。它的达成和通过，是国际防扩散事业的一个重大成绩。防化学武器扩散的观念可谓深入人心，到 2010 年 1 月 27 日，188 个国家加入 CWC。在防止生物武器扩散方面，美国与原苏联各加盟共和国之间的削减生物武器威胁计划进展顺利，进而该计划进一步扩大到南亚、东南亚和非洲等有关国家和地区。

与冷战后在防扩散上取得一定成果相对应的一个更为严酷的事实是，扩散实际上变得更加严重。经过 20 余年的防扩散，与 50 年的冷战时期相比，出现越防越扩散、越防扩散越多的局面，核武器、导弹、生物和化学武器扩散更严重了。表现为更多的国家拥有核武器、核武器的现代化水平更高了；更多的国家拥有导弹和生产导弹的技术与能力，导弹的数目与类型都增加了；更多的国家拥有生产生物和化学武器的技术与能力；更严重的是，越来越多的国家希望获得大规模杀伤性武器。

作为不扩散国际机制核心的 NPT 遭到严重削弱和破坏。虽然冷战后加入 NPT 的国家越来越多，到 2008 年 1 月，有 190 个国家加入 NPT，包括 5 个核武器国家。但 NPT 实际上遭到严重削弱。朝鲜 2003 年 4 月正式退出，印度、以色列和巴基斯坦则一直拒绝加入。另外，美国在反对其他国家开发核能力的同时却与印度签订民用核合作协议。这种选择性防扩散的行为严重侵蚀了国际不扩散机制。[①] 这对 NPT 的损害更直接也更为严重。而这种损害，甚至在冷战时期也没有出现过。

核武器扩散到更多国家。冷战时期有 5 个公认的核武器国家，即中国、俄罗斯、英国、美国和法国 5 个安理会常任理事国。但从冷战结束到 2003 年，印度、巴基斯坦和朝鲜都成为事实上的核武器国家，伊朗也正在努力开发自己的核力量，以色列则被认为是一个核武器国家。在短短

① Robert S. Litwak, *Regime Change: U. S. Strategy through the Prism of 9/11* (Washington D. C.: Woodrow Wilson Press), 2007.

10余年内，实际上成为核武器国家的数目已经超过冷战期间几十年成为核武器国家的数目。

生物和化学武器扩散更严重了。1993年，美国国会说，世界上有20个国家有化学武器，超过10个国家有生物武器，超过12个国家部署了弹道导弹。①到2008年，美国报告说，伊朗继续保留生产化学武器的设施。不仅如此，在销毁化学武器方面也面临严重挑战，原定的销毁时间（2007年4月29日）被大大推迟，作为最主要的化学武器拥有国，美国表示要到2021年才能销毁。②在生物武器扩散方面，由于美国的反对，国际社会在冷战后一直没有达成实施《禁止生物武器公约》所需要的查证或执行规定。在建立信任措施方面，也几乎没有取得什么成功，130个成员中只有30个国家偶尔提供不完整的或模糊的信息。而且第三世界国家中没有一个国家参加这一行动。③

导弹及其相关技术扩散更严重了。1972年，只有9个国家拥有弹道导弹，1990年，有16个国家拥有各种射程的弹道导弹。2009年6月，奥巴马政府第一份关于导弹扩散情况的评估报告说，弹道导弹已经广泛扩散，超过20个国家已经有弹道导弹系统。④以巡航导弹为例，据美国国防情报署透露，1997年，世界上共生产了130种巡航导弹，有75个国家拥有巡航导弹，大约有19个国家正在开发和生产巡航导弹。而且，国际合作开发巡航导弹的情况日益突出，如美国、英国、加拿大、德国、法国、意大利和西班牙联合开发导弹。⑤到2002年，这一数字进一步增加，81个国家拥有巡航导弹，其中有18个国家有能力生产巡航导弹，22个国家正在掌握生产巡航导弹的能力，其他国家依靠进口获得这些武器。美国

---

① OTA, U. S. Congress, Proliferation of Weapons of Mass Destruction: Assessing the Risk, U. S. Government Printing Office, August 1993, pp. 65 – 66.

② Congress Research Service Report, RL31559, Mary Beth Nikitin, Paul K. Kerr, Steven A. Hildreth, Proliferation Control Regimes: Background and Status, 18 October 2010, p. 33.

③ Maj Michael G. Archuleta, *Proliferation Profile Assessment of Emerging Biological Weapons Threats*, A Research Paper Presented To The Directorate of Research Air Command and Staff College, April 1996. p. 42.

④ National Air and Space Intelligence Center, Ballistic and Cruise Missile Threat, Nasic – 1031 – 0985 – 09, June 2009.

⑤ Gennady Khromov, *The Threat Of Cruise Missile Proliferation Requires Urgent Coordinated Actions*, The Monitor, Vol. 3/4. No. 4/1, Fall 1997/Winter 1998, p. 3.

承认，这些巡航导弹绝大多数掌握在美国的盟国和友好国家手里。[①]

毫无疑问，核武器、生物和化学武器以及导弹在冷战后都进一步扩散了。

二、冷战后扩散更为严重的原因

冷战后扩散更为严重的根本原因在于国际社会无政府状态下国际安全与国家安全的不一致性。由于国际社会至今仍处于无政府状态下，出于安全恐惧，一些国家无法“将国家安全寄予外部环境必然友善的假设上，也不能把塑造友善的外部环境作为安全战略的终极依托”，而是寻求通过开发核武器来实现国家安全。[②] 虽然核武器等大规模杀伤性武器扩散不符合国际社会的共同利益，却符合各国保护国家安全的至高利益。有学者将这种无政府状态对扩散的影响绝对化和扩大化，认为国际政治固有的无政府性质使不扩散努力不会有什么效果，在各国相互独立的世界上，扩散是不可避免的。[③] 国际社会无政府状态固然有助于扩散，但上述说法未免太悲观，因为如前所述，冷战后国际社会的努力确实阻止了一些扩散。这一现象本身说明，扩散并不是不可避免的。这里仅从美国角度讨论造成冷战后扩散加剧的主要原因。

1. 选择性防扩散加剧了扩散

冷战后，美国的防扩散政策表现出明显的选择性。美国一直存在选择性防扩散的传统，如最近在乔治·华盛顿大学和伍德罗·威尔逊国际中心的核扩散国际史项目解密的国家安全档案表明，美国在 20 世纪 70 年代曾秘密帮助法国开发先进核武器。[④] 冷战后，美国延续了这一传统。

冷战后，一些美国学者大力鼓吹应选择性防扩散。米尔斯海默（Mearsheimer）主张某些核扩散是必要的，是对苏联和美国核武器从中欧撤除之后的补充。理想的情况是，“核武器应该扩散到德国，但不应扩散

---

① Christopher Bolkcom, *Statement before the Senate Government Affairs Committee*, Subcommittee on International Security, Proliferation, and Federal Services, 11 June 2002. p. 18; CRS Report for Congress, Christopher Bolkcom and Sharon Squassoni, Cruise Missile Proliferation, Order Code RS21252, 3 July 2002.

② 沈丁立：《核扩散与国际安全》，《世界经济与政治》2008 年第 2 期。

③ John J. Weltxnaq, “Nuclear Devolution and World Order,” *World Politics*, Vol. 32, January 1980, pp. 192 - 193; Ted Galen Carpenter, “A New Proliferation Policy,” *The National Interest*, Summer, 1991, pp. 63 - 72.

④ Shaun Tandon, US Secretly Helped French Nuclear Program: Documents, *Agence France Presse*, 25 May 2011.

到其他国家”[①]。一些人则敦促美国政府努力防止诸如伊朗和朝鲜这样激进的敌对国家获得大规模杀伤性武器，同时，不干预乌克兰和巴基斯坦获得核武器。因为后两个国家并没有对美国的利益产生威胁，而且实际上承担了稳定器的角色，抵消了地区竞争对手俄罗斯和印度的力量。[②] Sephen Van Evera 也建议可以允许具有稳定效果的关键国家获得核武器[③]。总之，这些学者认为针对所有新的开发大规模杀伤性武器国家的反扩散是不必要的，只应针对那些敌视美国及其盟国的国家，或者针对那些敌视美国不言而喻的盟国如敌视以色列的国家。[④] 简言之，选择性防扩散主张对新的准备开发核武器的国家，不是运用相同的制裁或努力说服它们不要开发核武器，而是要根据每一个国家具体情况采取不同的政策。对于那些经常从事国际恐怖主义或对其邻居采取军事行动的国家，应阻止它们获得核武器；而对于那些只是寻求保护自己免受地区威胁的国家则让它们自行其是，并允许它们获得核威慑能力。美国政府官员，尤其是小布什政府重要成员，如国家安全委员会反扩散高级官员罗伯特·约瑟夫（Robert Joseph）、国防部副部长道格拉斯·费思（Douglas Feith）、副国务卿约翰·博尔顿（John Bolton）等宣称，核武器本身不是问题，只有“坏国家”（bad guys）的核武器才是问题。[⑤] 也就是说，在处理不扩散方面，美国根据“好国家”和“坏国家”来行事，奖励朋友而努力阻止对手获得核技术。也表明美国拒绝接受《不扩散核武器条约》的根本前提，不是努力创立一个平等的全球机制以最终消除核武器，而仅仅是要摧毁“坏国家”的核武器。这种认识极大影响了冷战后美国的防扩散政策。

美国选择性防扩散主要表现在三个方面。

---

① John Mearsheimer, “Back to the Future: Instability in Europe After the Cold War,” *International Security*, Summer 1990 (Vol. 15, No. 1), pp. 54.

② William Martel and William Pendley, (1994) Nuclear Coexistence: Rethinking U. S. Policy to Promote Stability in an Era of Proliferation. Maxwell Air Force Base: Air University, Air War College Studies in National Security Number One.

③ Stephen Van Evera, *Primed For Peace: Europe After The Cold War*, International Security, 3, 1990 - 1991, pp. 7 - 57.

④ Richard Haass, *Compendium of Proceedings of the Strategic Options Assessments Conference*, Held at U. S. Strategic Command, 7 - 8 July 1993, p. 4.

⑤ George Perkovich, *Bush's Nuclear Revolution: A Regime Change in Nonproliferation*, Foreign Affairs 82, No. 2, Mr/Ap 2003, pp. 2 - 8.

第一，一方面自己努力维持并不断更新庞大的核武库，谋求发展新型核武器和核武库的安全、可靠和有效；另一方面却又不准其他国家发展核武器等大规模杀伤性武器，或指责其他国家实现自己核武器的现代化。在这方面，美国典型的做法是，敌国或潜在敌国任何实现自己大规模杀伤性武器现代化或开发大规模杀伤性武器的行为都严重损害了美国及其盟国的安全，相反，任何其他国家都不应对美国实现自己大规模杀伤性武器的现代化感到担忧，而且，美国的类似举动不会影响其他国家的安全或改变力量态势。① 因此，冷战结束以来，我们看到，从老布什政府到奥巴马政府，美国一方面削减核武器等大规模杀伤性武器的数量；另一方面为维持有效的威慑，确保核武器等大规模杀伤性武器的安全、可靠和有效而不断更新、改进核武器技术，延长核武器使用寿命，提高核武器打击的精度和效率；同时，美国政府不断改进全球快速打击系统和部署导弹防御系统。美国一方面不断提高本国核武库的威慑性，另一方面不准其他核武器国家改善核武器等大规模杀伤性武器性能，更不允许非核武器国家开发核武器。为证明自己的做法是正确的，美国政府官员和学者还提出了一套理论。2004 年，一份由国务卿、国防部部长、能源部部长给国会的报告宣称："朝鲜和伊朗明显寻求大规模杀伤性武器以适应它们自己所认为的安全需要。"② 前布什政府负责军备控制的助理国务卿认为，美国改善自己核武器的政策与朝鲜的核武器决定没有什么关系，他认为主要是追求权力和声望驱使朝鲜发展核武器。③ 美国国家核安全管理局代表公开宣称，包括可信替代弹头计划在内的"美国核武器的现代化，不可能破坏目前的不扩散机制，不会造成目前核武器国家的纵向扩散，不会造成非核武器国家寻求核武器"，也不可能激起来自俄罗斯或中国甚至印度或巴基斯坦的类似反应。因为这些国家核弹头开发计划的基础是它们自己的安全需要而不是美国核武器研发的具体计划。同样，美国的核政策也不会进一步刺

① 如对于美国退出《反弹道导弹条约》这一引起几乎整个世界关注的行动，美国坚持认为美国退出该条约对包括中国在内的其他国家的核力量态势几乎没有什么影响。Sharon Squassoni, CRS Report RL30699, Nuclear, Biological, and Chemical Weapons and Missiles: Status and Trends.

② "An Assessment of the Impact of Repeal of the Prohibition on Low Yield Warhead Development on the Ability of the United States to Achieve Its Nonproliferation Objectives," March 2004, report submitted to Congress in response to the National Defense Authorization Act for Fiscal Year 2004.

③ Stephen Rademaker, "Blame America First," *The Wall Street Journal*, 7 May 2007, p. 15.

激恐怖分子获得这样的武器——这些刺激因素本身已经够强烈了，与美国核能力或常规能力的增强没有关系；对所谓“流氓国家”也没有任何冲击和影响，因为它们开发核武器的计划独立于美国的核计划之外。他甚至建议把美国和英国的核力量扩大到北约国家和其他国家。认为这是防扩散的一个非常重要的工具。[①] 一些学者也认为，美国的核武器政策与伊朗或朝鲜决定发展核武器计划或放弃核武器计划没有什么直接联系。如果有的话，也是相反的，因为这些国家在美国大幅度削减其核武器规模和没有采取措施实现其核武器现代化时仍在大力发展核武器。[②]

在具体行动上，鉴于伊拉克和朝鲜秘密发展核武器的教训，国际原子能机构（IAEA）在1992年采取措施加强核保护机制：以非核国家同意IAEA核查所有的核材料作为交换，核国家许诺将“尽最大可能交换为和平使用原子能的装备、材料、科学和技术信息”。核国家也同意“进行可信的谈判采取有效措施尽可能早地停止核军备竞赛和进行核裁军……”[③] 但美国根本没有遵循这一条规定，它一方面削减庞大的过时的核武库，一方面拒不批准《全面禁止核试验条约》（CTBT），以便随时恢复进行核试验，同时，努力开发各种小型的可投入使用的核弹头。自日本在第二次世界大战中遭受核打击以来，国际社会再次面临核武器被投入使用的危险。为遏制美国核打击，有关国家竞相开发核武器等大规模杀伤性武器，国际不扩散机制面临前所未有的挑战。历史和现实都表明，压倒优势的毁灭性力量固然能威慑其他国家对美国使用军事力量，但根本不足以说服弱国放弃加强防务力量的观念。不但不足以说服弱国放弃，相反，还会刺激它们进一步加强自己的防务力量。

作为世界上最强大的国家和拥有大规模杀伤性武器最多的国家，美国有责任也有义务改变这一“流氓”做法，真正采取切实有效的公平、公正、合理的政策，防止大规模杀伤性武器扩散。

---

① John R. Harvey, *U.S. Nuclear Weapons Programs: Implications for Nonproliferation*, Comparative Strategy, Vol. 26, No. 1, 2007.

② Ariel E. Levite, "Never Say Never Again: Nuclear Reversal Revisited," *International Security*, Vol. 27, No. 3 Winter, 2002 - 2003, pp. 59 - 88.

③ Mary Beth Nikitin, *CRS Report for Congress: Proliferation Control Regimes: Background and Status*, RL31559, 31 January 2008.

第二，美国在坚决反对敌对国家开发核武器等大规模杀伤性武器同时，同情甚至帮助盟国开发核武器。克林顿政府在没有 IAEA 安全保证的情况下，同意向还没有签署 NPT 的印度出口属于 IAEA 核查范围的核技术，从而为印度的核试验提供了帮助。① 小布什政府的选择性防扩散表现尤为突出。小布什政府批准了与印度的民用核合作协议，还在即将结束白宫生涯的时候与阿联酋签署了民用核合作协议。很明显，阻止一个国家发展核武器的好方法并不是帮助其邻居进入核俱乐部。

奥巴马继承了美国政府在这个问题上的一贯立场。他支持与印度的民用核合作，同意免除印度履行 NPT 的义务，以培育更加稳固的印美战略伙伴关系。作为免除印度履行 NPT 义务和增加与印度的民用核技术贸易的交换，印度的核计划应处于某种程度的国际控制之下。为使美印民用核技术贸易顺利通过，奥巴马保证协议不会使印度有能力生产更多的核武器，以此换取国会同意修改原子能法。② 但奥巴马政府对伊朗则完全是另外一种立场。在 2007 年 3 月的美国以色列公共事务委员会会议上，奥巴马说："全世界必须行动起来制止伊朗的铀浓缩计划并防止伊朗获得核武器。激进的神权国家掌握核武器要危险得多。我们别无选择，为阻止伊朗制造核武器，我们应该采取包括军事行动和把持续有效的外交与强硬的制裁相结合的各种措施。"③ 在 2008 年的民主党全国代表大会上，奥巴马还呼吁"全世界必须行动起来制止伊朗获得核武器"。并威胁说，如果伊朗拒绝国际社会的要求，美国和国际社会将施加进一步的压力，美国也将实行更强硬的单方面制裁，联合国安理会内外也会实行更强有力的多边制裁。伊朗人民和国际社会必须清楚，是伊朗选择了孤立和不合作。④ 因此，与小布什政府一样，奥巴马政府要求伊朗首先放弃其核计划，并准备回到加大制裁以迫使伊朗遵守规则的老路上去。虽然美国表示，在德黑兰与美国合作之后，美国愿意就伊朗自己的安全关切与它谈判，但并没有保

---

① Michael Ledeen, Blame the U. S. for India's Nuke, *Wall Street Journal*, 15 May 1998, A14.

② Agence France-Presse, "Obama Will Not Change Nuclear Deal With India: Report," 12 July 2008, http://afp.google.com/article/ALeqM5hD8rqCuh4wxWg6iW2PESOvIdukTQ

③ Barack Obama, "AIPAC Policy Forum," 2 March 2007, http://www.barackobama.com/2007/03/02/aipac_policy_forum.php.

④ Democratic National Committee, "The 2008 Democratic National Platform: Renewing America's Promise," 25 August 2008, p. 32, http://www.democrats.org/a/party/platform.html.

证美国将就这个问题做任何事情。换句话说，对以色列而言，美国承认全面和平和可信的安全保证是裁军的前提；但对伊朗而言，美国认为首先必须进行裁军，而安全关切是第二位的。虽然在2010年的NPT审查大会上，美国支持建立中东“无核区”。但美国清楚表明，这一目标的实现首先依赖于以色列与其邻居达成全面和平协议。也就是说，美国接受以色列在安全关切得到满足前不放弃核武库的立场。如果华盛顿能清楚地理解以色列在其广泛的安全关切得到满意的解决以前不会放弃核武器，为什么它同时认为伊朗在没有解决其安全关切前就应该放弃其铀浓缩活动呢？同样的问题也适用于朝鲜。

第三，美国在对待所谓敌对国家开发大规模杀伤性武器方面也存在明显的选择性。如在防核扩散过程中，美国没有同样对待朝鲜和伊朗。虽然这两个国家都表示愿意与美国直接会谈，但美国一直不愿意与伊朗直接会谈。这会产生不利后果：其一，对于伊朗而言，拥有核武器是保护伊朗免受它在本地区来自美国和以色列这一最大威胁的合情合理的方式，美国已经入侵了伊朗的邻居——伊拉克，而且，伊朗被贴上了“邪恶轴心”的标签，核武器因此被看作对美国未来可能进攻的可信威慑；其二，美国不愿直接与伊朗会谈，伊朗可能更相信美国想推翻其政权，因此，伊朗不可能对美国和国际社会的要求做出让步；其三，伊朗可能会认为，美国之所以同朝鲜直接会谈而不直接与伊朗会谈，是因为朝鲜实际上已经拥有核武器。这可能促使伊朗更加坚定地开发核武器。冷战后美国对朝鲜和伊朗的不同政策在其他国家，尤其可能会遭到美国打击的国家看来，拥有自己的核武器能有效地阻止即使是美国这样的国家使用有效数量的核武器攻击。因此，势必努力开发核武器。

选择性扩散能保障自己的安全吗？答案是否定的。在中东，即使以色列获得了核武器也没有能阻止其非核武器邻国在1967年和1973年对它的进攻。[①] 实际上，美国在防大规模杀伤性武器扩散上的选择性做法会进一步刺激伊朗、朝鲜等宿敌的不妥协态度，很可能导致扩散进一步扩大。面对美国政府的强大压力，伊朗政府在核问题上的立场丝毫没有软化的迹象。伊朗总统艾哈迈迪·内贾德强调，伊朗“是现实主义者”，不会向压

---

① Yair Evron, *The Relevance and Irrelevance of Nuclear Options in Conventional Wars*: *The* 1973 *October* War, Jerusalem Journal of International Relations 1 - 2, 1984, pp. 143 - 176.

力低头，不会放弃铀浓缩项目。[1] 相比而言，朝鲜的态度更激进。2009 年 4 月 13 日，在安理会通过决议谴责朝鲜的火箭发射 9 个小时后，朝鲜谴责并拒绝安理会的决议，驱逐国际核查人员和美国技术工作人员，退出六方会谈及其以前达成的所有协议，威胁要加强它用于“防御目的的核威慑”，决定恢复核工厂运转和再处理核燃料棒，并准备重启核计划，除非安理会就其侵犯朝鲜主权的行为道歉。[2]

2. 冷战后，美国继续把威慑作为美国国家安全战略的重要内容，威慑本身成为防扩散的手段，这刺激了进一步扩散

冷战后，美国继续把威慑，尤其是核威慑作为美国军事态势的核心因素。随着美国把大规模杀伤性武器扩散看作对美国安全的最大威胁，美国政府开始把威慑，尤其是核威慑作为防扩散的手段，试图以威慑阻止对美国、美国盟国、美国或盟国至关重要利益的进攻、阻止获得或使用大规模杀伤性武器。

在整个 20 世纪 90 年代，克林顿政府都坚持核武器对于阻止美国面临的各种威胁是非常重要的。在 1994 年的核态势评估报告中，克林顿政府宣称，使用核武器反击大规模杀伤性武器甚至非核武器国家的化学武器攻击是合法的。[3] 表现出把所有形式的大规模杀伤性武器都包含在美国核战争计划内的倾向和趋势。在 1995 年的年度报告中，国防部部长威廉·佩里指出，尽管国际形势发生了巨大变化，但核武器仍是美国军事力量的一个基本部分，“威慑概念将继续是美国核态势的核心，美国将继续威胁进行报复、包括核报复以阻止对美国、美国武装力量和美国盟国的侵略”[4]。1995 年的国家军事战略，要求在海外保持军事存在的同时，部署更多的美国武装力量，以便为“和平时期的义务、威慑和预防冲突以及获得战斗胜利”而投射力量。[5]

传统上，威慑并不是防扩散的工具，但随着冷战后扩散形势的变化，

---

① 《对奥巴马新政，中东“宿敌”谨慎认可》，新华每日电讯，2009 年 4 月 14 日。

② Siegfried S. Hecker, *The risks of North Korea's nuclear restart*, Bulletin of the Atomic Scientists, 12 May 2009.

③ The 1994 Nuclear Posture Review, 8 July 2005, http://www.nukestrat.com/us/reviews/npr1994.htm.

④ U.S. Department of Defense. *Annual Report to the President and Congress*, by Secretary of Defense William Perry, Washington D.C., February 1995. p. 84.

⑤ John M. Shalikashvili, *National Military Strategy of the United States of America*, Washington D.C. February, 1995, pp. 8-16.

美国政府开始赋予威慑在防止大规模杀伤性武器扩散方面的作用，认为强大和可靠的威慑力量会削弱一些敌对国家获得或使用大规模杀伤性武器的努力。① 实践方面，海湾战争结果也使分析家们认为，伊拉克之所以没有对联合国部队使用化学武器，是因为害怕美国报复，美国可以使用核武器，或把常规攻击升级以摧毁侯赛因政权；以色列的核报复能力也被视为伊拉克没有用携带化学弹头的导弹袭击以色列的原因。这一认识在克林顿政府的国家安全战略中得到鲜明体现。1998 年的国家安全战略声称："美国必须维持强大的三位一体的核力量，使之足以阻止任何外国领导人获得核武器的愿望，并使他相信寻求核优势是没有用的。"不仅如此，核武器还被作为应对"不确定的未来"的工具、"确保我们对盟国的安全义务"和阻止有关国家开发或获得核武器。② 对此，美国国会提交的报告明确指出，美国的反扩散学说建立在经典的威慑理论基础上，它把先发制人的打击与可信的威慑态势结合起来，以阻止获得/转移或使用大规模杀伤性武器。③

小布什政府进一步提高了威慑在防扩散中的作用和地位。

小布什多次批评克林顿政府的防核扩散政策，说克林顿政府的核态势评估没有抛弃冷战时代的"确保相互摧毁理论"，批评克林顿政府的威慑政策是失败的，未能阻止核武器扩散。2001 年 5 月 1 日在美国国防大学的讲话中，小布什提出了新的威慑概念：不仅依靠进攻性力量，也依靠防御性力量。④ 根据这一原则，小布什政府不仅将核力量计划从冷战时期的"基于威胁"向"基于能力"方向调整，将威慑的主要对象由俄罗斯转向所谓敌对国家和非国家行为体的恐怖主义组织；而且将范围从威慑他国对美国使用大规模杀伤性武器扩大到威慑别国不得开发或获得大规模杀伤性武器，同时，降低了使用核武器的门槛。因此，威慑尤其是核威慑成为美国国家安全战略的基本原则。布什政府表示，核武器在保卫美国、美国的盟国及其友好国家方面"发挥着关键作用"，它们在阻止包括大规模杀伤

---

① Sharon A. Squassoni, *Nuclear, Biological, and Chemical Weapons and Missiles: Status and Trends*, *CRS Report*, Order Code RL30699, Updated 14 January 2005. DNSA, WM00608.

② The White House, *A National Security Strategy for a New Century*, October 1998, p. 12.

③ Zachary S. Davis, *U. S. Counterproliferation Doctrine: Issues for Congress*, CRS Report for Congress, September21, 1994, p. 8.

④ President George Bush's Speech at US Defense University on 1 May 2001.

性武器和常规威胁方面提供了可信的能力。[①] 2002 年核态势评估报告提出包括核力量和常规力量、导弹防御以及使其力量安全使用基础设施在内的新“三位一体”威慑力量，其目标是对于威胁，无论是核选择还是非核选择，提供更为灵活的反应。[②] 2004 年 12 月 16 日完成的“联合核行动学说”认为，美国核力量要实现四个关键目标，即确保美国盟国和朋友稳定和全面实现美国的安全承诺；阻止敌人采取可能威胁到美国利益或美国盟国和朋友利益的行动；威慑侵略和通过向前部署能迅速击败敌对国家攻击的能力和对发动攻击的敌人的军事力量以及支持设施施加严厉惩罚的能力而威胁敌人不得发动进攻；如果威慑失败，就对敌人发动决定性的打击。[③] 2004 年底生效的美国核武器部署政策（NUWEP）说：“美国的核力量必须能够，而且应被看作有能力摧毁那些关键的发动战争和支持战争的资产，必须具有摧毁潜在敌人的最具价值的领导层的能力。”[④] 2006 年的国家安全战略说：“安全、可靠和可信的核力量继续发挥关键的作用。”[⑤] 国防部 2008 年 6 月公布的国家防务战略说：“威慑必须充分展示能对广泛的国际安全挑战做出反应的军事能力。美国将继续维护核武库，作为对核攻击的首要威慑，而新的‘三位一体’则仍是战略威慑的基石。我们必须继续开发常规能力，以提高或取代核力量，以便为我们的领导人提供更多的可靠的反应手段。”[⑥] 对此，施莱辛格报告说：“虽然我们不变的目标是避免实际使用核武器，但实际上，我们每天都在使用核威慑，说服对手不要寻求与美国同等的能力，阻止潜在的敌人对美国及其盟国的进攻，如果威慑失败，就要击败潜在敌人的力量。”[⑦] 在布什政府即将终结的时候，能源部和国防部发布的一个联合报告主张：“用具有相同能力的可靠替代

① Donald H. Rumsfeld, *U. S. Department of Defense. Annual Report to the President and the Congress*, Secretary of Defense. Washington D. C. , 2002. p. 83.

② Amy F. Woolf, “US nuclear weapons: Changes in policy and force structure,” Congressional Research Service Report for Congress, Order Code, RL 31632, 23 February 2004, p. 24.

③ JCS, Doctrine for Joint Nuclear Operations (FC), JP3 – 12 Comment Matrix Combined Sorted, December 16, 2004, p. 5.

④ *JP 3 – 12 Comment Matrix Combined*, 21 December 2004, pp. 5 – 6, http://www.nukestrat.com/us/jcs/jp3 – 12_ 05. htm.

⑤ The White House, *The National Security Strategy of the United States of America*, March 2006, p. 22.

⑥ U. S. Department of Defense, *National Defense Strategy*, June 2008, p. 12.

⑦ U. S. Department of Defense, *Report of the Secretary of Defense Task Force on DOD Nuclear Weapons Management*, Phase I: The Air Force's Nuclear Mission, September 2008, p. 1.

弹头来更换现在的弹头，这样将使美国核弹头更安全、可靠，对于生产中的偏差更不敏感或对物资的老化更不敏感，而无须进行核试验。”①

尽管奥巴马总统声称要减少核武器数量和不再研发新型核武器，但仍坚持威慑战略，尤其是核威慑战略。2010 年的核态势评估报告明确指出，美俄签订削减核武器条约：“并不意味着我们的核威慑已经过时。实际上，只要世界上仍存在核武器，美国就将维持安全、有效和可靠的核力量。这些核力量将继续在威慑潜在对手、为我们在全球各地的盟国和伙伴提供安全保障方面发挥根本作用。”② 2010 年的国家安全战略同样强调了这一点，奥巴马说：“我们正在削减核武库和降低对核武器的依赖，同时，我们必须确保我们威慑的有效性和可信性。”③ 事实上，威慑尤其是核威慑已经成为奥巴马政府国家安全政策的主要组成部分和奥巴马政府外交政策的主要原则。④ 根据威慑战略，奥巴马政府已经开始与承包商就投标建设一支 80～100 架能够携带核武器而且在有飞行员或没有飞行员在驾驶舱的情况下都能展开行动的战斗机队。估计经费为 550 亿美元。国会在 2012 年为该计划的研究阶段拨款 1.97 亿美元。然而，战略和预算中心的人士说，非常可能的是，这一新的轰炸机计划已经在实施了，它包含在空军的 126 亿美元的“黑色预算”（Black Budget）中。⑤ 国家核安全管理局（NNSA）则公布了一个新的可靠替代弹头 10 年战略计划，该计划在美国削减储存的核武器数量的同时，使其核武器的使用寿命延长 10 年。⑥ 确保核武器的安全、稳定和有效并延长其使用寿命实质上就是开发新的核武器。在自己不断改进核武库的现代化水平和提高核打击精度的情况下，美国不能指望其他核武器国家，尤其是被美国明确定义为潜在对手的中俄不

---

① Department of Energy, *Department of Defense*, *National Security and Nuclear Weapons in the 21st Century*, September 2008, p. 2. 所谓可信替代弹头（Reliable Replacement Warhead RRW）计划，就是利用先进计算机模拟和以前的核试验数据来重新设计美国核弹头的核爆炸。其目标是在不进行任何新的核试验的情况下提高美国核弹头安全和核武库的可信性。

② U. S. Department of Defense, *Nuclear Posture Review Report* (*NPR*), April 2010.

③ The White House, *National Security Strategy*, May 2010, p. 4.

④ Peter Spiegel, Obama Puts Arms Control at Core of New Strategy, *Wall Street Journal-Eastern Edition*, 7/15/2009, Vol. 254, Issue 12, p. A10.

⑤ William Hennigan, Pentagon Weapons Buyer Quietly Visits California to Discuss Bomber Planes, *Los Angeles Times*, 22 May 2011.

⑥ Walter Pincus, Life Span of US Nuclear Weapons Will Increase Under Plan, *Washington Post*, 18 May 2011.

进行同样的努力，更不能指望其他非核武器国家不开发核武器。

冷战后，美国把超级强大的核威慑力量和常规军事力量看作说服其他国家不要开发大规模杀伤性武器或阻止扩散的工具。例如，小布什政府认为，导弹防御会削弱像伊朗和朝鲜这样的国家开发、试验、生产和部署导弹的动机。① 根据这一观念，美国国家核安全管理局代表甚至建议把美国和英国的核力量扩大到北约国家和其他国家，认为这是防扩散的一个非常重要的工具。② 历史表明，压倒优势的毁灭性力量固然能威慑其他国家对美国使用军事力量，但也有其局限性。它根本不足以说服弱国放弃加强防务力量的观念。不但不足以说服弱国放弃，相反，可能刺激它们进一步加强开发大规模杀伤性武器的愿望。冷战后在朝鲜、中东和南亚的事实就证实了这一点。很清楚，美国的威慑力量也不会说服基地组织不去制造或窃取核武器。很难断定核武器在应对恐怖分子方面会发挥什么作用，因为它们决心发动的恐怖袭击很难作为核武器打击的目标。因此，美国巨大的核优势和即将装备导弹防御系统的前景都无法阻止朝鲜制造自己的核武器。伊朗也在继续开发弹道导弹和提炼浓缩铀。分析家们普遍相信，伊朗在逐步掌握技术后将开发自己的核武器。③ 退一步讲，即使它能说服一个国家不开发大规模杀伤性武器，但可能刺激更多国家开发大规模杀伤性武器。可以说，这一政策所引起的开发大规模杀伤性武器的国家数目要超过它所说服不开发大规模杀伤性武器的国家的数目。

美国军备控制协会认为，核威慑的理论与实践只有在主角高度集中于两极竞争这一历史时代才会产生和出现。④ 也就是说，威慑的有效性源于威胁来自单一实体，恐怖平衡建立在大规模进攻性核报复基础上，当相信

---

① Fact Sheet: U. S. State Department on U. S. Nonproliferation Efforts, 7 September 2001. http://usinfo. state. gov.

② John R. Harvey, *U. S. Nuclear Weapons Programs: Implications for Nonproliferation*, Comparative Strategy, Vol. 26, No. 1, 2007.

③ 与这种认识相反，美国国家核安全管理局代表 John R. Harvey 声称美国核武器现代化“不可能破坏目前的不扩散机制，不会造成目前核武器国家的纵向扩散，也不会造成非核武器国家寻求核武器”；也不可能激起来自俄罗斯或中国甚至印度或巴基斯坦的类似反应；不会进一步刺激恐怖分子获得这样的武器。因为上述各类国家开发核武器的计划独立于美国的核计划之外。John R. Harvey, *U. S. Nuclear Weapons Programs: Implications for Nonproliferation*, Comparative Strategy, Vol. 26, No. 1, 2007.

④ Sidney D. Drell and James E. Goodby, *What are Nuclear Weapons for? Recommendations for Restructuring U. S. Strategic Nuclear Forces*, An Arms Control Association Report, October 2007, p. 9.

威慑能确保自己的生存时，就没有迫在眉睫的加强防务的需要，当对手是一个核大国并且美国的利益能得到保证时，美国核威慑的可信性也就不会有什么问题。传统上，威慑要成功，需要三个要素：第一是沟通，或清楚地表明不可接受的行为和为实施威慑而要承担采取行动的义务；第二是能力，即有能力进行威慑；第三是可信性，即没有理由怀疑侵略行为不会受到报复。[①] 威慑的三个要素是必需的，但仅仅如此并不足以保证会获得成功。更重要的是，冷战后，国际局势已发生巨大变化，类似冷战时期美苏两个核超级大国之间通过一系列安排达成的那种高风险稳定的局面已经不复存在。美国如今的对手是某些相对不熟悉的地区强国，适应于冷战时期的威慑，尤其是核威慑的环境已不存在。此外，核武器、核技术和核材料扩散到更多的国家，甚至技术能力和安全保障措施非常欠缺的国家也可能拥有核武器。上述两种因素结合在一起，就使核武器投入使用的风险越来越大。继续依靠核威慑，对于某些国家而言，不是阻止它们开发核武器，实际上可能会进一步刺激它们开发或获得核武器；同时，继续依赖核威慑，不仅意味着保有核武器，而且意味着要不断实现核武器的现代化，以保证核武库的安全、稳定和有效。这实际上造成纵向扩散，而这一纵向扩散，势必引起其他核武器国家的纵向扩散和非核武器国家开发核武器，从而也造成横向扩散。美国不能指望在自己坚持并加强核威慑的情况下要求其他国家不开发核武器或实现核武器的现代化。因此，美国继续坚持威慑尤其是核威慑，实际上是刺激而不是阻止冷战后大规模杀伤性武器扩散。

无论是表示将使用核武器阻止对美国军事力量或本土的攻击，还是向盟国提供核保护伞或进行防务合作，其结果之一无疑将刺激非盟国或被看作敌国的非核武器国家努力开发或获得大规模杀伤性武器。一方面，因为美国的盟国正是在为安全担心而努力获得大规模杀伤武器的情况下才获得美国的合作和武器转移或提供保护伞的。与美国的盟国对安全的担心一样，美国的非盟国或被看作敌国的国家的安全担心也是合情合理的，而且，美国的敌视和美国向盟国提供武器和防务合作，使非盟国的安全担心更大，因此，获得大规模杀伤性武器的想法无疑将更强烈。

① John Harvey, Conventional Deterrence and National Security, Fairbairn, Australia: Air Power Studies Center, 1997, pp. 28, 62.

如果继续依赖核威慑，可能的结果就是鼓励扩散。另一方面，面临美国的常规力量优势和核威慑，没有常规力量优势或核武器来阻止美国进攻的国家有充分的安全考虑开发核武器等大规模杀伤性武器。根据美国信奉的威慑理论，对它们而言，只有核武器才能阻止美国先发制人的打击。因此，对这些国家来说，在美国巨大的核威慑面前，唯一理性的选择就是开发、部署核武器。

从冷战后美国防扩散现实看，美国部署导弹防御的一个非常重要的理由是，导弹防御将加强威慑力量并使所谓“流氓国家”不能通过威胁发动导弹进攻敲诈美国、美国的朋友或盟国。但实际情况是，针对美国开发和部署导弹防御系统，朝鲜不仅没有停止开发自己的导弹，而且正在开发射程可达美国的大浦洞－2洲际弹道导弹。[①] 可以说，时至今日，国际社会也未发现因为美国部署了导弹防御系统，有关国家就放弃开发新型导弹的迹象。

实际上，美国早就认识到这种困境。美国前国防部部长威廉·科恩曾说：“美国的（常规）军事优势实际上刺激了敌人增强其挑战我们的非对称优势，从而使我们面临的核武器、生物武器和化学武器攻击的危险增加。”[②]

总之，美国政府继续坚持威慑在国家安全战略中的核心地位，在一定程度上刺激一些国家努力开发或获得核武器，因为没有常规力量优势或核武器来阻止美国进攻的国家有充分的安全考虑开发核武器，而美国政府降低使用核武器门槛的做法又可能刺激已经获得核武器的国家使用它们；同时，美国使用核武器的可能性也大大增加，因为美国得到强化的核优势可能会导致敌人发动意外核进攻，也可能刺激美国发动不必要的先发制人的核打击。因此，美国赋予核武器的使命和在国家安全战略中的超级作用使世界更不安全。

3. 美国发动一系列先发制人的军事行动，进一步刺激了扩散

冷战后，为防大规模杀伤性武器扩散，美国经常发动先发制人的军

---

① National Air and Space Intelligence Center, Ballistic and Cruise Missile Threat, Nasic－1031－0985－09, June 2009; Fact Sheet: U. S. State Department on U. S. Nonproliferation Efforts, 7 September 2001. http://usinfo. state. gov.

② Office of the Secretary of Defense, Report to Congress, *Proliferation: Threat and Response*, 25 November 1997.

事行动或与军事行动有关的措施。以海湾战争为开端，在阻止大规模杀伤性武器扩散的名义下，美国发动了一系列先发制人的军事行动。如1998年克林顿政府以苏丹开发化学武器为由发动对苏丹的军事打击。“9·11”事件后，尤其是在确定“先发制人”为国家安全战略和军事战略后，美国更加频繁地采取军事行动，继发动阿富汗战争后，于2003年以萨达姆政权开发大规模杀伤性武器为由发动对伊拉克的入侵。与此同时，发起一系列倡议，在全世界范围内发动诸多双边或多边反扩散行动，在公海武装拦截各种被认为运载大规模杀伤性武器或部件的船只。

先发制人的军事行动在防止大规模杀伤性武器扩散中确实发挥了一定的作用，既破坏了有关国家的生物武器和化学武器设施，如苏丹和伊拉克，也迫使有关国家终止或交出了开发生物武器或化学武器的计划或设施，如利比亚。但这一方式所引起的挑战和扩散风险甚至比所解决的问题更多。就是说，先发制人的军事行动更可能鼓励大规模杀伤性武器扩散而不是防扩散。对努力开发或获得大规模杀伤性武器的国家进行军事打击，其带来的必然结果之一，就是使许多国家进一步认识到大规模杀伤性武器的作用，决定或决心进一步努力开发或获得大规模杀伤性武器。也就是说，恰恰是美国的反扩散措施带来了进一步的扩散。因为只有拥有这些武器，才有可能阻止美国对它们发动先发制人的军事打击。许多国家从1990～1991年的海湾战争中得出了共同的结论，即没有任何一个国家可以依靠常规力量与美国相抗衡。① 如印度陆军参谋长甚至说：“沙漠风暴行动的教训是，没有核武器就不要与美国对抗。”② 虽然印度在进行核试验后，一再以中国拥有核武器威胁了印度安全为借口，美国也对这种说法推波助澜，但实际上印度陆军参谋长的上述话语才可能是印度1998年进行核试验的真正重要的原因。

先发制人的反扩散政策在实施中面临许多挑战。它可能导致其他国家，尤其是诸如朝鲜和伊朗的扩散行为。这样的政策也可能增加恐怖主义寻求大规模杀伤性武器的愿望，以使它们能对美国的常规军事优

① Heather Wilson (1993/94) Missed Opportunities: Washington Politics and Nuclear Proliferation. The National Interest 34: 26－36.

② Barry R. Schneider, *Nuclear Proliferation and Counter-Proliferation: Policy Issues and Debates*, International Studies Review, Vol. 38, No. 2, October 1994, pp. 209－234.

势形成非对称优势。[①] 军事领导人早就认识到这种危险。美国国防部说："在 21 世纪开始的时候，美国将会遇到被称为超级大国的困境。我们在常规军事领域无可比拟的优势正促使敌人寻求非常规的、非对称的方式来打击被他们看作我们的'阿喀琉斯之踵'。"[②] 另外，对发展核武器等大规模杀伤性武器的国家不进行军事打击，也面临着困境，一旦决定不进行军事打击，不仅开发大规模杀伤性武器的国家本身，而且其他国家也很容易理解为正是由于开发了大规模杀伤性武器，所以美国才决定不进行军事打击。比如，美国对朝鲜和伊拉克的不同政策就让许多国家这样认为。

因此，一旦提出并实施先发制人的军事打击，无论对开发大规模杀伤性武器的国家实行还是不实行军事打击，其结果都可能会加剧扩散。

4. 在国际政治中以政治制度和意识形态画线，军事同盟和集团政治也进一步刺激了扩散

美国向来具有以意识形态画线和实行集团政治的传统。冷战后，美国仍抱住冷战思维不放，不仅继续维持并扩大冷战时期的政治、军事同盟，而且还不断组建新的各种各样的同盟，不断强化西方内部的双边或多边安全合作。更严重的是，美国常常以人道主义灾难或防扩散等为借口，肆意干涉别国内政，甚至以不可靠的情报为由对一个主权国家发动先发制人的军事打击和入侵。美国本来是世界上最强大的国家，再加上以政治制度和意识形态画线，实行集团政治，这使力量本来就不及美国的被看作敌人或潜在敌国的国家更加担心自己的安全，因此，它们很难相信美国不会基于意识形态、人权等因素对自己进行打击，当然不愿意放弃核武器或不愿意放弃核武器开发计划。

实行集团政治、向盟国提供武器或进行防务合作，无疑将刺激非盟国或被看作敌国的国家努力获得大规模杀伤性武器。美国的盟国正是在为安全担心而努力获得大规模杀伤性武器的情况下才获得美国的合作和武器转移的，与美国的盟国对安全的担心一样。美国的非盟国或被看作敌国的国家的安全担心也是合情合理的。而且，美国的敌视和美国向盟国提供武器

① Jonathan Tucker, *Asymmetric Warfare*, *Forum for Applied Research and Public Policy*, Vol. 14, No. 2, Summer, 1999, pp. 32 - 38.

② Office of the Secretary of Defense, Proliferation: Threat and Response, November 1997, p. 4.

和防务合作，使它们的安全担心更大，因此，获得大规模杀伤性武器的想法无疑也将更强烈。

实行集团政治的另一结果是西方盟国不愿意美国消除核武器。无论冷战时期还是冷战后时期，西方联盟中的绝大部分国家都靠美国提供核保护伞。一旦美国大幅度削减核弹，盟国会怀疑美国提供的核保护伞是否还能保护它们的国家安全，如当盟国 1986 年得知里根在与戈尔巴乔夫举行的峰会上提出无核武器设想时，它们非常震惊并坚决反对。因而，相当多的美国人认为，如果美国的盟国认为它们不能依靠美国的核武器来阻止敌人对它们的攻击或侵略，则它们将开发自己的核武器，这将加剧核扩散。

实行集团政治与美国的安全观紧密相连。而美国的安全观只保证或只要求实现美国及其盟国的安全，而根本不考虑或不顾及非盟国或非友好国家的安全。任何国家的安全需要都是合理的。如果美国的延伸威慑能保证所有国家的安全是最好不过的，但美国从来就没有，而且也根本不愿意保证非友好国家的安全。它总是以自己为中心，建立一个极其庞大的集团，而排斥另外的国家。美国认为实行集团政治和强权政治以及军事联盟和军事援助在限制大规模杀伤性武器开发过程中发挥着重要作用。实际考察美国这一政策在防止大规模杀伤性武器扩散中的作用，如果说发挥了一定作用的话，那也主要是对大规模杀伤性武器在冷战后进一步扩散发挥了一定作用。要真正防止大规模杀伤性武器扩散，一个必要前提是美国不再以政治制度和意识形态画线，不再实行集团政治或歧视性政治。

5. 美国冷战后防扩散战略的根本目的是阻止敌人或潜在敌国获得大规模杀伤性武器及其技术和物资，以巩固、维持自己的战略优势和霸权地位，这不利于防扩散

在不同的历史时期，美国的防扩散政策服务于不同的目标。第一个时期防扩散的目的在于维持核垄断；20 世纪 60 年代中期后的目的在于维持两家主宰；[1] 冷战后美国防扩散的实质是防威胁，试图阻止敌人或潜在敌国获得核武器等大规模杀伤性武器及其技术和有关物资，维持本国军事优

---

① 关于美国防扩散政策的目标，参阅 Bertrand Goldschmidt, A *Historical Survey of Nonproliferation Policies*, International Security, Vol. 2, No. 1, Summer, 1977, pp. 69 - 87。

势，维持和巩固美国的战略优势，使美国能不受任何限制地在全世界自由行动和进行干预。在1992年老布什政府起草的报告中，明确表示要把一超独霸的现状带入可预见的将来。他说："我们的首要目标是防止一个新的竞争者出现在苏联领土上或其他地方，不能让这个竞争者给（世界）秩序施加如同苏联所施加的那种威胁。"克林顿政府和小布什政府继承了这一原则。[①] 美国2002年的国家安全战略就指出："我们的力量将强大到足以劝阻我们潜在的敌人不要指望通过加强军备建设超过或赶上我们。为此，美国公开寻求确立自己在现代军事技术的每一个领域的优势，不管是常规军力还是核力量。"[②] 考虑到扩散正在"以冷战结束以来从未有过的速度进行"这一越来越严重的挑战，[③] 而核武器扩散到其他国家或其他核武器国家实现核武器现代化，都不利于美国军事优势的发挥或维持，奥巴马上台后对美国的防扩散政策进行了改革与调整，加强NPT和努力促使CTBT生效，但维持美国军事优势的目的丝毫未变。正如洛斯阿拉莫斯国家实验室前主任西格弗里德·赫克（Siegfried Hecker）所说："批准CTBT最重要的单一原因是阻止中国、印度、巴基斯坦、朝鲜和伊朗等国家改进核武库，如果批准CTBT，则我们从限制其他国家进行核试验中所获得的远远超过我们放弃核试验的所失。"[④]

很明显，通过防扩散来冻结其他有关国家，尤其是潜在敌对国家力量发展，从而阻止其他有关国家挑战美国，并维持美国战略优势的防扩散政策更可能促进扩散而不是防止扩散。这不利于主要大国之间建立战略互信和维持相互合作。作为世界上拥有核武器等大规模杀伤性武器最多的两个国家之一，俄罗斯由于常规力量已急剧衰退，对核武器等大规模杀伤性武器的依赖增加了。而美国冷战后一直以防止来自敌对国家的导弹袭击为借口部署导弹防御系统，一旦美国完成导弹防御系统，将使莫斯科在美国的核优势面前显得更加脆弱。[⑤] 因此，俄罗斯对美国部署导弹防御系统非常

---

① Michael Klare, "Endless Military Superiority," *The Nation*, 15 July 2002, pp. 12 - 14.

② Keir A. Lieber and Daryl G. Press, The Rise of U. S. Nuclear Primacy", *Foreign Affairs*, Mar. /Apr., 2006, Vol. 85, Issue 2, pp. 42 - 54.

③ Sidney D. Drell and James E. Goodby, *What are Nuclear Weapons for? Recommendations for Restructuring U. S. Strategic Nuclear Forces*, An Arms Control Association Report, October 2007. p. 26.

④ Nuclear Disarmament, *CQ Researcher*, Volume 19, Number 34, October 2, 2009, p. 820.

⑤ David E. Sanger, Obama Reaps Vows to Secure Nuclear Stocks, *New York Times*, 14 April 2010. A. 6.

敏感，一直把导弹防御系统与核裁军相联系。随着美国开始部署导弹防御系统，俄罗斯也努力开发和部署能突破该防御系统的新型、现代化导弹。据报道，俄罗斯已经开发出具有突破弹道导弹防御系统能力的新型 SS - 27 洲际弹道导弹，并部署到固体发射井里，同时，2006 年，俄罗斯开始部署公路机动的 SS - 27 陆基洲际弹道导弹。[①] 在奥巴马政府表示继续部署导弹防御系统后，俄罗斯总统梅德韦杰夫于 2009 年 3 月 31 日在《华盛顿邮报》发文说："美国政府在东欧部署全球导弹防御系统、努力推动北约东扩和拒绝批准欧洲常规武装力量条约等行为损害了俄罗斯发展与美国关系的兴趣，如果实施，俄罗斯不可避免地会做出自己的反应。"他警告："希望实现单方面的绝对安全是危险的幻想……我们应通过建立平等的和互利的关系并考虑到彼此的利益以克服我们之间的消极遗产。"[②] 2009 年 5 月 12 日，俄罗斯总理普京再次把美国在中欧部署导弹防御系统与新的核裁军联系起来，他说导弹防御系统是对俄罗斯国家安全的威胁。[③] 俄罗斯的举动并非特例。显然，这种情况如果继续下去，无核武器世界更多将是一个美好理想，防扩散也无异于空中楼阁。

---

① National Air and Space Intelligence Center, Ballistic and Cruise Missile Threat, Nasic - 1031 - 0985 - 09, June 2009.

② Dmitry A. Medvedev, Building Russian—U. S. Bonds, *The Washington Post*, 31 March 2009.

③ Russia to link missile defense in Europe with nuclear arms treaty, http://en. rian. ru/russia/20090510/121530185. html.

结　语

整个冷战后时期，为阻止大规模杀伤性武器扩散，美国提出了反扩散和防扩散。它们不是美国防扩散政策的两个不同阶段，更不是两种不同政策，而是同一政策的两个侧面，并行不悖。只是在不同时期的侧重点不同，如克林顿政府时期，更多采取防扩散措施，但没有放弃反扩散手段；而小布什政府时期，更多侧重使用反扩散手段，但绝对没有放弃或忽视防扩散措施。

美国防扩散对象在冷战后大致可分为两类：一类是盟国或友好国家；另一类是威胁美国及其盟国的国家。原则上，美国是反对扩散的，无论是盟国或友好国家还是被看作威胁的国家发展大规模杀伤性武器，都是美国所反对的，但具体的政策和立场则大不相同：当盟国或友好国家努力开发大规模杀伤性武器时，美国可能是同情的；而当被看作潜在敌人的国家开发大规模杀伤性武器时，美国会采取各种措施，甚至为遏制潜在的敌人，还可能实际上支持友好国家开发和部署大规模杀伤性武器。

美国政府总是宣称，不扩散一直是美国政府关注的中心，但实际上，有学者在考察美国不扩散政策的演变后令人信服地指出，美国始终把不扩散作为政府关注中心的看法“与实际情况严重不符，无可争辩的事实是，美国战后政策在相当程度上是造成核武器扩散的原因”①。考察冷战后大规模杀伤性武器扩散状况，我们发现，这一结论仍然适用。反威胁才是美国政府一贯的中心。冷战后，美国一方面坚持并不断强化核威慑和常规威慑；另一方面，不断批评其他核武器国家实现核武器现代化的举措和阻止敌对国家开发或获得大规模杀伤性武器。为此提出先发制人的军事打击政

① V. F. Davidov, *Translation*: *Nonproliferation of Nuclear Weapons and U. S. Policy*, Foreign Broadcast Information Service, 1981, p. 7.

策并将之付诸实施，以霸权主义的手段来推进防扩散目标。这一政策在相当程度上造成了冷战后更为严峻的防扩散形势，是冷战后大规模杀伤性武器扩散变得更为严重的重要原因之一。因此，虽然防扩散在冷战后美国对外政策议事日程中所占的地位不断提高、获得越来越多的重视，但实际上防扩散是一个可牺牲的目标，从属于美国国家安全战略，它只是美国维持和巩固霸权地位的一种手段。

与冷战时期一样，冷战后，无论是防止核武器扩散，还是防止生物武器、化学武器和导弹及相关技术扩散的政策和战略，美国只考虑自己和盟国的安全。而不考虑其他国家的安全，更有甚者，美国防大规模杀伤性武器扩散的对象是美国及其盟国和友好国家之外的国家，盟国和友好国家之外的国家属于实际上的或潜在的敌对国家。也就是说，美国防扩散政策的对象本质上是美国及其西方盟国以外的其他国家。与此相应，美国认为，任何非盟国或非友好国家或潜在敌国开发和部署大规模杀伤性武器都是为了威胁美国及其盟国，而美国及其盟国开发新型武器的目的是维护和平，其他国家不应该设想美国会攻击自己，也不应该对美国强大的武装感到害怕。美国的这种安全文化如果不改变，则防止大规模杀伤性武器扩散注定是一个遥遥无期的甚至虚幻的目标，大规模杀伤性武器扩散也将是一个不可避免的结果。也就是说，美国防扩散政策本身在相当程度上造成了大规模杀伤性武器的扩散。

消除大规模杀伤性武器是人类社会的理想目标，要实现这一目标，应该以理想主义的视角、现实主义的手段加以推进。而不能靠威慑和集团政治，也不能靠只满足某一部分国家的安全而牺牲另一部分国家的安全来实现。作为世界上唯一的超级大国，要真正防止大规模杀伤性武器扩散，美国必须放弃选择性防扩散，改变以集团政治、意识形态和社会制度画线和坚持维持美国霸权地位的做法，不仅追求自己的安全，也重视他国的安全，放弃首先使用核武器和使用核武器报复常规武器或生物武器或化学武器攻击的政策，真正以平等、公正的立场对待所有的扩散行为。从根本上说，不扩散政策的成功很可能至少部分要依赖人们真正意识到获得大规模杀伤性武器无益于安全利益，逐步降低或减少核武器在国家安全战略中的地位和作用，最终使核武器在国家冲突中不再发生作用。如果美国继续奉行歧视性政策，坚持以意识形态画线的冷战政策和强己弱人以维持自己霸权地位的政策，则大规模杀伤性武器及其相关技术肯定会扩散到越来越多的国家。

参考文献

[1] 朱明权：《领导世界还是支配世界？——冷战后美国国家安全战略》，天津人民出版社 2005 年版。

[2] 〔美〕麦乔治·邦迪：《美国核战略》，褚广友等译，世界知识出版社 1991 年版。

[3] 王仲春、夏立平：《美国的核力量与核战略》，国防大学出版社 1995 年版。

[4] A Report of the Center for Counterproliferation Research, The Counterproliferation Imperative: Meeting Tomorrow's Challenges (2001 - 2005).

[5] Counterproliferation Program Review Committee, Report on Activities and Programs for Countering Proliferation and NBC Terrorism, Summary, (1994 - 2009).

[6] Department of Defense Chemical and Biological Defense Program Annual Report to Congress (2001 - 2008).

[7] National Security Presidential Directives [NSPD] (1993 - 2009).

[8] Digital National Security Archive (DNSA), U. S. Nuclear Non-Proliferation Policy.

[9] CRS, Report for Congress, Arms Control and Nonproliferation: A Catalog of Treaties and Agreements, CRL33865, April, 2008.

[10] DTR, A Final Report, Foreign Perspectives on U. S. Nuclear Policy and Posture: Insights, Issues and Implications, December 2006.

[11] OTA Report, Export Controls and Nonproliferation Policy Washington D. C.: U. S. Government Printing Office, May 1994.

[12] Future War and Counterproliferation: U. S. Military Responses to NBC Proliferation Threats, Praeger, 1999.

[13] Vicente Garrido Rebolledo, NATO and Counterproliferation: A New Role for the Alliance, NATO Individual Research Fellowship 1995 - 1997, Final Report. Madrid 22 June 1997.

[14] The White House, *The National Security Strategy of the United States of America*, 17 September 2002.

[15] The White House, *Proliferation Security Initiative: Statement of Interdiction*, 4 September 2003.

[16] Frank Gibson Goldman, *The International Legal Ramifications of United States Counter-Proliferation Strategy: Problems and Prospects*, Newport, RI: Naval War College, 1997.

[17] Benjamin Frankel, *The Brooding Shadow: Systemic Incentives and Nuclear Weapons Proliferation*, Security Studies Vol. 2, No. 3/4, Spring/Summer, 1993.

[18] Paul I. Bernstein, *International Partnerships to Combat Weapons of Mass Destruction*, National Defense University Press, 2008.

[19] Tom Sauer, *Nuclear Arms Control: Nuclear Deterrence in the Post-Cold War Period*, ST. Martin's Press, 1998.

[20] Alan C. Bridges, Proliferation of Weapons of Mass Destruction: U. S. Policy and Practice in the Late 1990, S, A Research Report Submitted to the FacultyIn Partial Fulfillment of the Graduation Requirements, Maxwell Air Force Base, Alabama, April 1999.

[21] John Harvey, *Conventional Deterrence and National Security*, Fairbairn, Australia: Air Power Studies Center, 1997.

[22] Arthur M. Schlesinger, Jr. , *The Dynamics of World Power: A Documentary History of U. S. Foreign Policy, 1945 - 1973*, New York, 1973.

[23] The White House, *National Security Strategy of the United States*, August 1991.

[24] The White House, *A National Security Strategy of Engagement and Enlargement*, July 1994.

[25] The White House, *A National Security Strategy for a New Century*, May 5. 1997.

[26] The White House, *A National Security Strategy for a New Century*, Washington D. C. : U. S. Government Printing Office, October 1998.

[27] Institute for National Strategic Studies, Strategic Assessment 1998: Engaging Power for Peace, Washington D. C. : U. S. Government Printing Office, 1998.

索 引

G

H

J

K

L

Q

S

W

X

后　记

本书是在博士后出站报告的基础上修改而成。我的博士后合作导师是复旦大学的沈丁立教授。作为国内外知名学者，沈老师见识宏富、博闻强记、睿智练达而温文尔雅，他醉心于学术且乐于分享自己的真知灼见。对于自己的研究对象，他总能提出耳目一新的观点和看法，听沈老师的谈话是一种精神上的莫大享受。在沈老师的指导和帮助下，我确定了博士后出站报告的选题，并最终以此为题顺利出站。后来，我以这个报告为基础，申报并获得教育部一般项目资助。尽管顺利结项，但我总觉得还达不到出版要求，因此，一直未来考虑将此报告出版。

最近两年来，在友人的督促下，本人开始对书稿进行反复修改，虽然不如意之处仍然很多，但总算可以勉强示人了。幸得中国社会科学文献出版社当代世界出版分社祝得彬社长的青睐，本报告得以纳入全国博士后管理委员会资助项目。本书最终面世，首先要感谢我的博士后合作导师沈丁立教授；感谢我在从事博士后研究期间的同门张家栋博士，他非常慷慨地与我分享了他富有洞察力的观点；感谢杨震博士的鼎力相助；感谢徐能武教授和何奇松教授热情洋溢的溢美之词；也要感谢社会科学文献出版社张苏琴女士的认真编校。

刘子奎

2018 年 12 月 20 日

征稿函附件2：

第七批《中国社会科学博士后文库》专家推荐表1

推荐专家姓名	徐能武	行政职务	系副主任
研究专长	科学技术与国家安全	电　　话	17807312125
工作单位	国防科技大学文理学院	邮　　编	410073
推荐成果名称	冷战后美国防扩散政策研究		
成果作者姓名	刘子奎		

（对书稿的学术创新、理论价值、现实意义、政治理论倾向及是否达到出版水平等方面做出全面评价，并指出其缺点或不足）

刘子奎教授撰写的专著《冷战后美国防扩散政策研究》从分析冷战后国际安全环境的变化及美国安全战略的调整入手，研究美国对防扩散政策进行的系列调整和改革，指出美国防扩散政策的实质是防威胁。专著着重论述了美国这一时期基于对“包括核武器在内的大规模杀伤性武器本身不是问题，只有‘坏国家’的大规模杀伤性武器才是问题”的认知，实行选择性防扩散政策，容忍并事实上承认所谓的民主国家开发核武器、成为核国家，而对所谓的“流氓国家”或潜在敌国，则采取各种措施、甚至不惜发动先发制人的军事打击或入侵来阻止它们开发大规模杀伤性武器；同时，向西方盟国提供核保护伞。具体来说，本专著主要从以下方面做了很大的努力与创新。

一、在学术创新方面，本专著立足于防扩散政策的制定与实施、防扩散外交和战略安全环境三个层面研究美国冷战后防扩散政策，在把这三个层面有机结合起来的论证过程中，既有专题个案的深度研究，又有对其政策全貌的总体概括。在此基础上，创新性地提出，冷战后美国防扩散出现了新方式、新手段和新模式；其防扩散目标与具体政策之间表现出鲜明的矛盾性；与国际社会在防扩散上的合作表现出不对称性；综合运用各种手段，但更多强调军事手段；冷战后美国防扩散政策的实质是防威胁，常借防扩散之名，行防威胁之实。

二、在理论价值方面，本专著以解读美国政府有关防扩散政策的原始文献以及有关研究论文为基础，全面系统地论述了冷战后美国防扩散政策，论述了美国在防扩散国际机制中的制度霸权及其动辄进行威胁或制裁的做法并不能阻止扩散。相反，走合作安全和维护传统机制的路，采取渐进的外交以及经济方式，可能更有利于国际防扩散事业。

三、在现实意义方面，本专著总结了冷战后美国防扩散政策的特点和实质，既为国际社会进一步探讨防扩散问题提供了一定的新思路，也为我国制定防扩散政策和参与防扩散国际合作、促进中美关系发展提供了一定的参考。

总体而言，本专著立场、观点正确，资料新颖翔实，逻辑严谨，结构合理，层次分明，文笔流畅，论证有力，在前人已有相关研究成果的基础上深化了对这一重大课题的研究，但是，冷战后美国防扩散政策研究作为国际政治中典型的高阶政治问题，其理论性还可进一步加强。瑕不掩瑜，本专著作为博士后出站报告，作者在名师的指点下，倾注了大量的心血，整部书稿具有较大的学术价值和现实指导意义，特此推荐本专著纳入《中国社会科学博士后文库》出版。

签字：徐能武

2018年5月5日

说明：该推荐表由具有正高职称的同行专家填写。一旦推荐书稿入选《博士后文库》，推荐专家姓名及推荐意见将印入著作。

第七批《中国社会科学博士后文库》专家推荐表 2

推荐专家姓名	何奇松	行政职务	
研究专长	国际政治	电　　话	15221330338
工作单位	上海师范大学哲学与法政学院	邮　　编	200233
推荐成果名称	冷战后美国防扩散政策研究		
成果作者姓名	刘子奎		

（对书稿的学术创新、理论价值、现实意义、政治理论倾向及是否达到出版水平等方面做出全面评价，并指出其缺点或不足）

本专著具有很强的理论价值和现实意义。目前，东北亚核问题日益突出，严重影响到东北亚安全，乃至整个亚太地区的安全。因为其中一国退出《不扩散核武器条约》，置国际社会压力不顾，执意进行核武开发，并多次进行核试验。在此情况下，美国的盟国日本和韩国质疑美国的核保护伞可信度，要求独立发展自己的核武器，或者要求美军重新在其领土上部署战术核武器。这无疑会引起东北亚的核军备竞赛，使我国面临更加复杂的安全形势。此外，特朗普政府不向国会提交伊朗遵守有关协定的“认证”，几乎等于撕毁伊核协议，使得伊朗核问题更加扑朔迷离，或引发中东新一轮的紧张局势。此外，特朗普政府的做法，无疑开了一个不好的先例：美国可以随便不遵守、撕毁多国与当事国达成的核协议，被质疑的对象国就认为没有必要与国际社会达成核协议。此外，导弹技术和生化武器的扩散，也是国际社会面临的安全问题。使问题更复杂的是，恐怖主义组织努力获取核生化武器与导弹。因此，在扩散形势日益严峻的当下，研究防扩散具有极大的理论和现实意义。刘子奎教授的专著应运而生，是我国学者对此问题的最新研究成果，弥补了国内在此领域研究的不足。

本专著梳理了冷战结束后美国政府在防（反）核武器、生化武器和导弹扩散领域的政策与做法、成效及其影响，勾勒了一幅美国防（反）扩散的单边、双边和多边网络框架的立体画面。专著把美国的防（反）扩散政策与做法置于国际安全背景下，阐述美国政府、国会等部门如何构建三位一体的防扩散、反扩散以及后果管理政策，正确指出美国的防（反）扩散政策的实质是防威胁，常借防（反）扩散之名，行防威胁之实。就其实质，美国的防（反）扩散努力，就是将其政策与做法美国化，力图实现美国在防扩散机制中的历史性领导地位和制度霸权。其创新点在于把政策的制定与实施、防扩散外交和战略安全环境三个层面有机结合起来，既深度研究专题个案，又反映了冷战后美国防扩散政策的全貌。

本文如果能够补充目前特朗普政府在此领域的政策与做法，以及影响就更好了。当然，出现这种情况的原因，在于特朗普政府对此政策还在构建之中。这也为作者留下了后续研究的空间。

总之，本著作完全达到出版水准。特此推荐。

签字：何奇松

2017 年 11 月 1 日

说明：该推荐表由具有正高职称的同行专家填写。一旦推荐书稿入选《博士后文库》，推荐专家姓名及推荐意见将印入著作。